Der Zweite Weltkrieg

**Deutsche Geschichte
im 20. Jahrhundert**

Herausgegeben von

Manfred Görtemaker
Frank-Lothar Kroll
Sönke Neitzel

Band 10

Rainer F. Schmidt

DER ZWEITE WELTKRIEG

Die Zerstörung Europas

be.bra verlag

Abbildungsnachweis
Archiv des Verlages   10, 22
Bildarchiv Preußischer Kulturbesitz   64, 99, 182
ullstein bild   143, Titelbild
Karten: Peter Palm, Berlin

Bibliografische Information der Deutschen Bibliothek
Die Deutsche Bibliothek verzeichnet diese Publikation in
der Deutschen Nationalbibliografie; detaillierte bibliografische Daten
sind im Internet über http://dnb.d-nb.de abrufbar.

© be.bra verlag GmbH
Berlin-Brandenburg, 2008
KulturBrauerei Haus S
Schönhauser Allee 37, 10435 Berlin
post@bebraverlag.de
Lektorat: Robert Zagolla, Berlin
Umschlag und Gesamtgestaltung: hawemannundmosch, Berlin
Satz: typegerecht, Berlin
Schrift: Swift 10/13,9 pt
Druck und Bindung: GGP Media GmbH, Pößneck
ISBN 978-3-89809-410-8

www.bebraverlag.de

Inhaltsverzeichnis

1 Einleitung

Anders als nach dem Ersten Weltkrieg gab es 1945 keine Kriegsschulddebatte und keine »Dolchstoßlegende«. Anders als im August 1914 läßt sich aus der Abfolge der Kriegserklärungen im September 1939 bzw. den Aufmarschplänen der Armeen keine Kontroverse über die Verantwortung für den Kriegsausbruch ableiten. Zu eindeutig hatte sich der unbedingte Kriegswille Hitlers offenbart, zu klar waren seine auf Eroberung, Versklavung, Ausbeutung und Vernichtung gerichteten Ziele zutage getreten, zu total war die deutsche Niederlage, und zu sehr hatten sich die Eliten in Wehrmacht und Wirtschaft, in Partei und Diplomatie dem Kurs des »Führers« gebeugt, den auch die »Volksgemeinschaft« bis zum bitteren Ende mittrug.

In der Geschichte des deutschen Nationalstaates wurde der Zweite Weltkrieg zur großen Wegscheide. Er veränderte alles: Selbstverständnis und Weltsicht der Deutschen, Großmachttradition und imperialen Gestus, Bild und Behausung der Nation sowie deren innere Verfasstheit und Politik. Auf die deutsche Gesellschaft wirkte der Krieg wie eine Katharsis. Er hinterließ zerbrochene Wertvorstellungen und Erziehungsmuster, gesprengte Loyalitäten und Bindungen, endlose Flüchtlingsströme und als grausige Silhouette deutscher Hybris einen Schlagschatten, der bis heute reicht. Die destruktive Dynamik des nationalsozialistischen Regimes hatte mit ihrem mörderischen Rassenfanatismus und Expansionswahn die Deutschen ungewollt in die Moderne katapultiert, ihnen das beschert, wozu sie aus eigener Kraft nicht in der Lage waren: die dauerhafte Verankerung einer liberal-demokratischen Staatsform im Westen und deren vergängliches sozialrevolutionäres Gegenbild im Osten.

Wie es dazu kam, versucht das vorliegende Buch in knappem Zuschnitt zu zeigen. Es forscht nach den nationalen und internationalen Bedingungen für den Ausbruch des Weltkriegs. Es zeichnet die Abfolge der Aktionen der Wehrmacht im Osten, Norden und Westen Europas bis 1940 nach, wobei sich in Polen erstmals offenbarte, wie radikal die Konzeption einer »rücksichtslosen Germanisierung« bemessen war. Es präpariert die Strukturen von Kriegsgesellschaft, Kriegswirtschaft und Kriegsfinanzierung heraus. Es versucht – unter Einbeziehung der Strategie des britischen Premierministers Winston Churchill –, zu ergründen, weshalb England mit den deutschen Mitteln zu Lande, zur See und in der Luft nicht zu besiegen war, so dass man im Zeichen einer »Peripheriestrategie« den Kampf auf andere Schauplätze verlagerte: nach Afrika, auf den Balkan und vor allem auf das Gebiet der europäischen Sowjetunion, wo Hitlers eigentliche ökonomische, ideologische und geostrategische Ziele lagen. Unter Einbeziehung der Forschungsdebatte über Stalins Absichten im Vorfeld von »Barbarossa« – dem Angriff auf die Sowjetunion – macht es deutlich, dass dieser als »Blitzfeldzug« geplante Raub- und Vernichtungskrieg, in den die Wehrmacht auf vielen Ebenen jenseits ihres eigentlichen Metiers einbezogen war, weder an strategischen Fehlentscheidungen scheiterte, noch in Schlamm, Schnee und Eis wenige Kilometer vor dem Ziel stecken blieb. Hier gerät auch die rätselhafteste Entscheidung des gesamten Krieges in den Fokus: die deutsche Kriegserklärung an die USA. Sie machte den Kampf der europäischen Mächte zu einer globalen Auseinandersetzung und läutete eine neue Runde im »Krieg der Fabriken und Industrien« ein, bei dem Deutschland, trotz aller Anstrengungen und Improvisationskunst, auf verlorenem Posten stand. Die Ausweitung zum Weltkrieg im Dezember 1941 lenkt die Perspektive auf das Zustandekommen, die Friedensvorstellungen und die Gipfeltreffen jener »Großen Koalition« zwischen Großbritannien, den USA und der Sowjetunion, die Hitler zur Strecke brachte. Schließlich analysiert das Buch im Blick auf die Besatzungsherrschaft der Deutschen auf dem Kontinent die Gründe für die unausweichliche Niederlage im Osten wie im Westen, die Motive und Folgen des alliierten Bombenkriegs gegen das deutsche Hinterland, das Scheitern des deutschen Widerstandes und das Ende mit Zusammenbruch und Kapitulation.

Dem zur Verfügung stehenden beschränkten Rahmen fiel die Auseinandersetzung mit den in der Forschung diskutierten unterschiedlichen Positionen zum Opfer. Dementsprechend beschränken sich die Nachweise im Text auf die Belegstellen aus Quellen und Erinnerungen. Verzichtet wurde auch auf die Einbeziehung des dunkelsten Kapitels des Krieges: des »Holocaust«, mit dem sich der in der gleichen Reihe erscheinende Band von Alexander Brakel exklusiv beschäftigt, der mir bei Ablieferung des Manuskripts nicht bekannt war.

Zu danken habe ich mehreren Personen: dem diesen Band betreuenden Herausgeber der Reihe »Deutsche Geschichte im 20. Jahrhundert«, Prof. Dr. Sönke Neitzel, für kritische Lektüre und Vorschläge; Dr. Robert Zagolla vom be.bra verlag für das sorgfältige Lektorat; meinem Mitarbeiter Mark Fraschka für die Betreuung des Literaturverzeichnisses und zahlreiche Handreichungen; und Herrn Privatdozent Dr. Wolfgang Bergerhausen für die Durchsicht des Manuskripts und viele Hinweise.

Gewidmet ist das Buch meiner Frau.

Würzburg, im Februar 2008
Rainer F. Schmidt

2 Ursachen und kriegstreibende Faktoren

Schon 1933 demonstrierte Adolf Hitler
(hier mit Admiral Raeder) sein Bekenntnis
zur militärischen Aufrüstung.

Im Jahre ~~1919~~ sagte der französische Marschall Ferdinand Foch voraus, dass die in Versailles geschaffene Ordnung keinen dauerhaften Frieden bringen werde, sondern lediglich »ein Waffenstillstand für zwanzig Jahre« sei.[1] Als die Wehrmacht am 1. September 1939 den Angriff auf Polen begann und die Westmächte zwei Tage später in Berlin ein Ultimatum mit nachfolgender Kriegserklärung übergaben, hatte sich Fochs düstere Prognose fast auf den Tag genau erfüllt.

Anders als der italienisch-abessinische Konflikt von 1935, der Spanische Bürgerkrieg von 1936 oder der japanisch-chinesische Krieg von 1937 wurde der deutsch-polnische Krieg zur Fanfare für eine abermalige weltumspannende Auseinandersetzung. Der September 1939 markierte einen »point of no return«. Der Grund lag nicht in der reaktiven Mechanik von Bündnissen, nicht im

Wettlauf um den Vorteil der schnelleren Mobilmachung, nicht in der Unüberbrückbarkeit gegensätzlicher Interessen, nicht in Gesichtswahrung und Prestigedruck und nicht in der Automatik des Krieges, die das Friedenschließen so schwer macht. Wenn sich aus dem deutsch-polnischen Konflikt ein Weltkrieg entwickelte, wenn Kriegs-, Expansions- und Vernichtungswille an die Stelle von Augenmaß, Verantwortungsbewusstsein und Kompromissbereitschaft traten, dann hatte dies vor allem mit einer Person zu tun: mit Adolf Hitler.

Seit Hitlers Schriften aus den 1920er Jahren lief seine Politik auf Krieg hinaus. Die Maske des Friedenspolitikers, der scheinbar nichts anderes verlangte als die Wiedergutmachung des Versailler Unrechts, konnte darüber nicht hinwegtäuschen. Schon vier Tage nach der »Machtergreifung« machte der neue Kanzler in einer Rede vor den Befehlshabern von Heer und Marine aus der Kontinuität seiner Ziele keinen Hehl und erhob den Vernichtungskrieg im Osten zur Marschroute seiner Politik. Unter dem Stichwort: »Wie soll pol[itische] Macht, wenn sie gewonnen ist, gebraucht werden?« führte er aus: »Das Ziel der Ausweitung des Lebensraumes wird der Osten sein. Doch eine Germanisierung der Bevölkerung des annektierten bzw. eroberten Landes ist nicht möglich; man kann nur Boden germanisieren.«[2]

Seit dem Rheinlandcoup von 1936 und der ausgebliebenen Strafaktion der Westmächte trat in Hitlers Strategie die Drohung mit dem Krieg, traten Erpressung und Einschüchterung an die Stelle von Diplomatie. Nun warf er die Tarnkappe des Friedenspolitikers ab. All dies entsprang nicht etwa dem machiavellistischen Kalkül, angesichts der allgemeinen pazifistischen Grundstimmung politische Positionsvorteile herauszuspielen. Entscheidend war der Entschluss, sich für den Krieg zu wappnen und dessen Auslösung auf Termin zu stellen.

Mit dem Vierjahresplan und der geheimen Denkschrift vom August 1936 setzte er das Uhrwerk der Kriegsvorbereitung in Gang. Hitler war es, der in der »Hoßbach-Konferenz« vom November 1937 die »Lösung der Raumfrage« und die Abrechnung mit den »Hassgegnern« England und Frankreich als seinen »unabänderlichen Entschluss« deklarierte und dies in den Rang einer »testamentarischen Hinterlassenschaft« erhob.[3] Er war es, der dafür sorgte, dass im Februar 1938 alle widerstrebenden Kräfte binnen weniger Wochen kaltgestellt wurden. Er war es, der sich mit Joachim von Ribbentrop einen Lakaien ins Auswärtige Amt holte und sich zugleich zum Herrn über die Wehrmacht aufschwang, als er an die Stelle des Reichskriegsministeriums das von ihm persönlich abhängige Oberkommando der Wehrmacht (OKW) setzte. Und Hitler war es, der in der Sudetenkrise, dem ersten und letzten Mal, dass er sich auf Verhandlungen einließ, direkt auf den Krieg zusteuerte. Es war nicht der Einsicht in die unkalkulierbaren Risiken zu verdanken, wenn er schließlich doch zurückschreckte, sondern der Überrumpelungstaktik der auf eine Kompromisslösung setzenden Diplomaten.

Seit dieser als »Schlappe« empfundenen und – wie er noch 1945 im Angesicht des Endes sagte – »verpassten Gelegenheit« vom Herbst 1938 galt, dass die Zeit, in der er seine Ziele durch Erpressung und bloßes Zurschaustellen von Gewalt durchsetzte, unwiderruflich vorbei war. Fortan war nicht länger die Drohung mit dem Krieg, sondern der Krieg selbst das Ziel. Schon der »Griff nach Prag« im März 1939 zeigte, dass die Anwendung von Gewalt nicht mehr »unter Risiko«, wie er 1937 noch gefordert hatte, sondern um jeden Preis die Grundlage seiner Politik war.

Entsprechend war das Drehbuch für die letzten Augusttage des Jahres 1939 abgefasst worden. Der Sinn der so eigenartigen Kombination von Ultimatum und »großzügigen« Vorschlägen an Warschau bestand darin, vor der deutschen wie der internationalen Öffentlichkeit eine Rechtfertigung für den Absprung in den Krieg zu finden. Deshalb wurden alle Versuche des italienischen Diktators Mussolini, in letzter Minute zu vermitteln, abgewiesen; deshalb durfte der deutsche Botschafter in Warschau nicht auf seinem Posten bleiben; deshalb hatte Hitler Ribbentrop angewiesen, den Briten – der von beiden Konfliktparteien offiziell anerkannten Vermittlungsinstanz – die deutschen Vorschläge zur Beilegung der Krise keinesfalls auszuhändigen; und deshalb untersagte Ribbentrop den deutschen Diplomaten, mit dem britischen Botschafter Henderson Verbindung aufzunehmen, und fügte vielsagend hinzu: »Hitler habe angeordnet, alles ›abzuwimmeln‹.«[4] Hitler wollte den Krieg gegen Polen, auch um den Preis einer unkalkulierbaren Auseinandersetzung mit den Westmächten. Er fürchtete den Frieden, nicht den Krieg. Dieser war nicht die ultima ratio, sondern die prima ratio seiner Politik.

»Danzig ist nicht das Objekt, um das es geht. Es handelt sich um die Erweiterung des Lebensraumes im Osten [...]«[5] – so hatte er seinen Generalen schon im Mai 1939, im Umfeld des »Stahlpakts« mit Italien, eingehämmert. Am 22. August, dem Tage vor der Unterzeichnung des Paktes mit der Sowjetunion, hatte er ihnen verkündet: »Jetzt ist Polen genau da, wo ich es haben wollte. [...] Ich habe nur Angst, daß mir noch im letzten Moment irgendein Schweinehund einen Vermittlungsplan vorlegt.«[6] Die außenpolitische Raison d'être des NS-Regimes, so wie Hitler sie definierte, hieß: Expansion um jeden Preis, Unterjochung und Versklavung ganzer Völker, rassenideologische Flurbereinigung des Kontinents und Beherrschung Europas auf der Basis eines halbkolonialen Rohstoffraumes im Osten.

In seiner Kriegsbesessenheit konnte Hitler nicht einmal der Umstand bremsen, dass er sich im falschen Krieg befand. Dies galt sowohl ideologisch wie geostrategisch und machtpolitisch. Statt Europa mit Duldung des konservativen England vom »Bazillus des Kommunismus« zu befreien, sah er sich auf das Wohlwollen und die materielle Unterstützung der Sowjetunion angewiesen; noch dazu in einem Kampf, der nach eigenem Bekunden »sehr schwer, vielleicht aussichtslos« sein würde.[7] Lebensraum ließ sich im Westen des Kontinents, im Kampf gegen England und Frankreich, nicht erobern. Eher riskierte man, dort die Kräfte zu verschleißen und Stalin noch weiter zu stärken, der sich hinter den Palisaden des Nichtangriffspakts verschanzen konnte, der als Trittbrettfahrer des Hitlerschen Kriegskalküls sich seinen Teil der Beute vertraglich gesichert hatte und der als Letzter auftreten und das entscheidende Gewicht in die Waagschale werfen wollte. Hitler musste erst den Krieg führen, der nicht ihm, sondern einem Mann wie General Hans von Seeckt zu Beginn der 1920er Jahre vorgeschwebt hatte: im Bündnis mit der Sowjetunion gegen Polen und die mit diesem verbündeten Siegermächte des Weltkriegs.

Aber selbst diese schiefe Konstellation vermochte es nicht, Hitler zurückzuhalten. Zu stark war seine wahnhafte Idee, als Werkzeug des Schicksals noch zu Lebzeiten eine säkulare Aufgabe bewältigen zu müssen; zu stark schlugen der abschmelzende Rüstungsvorsprung der Wehrmacht und die gravierende Finanzkrise im Innern zu Buche; und zu sehr lockte die Versuchung, das Überlebensgesetz des Regimes, die fortwährende Aktion, ins Extrem zu steigern. All dies muss man sich vor Augen halten, wenn man die Situation vom Herbst 1939 beurteilen will. Eine wie auch immer geartete diplomatische Taktik, mit der ein solch konsequenter und brutaler Wille zum Krieg hätte abgebremst werden können, gab es nicht.

Hitlers Kriegskalkül hätte freilich allein nicht ausgereicht, wenn dieses nicht durch ein Netzwerk von Krisenfaktoren begünstigt worden wäre. Solche krisentreibenden Elemente lassen sich auf zwei Ebenen ausmachen: auf der Ebene der politischen Strukturen, die Hitler in Deutschland vorfand, und auf der Ebene der Strukturkrise des internationalen Systems. Zu den überindividuellen Wirkkräften in Deutschland, die Hitlers Kriegspolitik beförderten, gehörten mentale und gesellschaftliche Dispositionen, die durch das Weltkriegserlebnis und den Diktatfrieden von Versailles nicht hervorgerufen wurden, aber gewaltigen Auftrieb erhielten: zum einen ein mächtiger Revisionismus, der sich darin ausdrückte, dass nahezu die gesamte Nation bis in die extreme Linke hinein die Niederlage von 1918 nicht akzeptierte und auf Abschüttelung dessen, was man im Jargon der Zeit die »Fesseln von Versailles« nannte, ausgerichtet war; zum anderen ein Militarisierungsschub, der seit 1918 in der deutschen Gesellschaft zu verzeichnen war. Aus dem hochgepeitschten und enttäuschten Nationalismus des Weltkriegs ging ein Kult des Militärischen hervor, der nicht mehr wie zu Kaisers Zeiten auf dem gesellschaftlichen Respekt vor militärischen Autoritäten beruhte. Nun wurde auf dem Erfahrungshintergrund von Fronterlebnis und Schützengrabengemeinschaft einer ganzen Generation die gesamte Gesellschaft militarisiert. Zahlreiche Wehrverbände, die Pflege militärischer Aktionsformen und die Verwendung militärischer Embleme und Rituale bei Aufmärschen, ländliche Kriegervereine, die Betonung von soldatischen Tugenden und Soldatenkameradschaft, von Kampfgeist, fanatischer Entschlossenheit und Führergefolgschaft – all das machte den Kriegskult in der deutschen Gesellschaft salonfähig. Aber es galt auch: Je näher es auf den echten Krieg zuging, desto mehr nahm dieser Trend wieder ab. Es kam in Deutschland zwar nicht wie in Frankreich und England zu einer ausgeprägten pazifistischen Bewegung. Aber es gab eine tiefe Kriegsfurcht, gegen die auch eine intensive Kriegspropaganda nichts ausrichten konnte. Die verhaltene Reaktion der deutschen Bevölkerung im Herbst 1939 zeigte, dass die Nation – ganz anders als 1914 – nur in »widerwilliger Loyalität« in den Krieg zog.[8]

Wichtiger als diese gesellschaftliche Disposition war daher ein zweiter Faktor: der Mythos vom »Führer«, der die Schrecknisse des Krieges selbst erfahren hatte und dem man blind vertrauen konnte. Gemessen an dem zähen, oft ertraglosen Ringen der Weimarer Außenpolitik, war Hitlers Außenpolitik für die Deutschen seit 1933 eine einzige, märchenhafte Erfolgsgeschichte. All das, woran sich politische Schwergewichte wie Walther Rathenau und Gustav Stresemann die Zähne ausgebissen hatten, all das, woran sich Nationalstolz und kollektive Begeisterung entzünden konnten, das fiel dem außenpolitischen Autodidakten wie reife Früchte fast von selbst zu: das Aufbrechen der Daumenschrauben der Reparationen; die Rückkehr zum Großmachtstatus mit »schimmernder Wehr«, die Auslöschung des Stigmas der Kriegsschuld; der friedliche Anschluss Österreichs und des

Sudetenlandes; und schließlich die Erfüllung des alten Traums von einem deutsch geführten Mitteleuropa mit den Donau- und Balkanländern im Schlepptau. Diese in der deutschen Geschichte einzigartige Bilanz war die wichtigste Integrationsklammer des Regimes. Sie hob den Führermythos in messiasgleiche Dimensionen; und sie setzte die Eliten der deutschen Gesellschaft, die Hitler und seine braunen Rabauken für die eigenen Zwecke in Dienst hatten nehmen wollen, unter Anpassungsdruck und Solidarisierungszwang.

Schließlich gilt es auf einen dritten Faktor hinzuweisen, der Hitlers Kriegswillen den Weg bereitete: die zwar partielle, aber weit reichende Interessenkongruenz, die zwischen Hitler und den deutschen Eliten in Armee, Diplomatie, Industrie und Wirtschaft herrschte, also in jenen Bereichen der Gesellschaft, die für eine Kriegspolitik von Bedeutung waren. Diese Interessenparität war ein im einzelnen schwer bestimmbares Gemisch aus vorauseilender Selbstgleichschaltung, Karrierismus, Profitgier, Anpassungsdruck, identischen Überzeugungen und Nahzielen. Waren Handel, Banken und Industrie tragende Säulen des wirtschaftlichen Ausgreifens nach Ost- und Südosteuropa, wie es seit dem »Neuen Plan« des Reichswirtschaftsministers Hjalmar Schacht von 1934 Gestalt annahm, so war die Motivation der national-konservativen Bündnispartner Hitlers in Diplomatie und Militär eine doppelte. Zum einen glaubten sie, durch die »Vernunftehe« mit den Nationalsozialisten ihrem im parlamentarischen System gefährdeten politisch-sozialen Herrschaftsanspruch eine neue Basis verschaffen und damit ihren Vormachtstatus stabilisieren zu können. Zum anderen waren sie überzeugt, ihr außenpolitisches Ziel, die Wiederherstellung einer deutschen Hegemonialposition in Europa, nur im Bunde mit einer nationalistischen Massenbewegung erreichen zu können. Hinter dieser Affinität zum Nationalsozialismus standen weniger ideologische oder gar rassistische Parallelen. Entscheidend war vielmehr die Erkenntnis, die die militärische und diplomatische Elite aus dem Ersten Weltkrieg gewonnen hatte:

Nur ein autoritär geführtes, die Volksmassen fest integrierendes Staatswesen sei in der Lage, ein erneutes Abgleiten in die soziale Revolution zu verhindern; und nur ein straff organisierter Staat könne einen totalen Krieg führen. Diese kriegerisch-aggressive Grunddisposition ebnete Hitler den Weg.

Bei den Militärs kam noch etwas anderes hinzu. Alle Geringschätzung, die in der Reichswehr gegen den Gefreiten Hitler herrschte, wurde hinweggespült von dessen unbedingtem Willen zur Aufrüstung. Die Wiederbewaffnung bedeutete nicht nur den Primat der Armee und den Abschied vom Milizgedanken, von SA-Chef Ernst Röhm und dessen disziplinlosen Landsknechten. Sie bedeutete auch, den Siegermächten die Stirn zu bieten und, anders als die Zivilisten Rathenau und Stresemann, Arrangement und Versöhnung durch Konfrontation und Faustrecht zu ersetzen. Das imponierte den Militärs und entsprach ihrer Denkart. Vor allem aber bedeutete das Bekenntnis zur Aufrüstung noch etwas anderes: Die Armee konnte nun wieder in gesellschaftlicher Anerkennung und machtpolitischer Bedeutung den Platz einnehmen, den ihr die Republik verweigert hatte und der ihr nach ihrer Selbsteinschätzung zustand. Das Millionenheer, das Hitler im Begriff war zu schaffen, eröffnete für die Unteroffiziere und Leutnants des Weltkriegs sowie für das schmale Offizierskorps der Reichswehr die Perspektive eines ungeheuren persönlichen, materiellen und beruflichen Aufstiegs auf der Karriereleiter. Diese Aussichten ließen die Militäraristokratie über vieles hinwegsehen: über die Politisierung und nazistische Unterwanderung der Armee; über die gesetzlose Mordaktion vom Juni 1934, der auch zwei Reichswehrgeneräle zum Opfer fielen; über die Einführung des Arierparagraphen im Jahre 1935; über Hitlers immer selbstherrlicher werdendes Regiment, das im Frühjahr 1938 die Wehrmacht förmlich enthauptete; und schließlich über seinen unbändigen, ganz Europa in Brand steckenden Kriegswillen.

Nicht minder wichtig als beschleunigender Faktor für Hitlers Kriegskalkül war die Krise des internationalen Systems. Die internationale Solidarität[9] versagte gegenüber den auf Revision der Landkarte pochenden Diktatoren der Zwischenkriegszeit im allgemeinen und gegenüber dem Regime des Nationalsozialismus im besonderen. Bis zum Kriegsausbruch und noch darüber hinaus erwies sich der eigenstaatliche Egoismus als stärker als das Zusammenstehen gegen die Bedrohung des Friedens.

Dieser Befund bringt den Völkerbund ins Visier.[10] Die Idee des amerikanischen Präsidenten Woodrow Wilson einer kollektiven Verantwortung für den Frieden litt von Beginn an unter drei schweren Krankheiten: Die USA, der *spiritus rector* der Genfer Organisation, nahmen an dieser Veranstaltung zur Wahrung des Friedens gar nicht teil; die Verpflichtung zur allgemeinen Abrüstung, das Herzstück der Völkerbundsakte, blieb ein leeres Versprechen; und es gab keinerlei Konsens darüber, wie der allgemeine Frieden zu erhalten sei, denn die Siegerkoalition des Weltkrieges, die Sanktionen und Sicherheitsmechanismen hätte durchsetzen können, war zerfallen. Somit traten die gegensätzlichen Partikularinteressen an die Stelle des allgemeinen Interesses an der Aufrechterhaltung des Friedens.

War der Völkerbund in den 1920er Jahren praktisch ein Werkzeug der französischen Politik gewesen, die bestrebt war, den 1919/20 in Paris begründeten *status quo* festzuschreiben, so trat 1931 eine Zäsur ein. Der Überfall des Völkerbundmitglieds Japan auf die Mandschurei legte der Weltöffentlichkeit dar, wie machtlos die Genfer Organisation war, wenn man sich über ihre Regeln hinwegsetzte. In seiner Wirkung auf die expansionslüsternen Diktatoren ist dieser Affront gegen die Pariser Ordnung und deren Wächter, den Völkerbund, gar nicht hoch genug zu veranschlagen.

Die Idee der kollektiven Sicherheit wurde stillschweigend zu Grabe getragen, und es durfte niemanden wundern, dass es bei wirkungslosen Protesten blieb, als im Laufe der nächsten Jahre mit Äthiopien, Österreich, der Tschechoslowakei und Polen weitere Mitgliedstaaten des Völkerbundes von der Landkarte verschwanden. Die Lehre, die aus dieser Machtlosigkeit der

Genfer Organisation gezogen wurde, war die, sich nicht auf die wertlosen Formeln internationaler Solidarität zu verlassen, sondern sich mit den Diktatoren, allen voran dem nationalsozialistischen Deutschland, zu arrangieren, um als Trittbrettfahrer Territorialgewinne einstreichen zu können.

Mindestens ebenso wichtig wie der Ausfall des Völkerbundes als Ordnungselement war die Tatsache, dass Idee und Grundsatz der allgemeinen Abrüstung am machtstaatlichen Egoismus zerschellten. Vor allem Frankreich setzte hier Akzente. Der Fortfall des für die eigene Sicherheit so elementar veranschlagten, in Versailles ausgehandelten atlantischen Beistandspakts zum Schutz vor Deutschland provozierte in Paris ein Sicherheitsfieber, das sich auf drei Ebenen manifestierte. Man versuchte, die schwächliche Weimarer Republik durch eine ganze Serie »nachgeholter Friedensbestimmungen« dauerhaft zu knebeln; man nahm gegenüber Deutschland die alte Zangenpolitik der Vorweltkriegszeit wieder auf: zunächst mit dem Beistandspakt mit Polen, dann mit der sog. »Kleinen Entente«[11] und schließlich 1935 mit dem Beistandspakt mit Moskau; und Frankreich suchte sein Heil vor Deutschland in einer waffenstarrenden Hochrüstung. Damit aber geriet Paris nicht nur in Gegensatz zu London; auf der Strecke blieb der in der Völkerbundsatzung verankerte, von Frankreich ausdrücklich akzeptierte Grundsatz der allgemeinen Abrüstung und damit die Maßgabe, die Sicherheit nicht gegeneinander, sondern miteinander zu suchen.

Dies war eine der wichtigsten Bedingungen auf dem Feld der internationalen Politik, die Hitlers Kriegskalkül in den Jahren nach 1933 entscheidend beförderte. Frankreich boykottierte alle Versuche, die Rüstung auf ein Mindestmaß zu begrenzen; es torpedierte mit kurzsichtigen Stör- und Bremsmanövern alle in Genf unternommenen Anstrengungen, eine Formel für den Rüstungsabgleich zwischen den Staaten zu finden. Stets war man bestrebt, die eigene rüstungspolitische Überlegenheit auf Jahre hinaus fortzuschreiben. Im Ergebnis trug man damit die gesamte Idee der Abrüstung zu Grabe.[12] Gewiss, das alles speiste sich aus der Position der Defensive und dem Bewusstsein des Schwächeren. Und ebenso richtig ist es, dass eine andere Haltung an Hitlers substantiellen Zielen und Methoden nichts verändert hätte. Aber gerade weil dem so war, weil Frankreich zu schwach war, um auf sich allein gestützt Sicherheit zu erlangen, und weil Hitlers Aggressionspotential so augenscheinlich wie unerschöpflich war, hätte das Gebot der Stunde die Erkenntnis sein müssen, dass Sicherheit nicht teilbar war, dass ein Mindestmass an Schutz im kollektiven Rahmen allemal besser war als ein Freibrief für unkontrollierte Hasardspiele.

Das Ergebnis der französischen Politik war ernüchternd: Anstatt einer deutschen Wiederaufrüstung durch internationale Abkommen Zügel anzulegen, half sie, der neuen Regierung in Deutschland die Zügel abzustreifen. Anstatt das Kräfteverhältnis kollektiv neu auszutarieren und Deutschland in neue internationale Verpflichtungen einzubinden, lieferten die Blockierung des Wandels und die Torpedierung aller aus Rom und London stammenden Vorschläge Hitler den gewünschten Vorwand, sich aus allen Bindungen zu lösen und mit der ostentativ in Szene gesetzten These einer »Verweigerung der Gleichberechtigung durch Frankreich« das nationale Fundament seiner Außenpolitik ungemein zu befestigen. Frankreichs Unnachgiebigkeit trug somit dazu bei, Hitler den Spielraum für seine Politik der vollendeten Tatsachen zu eröffnen, und sie verschüttete alle konstruktiven Ansätze der ersten Jahre. Wenn nun auch England, der traditionelle Wächter des Gleichgewichts auf dem Kontinent, seit Mitte der 1930er Jahre, zunächst mit dem deutsch-britischen Flottenabkommen von 1935 und dann mit der »Appeasement«-Konzeption des Premierministers Neville Chamberlain,[13] zu einer vom Egoismus geleiteten Interessenpolitik überging, so schuf dies nur neue Freiräume für die nationalsozialistische Aggressionspolitik.

Dies führt zu einem dritten destabilisierenden Faktor im internationalen System. »Appeasement« war eine doppelgleisige Strategie von Kriegsvermeidung und Kriegspräparation, ein Durchgangsstadium, um sich noch einige Jahre Frieden zu erkaufen, sich für den Krieg zu wappnen und Hitler und sein Regime in seiner ganzen Maßlosigkeit zu entlarven. Aber man verkannte die rassistische Grundierung von Hitlers Politik und dessen »Lebensraumobsession« fundamental, wenn man in London ganz auf ökonomische Befriedung setzte; wenn man Hitler für einen rational agierenden Politiker hielt, der Kosten und Nutzen einer Aktion nüchtern abwägen konnte; wenn man mit Bluff statt mit echter Abschreckung operierte; und wenn man schließlich mit der »Polengarantie« vom 31. März 1939 und den nachfolgenden Mechanismen des »Containment« genau auf jene Rezepte kollektiver Sicherheit zurückfiel, die – maßgeblich durch eigenes Zutun – längst unterhöhlt waren. Im objektiven Ergebnis wirkte die »Appeasement«-Politik daher eher krisentreibend als krisendämpfend, beförderte sie Hitlers Kriegsdrang eher, als dass sie ihn zur Vernunft zwang.

All das führt zu einem Schluss: Gegen die nationalen Interessen der Staaten, gegen ihre Taktik, die kollektive Verantwortung für den Frieden dem eigenen, durchweg kurzsichtigen Vorteil zu opfern, hatte eine konsequente Eindämmungspolitik gegenüber dem nationalsozialistischen Deutschland keine Chance. Das galt für England und Frankreich; es galt für Polen und die Staaten Osteuropas, die – von der Tschechoslowakei abgesehen – im Windschatten der deutschen Erpressungs- und Expansionspolitik segelten und Vorteile einheimsten; es galt für das großmachtlüsterne Italien Mussolinis, das bedenkenlos und profitgierig die Seiten wechselte und Berlin, bis es zu spät war, noch anstachelte, die internationale Ordnung zu Fall zu bringen; und es galt für den prinzipienlosen Zynismus Stalins, der durch den Pakt von 1939 den Septemberkrieg mit auslöste, weil er darauf setzte, Hitler nach Westen ablenken zu können, und sich damit doch nur eine trügerische Atempause von nicht einmal zwei Jahren erkaufte.

3 Blitzfeldzüge

...nach Frankreich hinein!

DER GROSSE SIEG IM WESTEN

30 Pf.

Nach Polen, Dänemark und Norwegen wurde im Sommer 1940 auch Frankreich von deutschen Truppen besetzt.

Im Herbst 1939 war Deutschland für einen Feldzug gegen Polen, nicht aber für einen europäischen Krieg gerüstet. Außer dem so genannten »Fall Weiß«, dem Krieg gegen Polen, den Hitler seit dem 3. April anvisierte, gab es in den Schubladen des Generalstabes keine Pläne, wie man gegen die Westmächte vorgehen wollte. Der Aufbau der Wehrmacht sollte erst 1942 abgeschlossen sein, und in ihren Arsenalen befanden sich noch veraltete Waffentypen aus dem Ersten Weltkrieg. Ebenso gravierend waren zwei andere Umstände. Weil die allgemeine Wehrpflicht erst 1935 wieder eingeführt worden war, standen nur vier Rekrutenjahrgänge bereit und man war – anders als Polen und Frankreich – noch weit davon entfernt, die Wehrkraft der 80-Millionen-Bevölkerung auszuschöpfen. Diesem Fehlen personeller Ressourcen entsprach auf der materiellen Ebene, dass man im Zuge der hektisch betriebenen Wiederbewaffnung nicht auf eine Tiefen-, sondern auf eine Breitenrüstung mit wenig Reserven gesetzt hatte. Insgesamt bestand das deutsche Feldheer aus 2,75 Millionen Soldaten, das Ersatzheer aus 100 000 Mann. Von den 103 Divisionen befanden sich 43 zum Schutz der deutschen Grenze im Westen. Gegenüber den 2,3 Millionen polnischen Kombattanten besaß man damit zwar eine numerische Überlegenheit. Aber das galt nur, solange Frankreich seine 5,5 Millionen Soldaten und England sein Expeditionskorps, das Ende März 1940 1,65 Millionen Mann umfasste, nicht in Aktion brachten.

Jenseits dieser Zahlen hatte die Wehrmacht jedoch einen, wie sich zeigen sollte, entscheidenden Vorteil. Bei der Ausrüstung und Neuaufstellung der Verbände hatte man den Akzent ganz auf Motorisierung und Beweglichkeit gelegt. Die hoch entwickelte deutsche Generalstabsarbeit konnte somit voll zur Geltung gebracht werden. In der wehrwissenschaftlichen Diskussion der Zwischenkriegszeit hatte man ein neues Konzept des Krieges entwickelt: die Herbeiführung einer militärischen Entscheidung durch schnelle und gezielt geplante operative Bewegungen, mit denen auf einem begrenzten Terrain eine kurzfristige Überlegenheit erreicht und ein Zermürbungs- und Abnutzungskrieg vermieden werden sollte. Dieses »Blitzkriegskonzept«, wie es später genannt wurde, wies mehrere typische Merkmale auf: die Schnelligkeit und Beweglichkeit der Operationen; das Moment der Überraschung; das Ergreifen von Offensive und Initiative; eine ausgeklügelte operative Strategie im Sinne einer exakten Vorausberechnung der eigenen sowie der gegnerischen geplanten Operationen (Feind-, Zeit- und Raumberechnung); die diplomatische Isolierung der Gegner, so dass sie in duellartigen Kriegen einzeln besiegt werden konnten; das ständige Wechselspiel zwischen Vorausplanung und Improvisation, mit dem ein hoher Grad von Flexibilität möglich wurde; das Zusammenwirken moderner, beweglicher Kampfmittel wie Panzer, Flugzeuge und Luftlandetruppen sowie die Umfassung der gegnerischen Kräfte und die Herbeiführung einer Vernichtungsschlacht. Die Stärke der Wehrmacht bestand also nicht in ihrer zahlenmäßigen oder materialtechnischen Überlegenheit, sondern in der Fähigkeit, einen modernen Bewegungskrieg zu führen und das Gesetz des Handelns zu diktieren.

Die Luftwaffe war ihren Gegnern im Verhältnis von 4:3 zwar zahlenmäßig überlegen, aber nicht zu einem strategischen Luftkrieg zur Vernichtung des gegnerischen Wirtschaftspotentials in der Lage. Zudem fehlten ihr für die Kriegführung gegen England Langstreckenbomber und Flugzeugträger. Die Marine war der britischen Flotte in einem Verhältnis von 1:7,5 unterlegen. Selbst ihre 57 U-Boote entsprachen nur dem Kriegsstand der *Royal Navy*. Man konnte also nur versuchen, die feindlichen Verbände abzulenken und die alliierten Seekriegszufuhren zu stören.

Nicht weniger schwierig stellte sich die wirtschaftliche Ausgangsposition dar. Bei Kriegsbeginn hatte man – im Vergleich zum Ausbruch des Ersten Weltkriegs – nicht nur eine um die Hälfte kürzere Friedenszeit hinter sich, die Mehrzahl dieser Jahre waren auch Krisenjahre gewesen. Seit der großen Depression war die deutsche Industrie in eine durch die Rüstungskonjunktur geprägte Mangelwirtschaft hineingeraten, die die Möglichkeit zu Neu- und Ersatzinvestitionen verstellte. Anders als die Westmächte, die auf die Ressourcen ihrer Kolonialreiche zurückgreifen konnten und Zugang zu den globalen Nahrungsmittel- und Rohstoffmärkten hatten, verfügte die deutsche Kriegswirtschaft nur über geringe Kapazitäten und Reserven. Ungeachtet des Vierjahresplanes vom Sommer 1936 und dem Streben nach Autarkie blieb man auf dem Gebiet der kriegswichtigen Rohstoffe stark vom Ausland abhängig. Bei Mineralöl und Eisenerz lag die Einfuhrquote bei 65 Prozent des Bedarfs, bei Kautschuk bei 85 Prozent und bei Nichteisen-Metallen wie Bauxit und Nickel bei weit über 90 Prozent. Der Bedarf für die wichtigsten festen Rohstoffe war lediglich für ein Jahr gesichert. Nur mit einer Stahlquote von 22,7 Millionen Tonnen und mit der für die Flugzeugproduktion essentiellen Aluminiumerzeugung, die ein knappes Drittel der Weltproduktion ausmachte, stand man international an der Spitze. Diesem Missstand entsprachen die knappen Ausrüstungsvorräte der deutschen Streitkräfte, die in wesentlichen Bereichen unter der vom Oberkommando des Heeres geforderten Vier-Monats-Grenze lagen.

Zusammengenommen ergaben sich aus dieser ökonomischen Zwangslage zwei Erkenntnisse. Zum einen konnte man einen langen Krieg nur durchhalten, wenn es gelang, eine rasche militärische Entscheidung zu erzwingen oder sich in den Besitz fremder Arbeitskräfte und Rohstoffquellen zu bringen, bevor das überlegene Potential der Gegner zum Tragen kam. Zum anderen kam es darauf an, durch eine blitzartige Niederwerfung Polens die Westmächte vor vollendete Tatsachen zu stellen und zum Einlenken zu bewegen.

Kriegsgesellschaft, Kriegsfinanzierung und Kriegswirtschaft

Einen November 1918 werde es in der deutschen Geschichte nie mehr geben – so hatte Hitler am 1. September 1939 angekündigt. In diesem Satz verdichtete sich das Trauma der Nationalsozialisten: die Furcht vor Revolution und Kapitulation. Folglich setzten sie alles daran, eine friedensähnliche Kriegswirtschaft zu organisieren und die Rückwirkungen des Krieges auf die »Heimatfront« abzufedern. Am 27. August 1939 wurde die deutsche Gesellschaft mit der »Verordnung zur vorläufigen Sicherstellung des lebenswichtigen Bedarfs des deutschen Volks« und am 4. September mit der »Kriegswirtschaftsverordnung« auf Kriegsbedarf umgestellt. Die neue Situation spürten die Deutschen in drei Bereichen: in der Versorgung mit Gütern des täglichen Bedarfs, in der Lohn- und Steuerpolitik sowie in der Mobilisierung von Arbeitskraftreserven.[1]

Die Ende August verfügte Rationierung von Grundnahrungsmitteln und Konsumgütern, die nur noch gegen Bezugsschein erworben werden konnten, umfasste Fleisch, Fett, Butter, Käse, Vollmilch, Zucker, Marmelade, Textilien, Schuhe, Lederwaren und Kohlen. Am 25. September wurden auch Brot, Bier und Eier kontingentiert, nicht jedoch Kartoffeln. Seit Mitte November ergänzten Kleiderkarten die Lebensmittelkarten. Hatte der wöchentliche Brotkonsum pro Kopf 1938 noch 2 800 Gramm betragen, so sank er durch die Rationierung zunächst um 400 Gramm und ab April 1942, als die Versorgungslage kritisch wurde, um weitere 175 Gramm. Beim Fleischverbrauch war der Rückgang noch drastischer: von 925 Gramm (1938) über 500 Gramm (1939) auf 250 Gramm (1942).

Als im Juni 1942 auch Kartoffeln rationiert wurden, war die Stimmung, wie die geheimen SD-Berichte festhielten, »auf einem im Verlauf des Krieges bisher noch nicht festgestellten Tiefpunkt angelangt«.[2] Nur durch die verstärkte Zufuhr von Lebensmitteln aus den besetzten Gebieten konnten die Rationen für Fleisch und Brot ab 1943 wieder auf den alten Stand gebracht werden. Die Furcht vor einer Revolution sorgte dafür, dass das Regime bei Versorgungsproblemen mit einer seismographischen Empfindlichkeit reagierte.

Ähnliches war in der Lohn- und Steuerpolitik zu beobachten. Die Verknappung des Warenangebots barg die Gefahr einer überschießenden Inflation, wenn man nicht zugleich die Kaufkraft der Bevölkerung dämpfte. Eine solche Kaufkraftverringerung konnte auf drei Wegen geschehen: durch eine Reduzierung der Löhne, eine Arbeitszeitverlängerung ohne Lohnausgleich und eine Erhöhung der Steuern. Die »Kriegswirtschaftsverordnung« vom 4. September verfügte dementsprechend einen Lohn- und Preisstopp und darüber hinaus auch eine erhebliche Kürzung der Bruttolöhne durch die Streichung aller Zuschläge für Überstunden, Sonntags-, Feiertags- und Nachtarbeit, deren Effekt bei sieben bis acht Prozent lag. Ferner wurden alle Urlaubsregelungen bis auf weiteres aufgehoben und die reguläre Arbeitszeit von acht auf zehn Stunden erhöht. Diesem Austerity-Paket war keine lange Dauer beschieden. Bis zum Sieg über Frankreich im Frühjahr 1940 wurden die Maßnahmen de facto wieder rückgängig gemacht.

Auch im Bereich der für die Kriegsfinanzierung wichtigen Steuerpolitik war das Bemühen um eine soziale Abfederung der Kriegslasten vorherrschend. Die »Kriegswirtschaftsverordnung« sah einen fünfzigprozentigen Zuschlag zur Einkommensteuer vor, der alle Einkünfte aus selbständiger und unselbständiger Arbeit, aus Mieten, Verpachtungen und Kapitalvermögen erfasste. Davon ausgenommen waren alle Jahreseinkommen bis zu einer Grenze von 2 400 Reichsmark, wodurch etwa 60 Prozent der Lohnsteuerpflichtigen vom Kriegszuschlag befreit blieben. Ferner wurden die Verbrauchssteuern durch Zuschläge auf Bier, Tabak, Brannt- und Schaumwein erhöht, wobei maßgebend war, nur Produkte zusätzlich zu besteuern, die nicht zu den lebenswichtigen Verbrauchsgütern gehörten. Zusammen mit den anderen Einkünften des Reichs war damit knapp die Hälfte des Finanzbedarfs gedeckt. Den anderen Teil des für die Kriegsfinanzierung erforderlichen Geldes holte man sich durch lautlose Kreditaufnahme, indem man die privaten Einlagen bei Sparkassen, Versicherungen und Banken heranzog. Das war möglich, weil ein beträchtlicher Teil der überschüssigen Kaufkraft auf die Sparkonten wanderte. Augenfällig war der Unterschied zur Praxis des Ersten Weltkriegs. Zwischen 1914 und 1918 hatte man auf Steuererhöhungen weitgehend verzichtet, was zur Folge hatte, dass nur 13 Prozent der Ausgaben aus regulären Staatseinnahmen gedeckt wurden, während der Rest aus so genannten »Kriegsanleihen« stammte. Im Zweiten Weltkrieg konnte dagegen eine Deckungsquote von 50 Prozent erzielt werden.

In den ersten 30 Monaten des Krieges lenkten die Kriegssteuern knapp zwölf Milliarden Reichsmark in die Staatskasse. Betrachtet man die Verteilung zwischen den sozialen Schichten, dann belastete nur die Zusatzsteuer auf Tabak und Alkohol die große Mehrheit der Einkommensbezieher mit etwa 2,5 Milliarden Mark, während die restlichen mehr als neun Milliarden Mark auf Unternehmen und Bezieher hoher Einkommen entfielen. Noch deutlicher wurde diese Tendenz ab 1942/43, als man sich auf einen langen Krieg einstellte. Jetzt wurden zusätzliche

Abschöpfungsmaßnahmen bei den unternehmerischen Einkommen eingeführt: Die Körperschaftssteuer stieg auf 50 Prozent, die Einkommensteuer auf ausgeschüttete Gewinne auf 65 Prozent, und die Hausbesitzer wurden Ende 1942, bei einem absoluten Mietstopp, mit der so genannten »Hauszinssteuerablösung« zu einer einmaligen Abgabe von 7,75 Milliarden Reichsmark verpflichtet. Insgesamt wurden damit zusätzliche 15 bis 17 Milliarden Reichsmark in die Kassen gespült, während den privaten Einkommen durch eine abermalige Erhöhung der Tabak- und Alkoholsteuer nur eine Milliarde Reichsmark zusätzlicher Leistungen aufgebürdet wurde. Damit erbrachten 13 Prozent der Steuerzahler etwa 80 Prozent des gesamten Steueraufkommens. Die NSDAP sorgte dafür, dass die niedrigen und durchschnittlichen Einkommen bis zum Mai 1945 von jeder direkten Kriegssteuer verschont blieben und die indirekten Steuern moderat ausfielen.

Alle Fachleute, die für breitenwirksame Steuererhöhungen plädiert hatten, um die Staatsfinanzen zu konsolidieren und den extremen Kaufkraftüberhang mitsamt der Inflationsgefahr abzubauen, waren mit ihren Mahnungen auf der Strecke geblieben. Als im Frühjahr 1943 der letzte Versuch des Reichsfinanzministeriums fehlschlug, die unteren Einkommensschichten mit einem Lohnsteuerzuschlag von 25 Prozent zu belasten, war klar, dass gegen die grassierende Revolutionsfurcht nicht anzukommen war. Die Folge war, dass die Gesamtausgaben für den Krieg in Höhe von 830 bis 850 Milliarden Reichsmark ein gewaltiges Haushaltsdefizit aufhäuften. Es stieg von 17,6 Milliarden 1939/40 auf 81,6 Milliarden 1944/45. Der gesamte Reichsetat von 1932/33 hatte dagegen nur 6 Milliarden betragen. Gleichzeitig verzehnfachte sich die Reichsschuld von 30,8 Milliarden (1939) auf 387 Milliarden (1944/45), und der Geldumlauf erhöhte sich von 9,1 auf 56,6 Milliarden Reichsmark um inflationäre 621 Prozent.

In aller Schärfe stellte sich somit das Problem der Schuldenrückzahlung des Staates an seine Bürger, denn mehr als die

Hälfte des Geldbedarfs wurde auf dem Kreditwege beschafft. Die unter den Finanzexperten gehandelten Pläne gingen davon aus, dass diese Schulden aus den Eroberungen des Krieges zu decken waren. Man dachte an den Verkauf des besetzten Bodens, die Enteignung fremder Volkswirtschaften als Kriegsbeute und deren Verwendung als Tilgungsquellen oder an die Ausgabe von Volksaktien, bezogen auf die eroberten Industriewerke oder Gruben im Osten. Was zur Realität wurde, das war der Griff in fremde Kassen und die Konfiszierung fremden Eigentums. Nur so ließ sich die Deckungsquote von 50 Prozent im Kriegshaushalt einigermaßen aufrechterhalten.

Neben den Tributen, die das aus Teilen der ehemaligen Tschechoslowakei gebildete Protektorat Böhmen und Mähren sowie das aus Teilen Polens bestehende »Generalgouvernement« seit 1939 zu zahlen hatten, wurde der Löwenanteil der Einkünfte durch Kontributionen gedeckt, die man den unterworfenen Ländern auferlegte. Grundsätzlich hatte jedes Land 50 Prozent seines letzten Friedenshaushaltes als Besatzungskosten zu entrichten – eine von keinem wirklichen Aufwand gedeckte Quote. Tatsächlich beliefen sich diese Einnahmen 1943 und 1944 nach den Berechnungen der Bank für Internationalen Zahlungsausgleich in Basel auf 28,1 bzw. 39,6 Milliarden Reichsmark. Damit überstiegen sie in der zweiten Kriegshälfte die gesamten inländischen Steuereinnahmen des Reiches.

Eine zweite, kaum weniger ertragreiche Einnahmequelle war die europaweite Arisierung jüdischen Vermögens. Dabei wurde ein perfektes System der Geldwäsche angewandt. Das jüdische Vermögen wurde durch die Regierung des jeweiligen Staates, in dem die Juden lebten, zunächst konfisziert, dann meistbietend veräußert und anschließend zum größten Teil an die Wehrmacht überführt. Dieses System hatte drei Vorteile: es stabilisierte die Währungen der besetzten Länder, die durch die abgeführten Besatzungskosten ins Trudeln gekommen waren; es machte die fremden Regierungen zu willigen Erfüllungsgehilfen der rassischen »Flurbereinigung«; und die an Deutschland gelangten Erträge aus der Arisierung konnten als Anzahlung auf eine spätere Kriegsentschädigung angerechnet werden.

Diese brutale Ausbeutungspolitik machte auch im Bereich der Mobilisierung von Arbeitskräften Schule. Durch die Einberufungen zur Wehrmacht hatten sich die der Wirtschaft zur Verfügung stehenden Arbeitskräfte zwischen Mai 1939 und Ende 1940 um 3,37 Millionen Mann verringert. Um den Ausfall zu kompensieren, standen drei Möglichkeiten offen: die Heranziehung weiblicher Arbeitskräfte, die Stillegung und Auskämmung nichtkriegswichtiger Betriebe und der Rückgriff auf ausländische Arbeitskräfte. Auch hier galt: Das Regime schreckte davor zurück, die personellen Ressourcen der »Heimatfront« im Sinne eines totalen Kriegseinsatzes voll auszuschöpfen. Erst die Rückschläge im Osten brachten ein Umdenken in Gang, das jedoch weder systematisch erfolgte noch von Dauer war. Ein erster Mobilisierungsschub war nach der Winterkatastrophe 1941/42 zu verzeichnen, ein zweiter kam nach der Niederlage in Stalingrad im Frühjahr 1943, eine dritte Welle nach der Schlacht im Kursker Bogen im darauffolgenden Spätsommer und eine vierte nach den Bombenangriffen auf die deutschen Schlüsselindustrien im Frühsommer 1944. Während in England bereits seit dem Frühjahr 1940 der »totale Krieg« praktiziert wurde, sank die Ziffer der zivilen deutschen Arbeitskräfte im Krieg kontinuierlich ab: von 39,1 Millionen im Jahr 1939 auf 34,8 (1940), 33,1 (1941), 31,3 (1942), 30,3 (1943) und 28,4 Millionen (Ende September 1944).

Auch nach der Sportpalastrede des Propagandaministers Joseph Goebbels vom Februar 1943 wagte man es nicht, die Bevölkerung hart anzufassen. Daran konnten auch eine Meldepflichtaktion und Betriebsstillegungen nach Stalingrad nichts ändern, die aus dem Potential der mehr als fünf Millionen »unabkömmlich« gestellten Männer lediglich eine halbe Million und an die drei Millionen Frauen in die Kriegswirtschaft einschleusten. Der im Sommer 1944 dann unternommene Versuch, die Gesellschaft auf den »totalen Krieg« umzustellen – durch Einführung

der 60-Stunden-Woche, Streichung des Urlaubsanspruchs, Auskämmung der Verwaltung und Kampf gegen Bummelei – kam
viel zu spät und wurde bald von der dramatischen militärischen
Lage überholt.

Wenn sich die Gesamtzahl der in der deutschen Kriegswirtschaft tätigen Arbeitskräfte von anfangs gut 40 Millionen auf
46,1 Millionen (1943) erhöhte, bevor sie Ende 1944 wieder auf 45
Millionen absank, dann hatte dies mit dem rücksichtslosen Einsatz ausländischer Arbeitskräfte zu tun. Das Millionenheer de-
portierter Fremdarbeiter und Kriegsgefangener, deren Zahl von
1,2 Millionen (1941) auf 7,8 Millionen (1944) stieg – wobei knapp
fünf Millionen Russen und Polen den Löwenanteil stellten, die
in der Landwirtschaft, der Rüstungs- und der handarbeitsin-
tensiven Industrie eingesetzt wurden –, war die wichtigste Voraussetzung für das Funktionieren der deutschen Kriegswirtschaft. Der seit 21. März 1942 zum »Generalbevollmächtigten
für den Arbeitseinsatz« ernannte Gauleiter von Thüringen, Fritz
Sauckel, hatte dieses »Menschenmaterial« mit einem System
von Zwangsrekrutierung und gewaltsamen Aushebungen (so genannten »Sauckelaktionen«) zusammengetrieben. Die Zwangs-
arbeiter verteilten sich auf mehr als 20 000 Lager im Reichsgebiet, und sie lebten im Zustand absoluter Rechtlosigkeit. Was
sie erwartete, hatte Sauckel wie folgt formuliert: »Diese sind mir
so gleichgültig wie irgend etwas, und wenn sie sich das gerings-
te Vergehen im Betrieb zuschulden kommen lassen, dann bitte
sofort Anzeige an die Polizei, aufhängen, totschießen! Das küm-
mert mich gar nicht! Wenn sie gefährlich werden, muß man sie
auslöschen.«[3]

Der Verzicht auf die totale Indienstnahme der Bevölkerung
war einer der Gründe, weshalb die Kapazitäten der deutschen
Rüstungsindustrie lange Zeit nicht ausgeschöpft werden konnten. Ein zweiter Grund war der durch die raschen militärischen
Erfolge genährte »Blitzkriegmythos«, und ein dritter das für das
NS-System so charakteristische Kompetenz- und Zuständigkeit-
schaos. Wie stark dieser letzte Faktor zu Buche schlug, zeigte

sich, als Albert Speer, der Nachfolger Fritz Todts im Reichsministerium für Bewaffnung und Munition, seit 1942 daran ging, den Ressortpartikularismus zu überwinden und in eine straffe, einheitliche Lenkung der Rüstungsproduktion zu überführen. Seit April 1942 wurden die Rohstoffe über die so genannte »zentrale Planung« verteilt; im Mai zog Speer die Rüstungsinspektionen und Rüstungskommandos des Wehrwirtschaftsamtes im Oberkommando der Wehrmacht an sich; im Herbst 1943 übernahm er die Marinerüstung und entwand dem Reichswirtschaftsministerium die Leitung der gesamten zivilen Produktion. Schließlich erreichte er im Juni 1944 auch die Kontrolle über die Luftrüstung. Im Ergebnis dieses Konzentrationsprozesses verdreifachte sich das Volumen der deutschen Rüstungsproduktion zwischen 1942 und 1944. Freilich blieb man im Rüstungswettlauf gegen das überlegene Potential der gegnerischen Kriegskoalition – trotz der Rekordwerte beim Ausstoß von Munition, Flugzeugen, Waffen und U-Booten – auf verlorenem Posten. Auch nach dieser Kraftanstrengung betrug allein der Rüstungsausstoß der USA das doppelte desjenigen Deutschlands, Japans und Italiens; die Produktivität der Amerikaner lag um fast das Dreifache, die der Briten um ein Viertel über der der Deutschen.

Das Trauma der Revolution im Inneren, das die Organisation der deutschen Kriegsgesellschaft durch das Regime beherrschte, demaskiert die Realität der nationalsozialistischen »Volksgemeinschaft« als bloße Rhetorik. Auch unter den Bedingungen des Krieges blieb man von einer Identität zwischen Staat, Partei und Volk, von einer uniformierten und ideologisierten Gesellschaft weit entfernt. Dabei hatten die Nationalsozialisten alles darangesetzt, die zivile »Volksgemeinschaft« in eine mobilisierte, wehrhafte »Kampfgemeinschaft« zu überführen, um eine Gleichschaltung von Heimat- und Waffenfront zu erreichen. Aber was vor 1939 galt, das hatte auch danach Bestand: Persuasion und Repression, Propaganda und Terror, Verführung und Gewalt reichten nicht aus, um Systemloyalität zu erzeugen und eine klassenlose, konfliktfreie, sozial wie rassisch homogene

Gesellschaft zu formen, in der die alten Bindungen durch Religion, Region, Geschlecht, Konfession, Klasse und Generationszugehörigkeit keine Rolle mehr spielten. Die entscheidenden Integrationswerkzeuge, wichtiger als diejenigen von Indoktrination und Einschüchterung, blieben der »Führermythos« und die sichtbaren Erfolge des Regimes. Sie ermöglichten vielen Deutschen, zum Regime in Distanz zu stehen, seine Siege gleichwohl zu feiern; sie stimulierten den Nationalismus als Brücke zwischen Kriegsferne und Frontnähe; und sie schufen die Basis dafür, dass die »Volksgemeinschaft« auch im Krieg eine Erfolgsgemeinschaft war.

Der Feldzug gegen Polen und der »Sitzkrieg« im Westen

Die Hoffnung Hitlers, die Westmächte durch den Überraschungscoup des Paktes mit Stalin von der »Polengarantie« abbringen zu können, hatte zwar getrogen. Aber er behielt Recht mit seiner Annahme, dass kein Angriff auf den Westwall erfolgen würde. Obschon die deutschen Truppen nur einen Munitionsvorrat für drei Kampftage hatten, setzten die Westmächte auf eine Strategie des Abwartens und der Zermürbung. Der französische Oberkommandierende, General Maurice-Gustave Gamelin, sah eine Offensive erst für das Jahr 1941 vor. Dahinter stand das Kalkül, dass man über ein überlegenes Potential verfügte, nachdem am 6. September 1939 auch Australien, Indien und Neuseeland in den Krieg eingetreten waren, denen drei Tage später die Südafrikanische Union und Kanada folgten. Dahinter stand auch, dass sich die deutschen Bündnispartner Italien und Japan als »nichtkriegführend« bzw. als neutral erklärt hatten; und schließlich spielte die Erfahrung des vorausgegangenen Weltkrieges eine wesentliche Rolle. Sie hatte die Überzeugung entstehen lassen, dass sich eine deutsche Offensive in Frankreich festlaufen und die deutsche Kampfkraft ausbluten werde, zumal die britische Seeblockade Deutschland ökonomisch abriegelte.

Ein einziger Erkundungsvorstoß im Höhenzug des Warndt bei Saarbrücken war alles, was von der Entlastungsoffensive übrig blieb, die man den Polen im »Gamelin-Kasprzycki-Abkommen« vom Mai 1939 versprochen hatte und die spätestens 15 Tage nach dem ersten Tag der französischen Mobilmachung beginnen sollte. Statt vorzurücken igelte man sich hinter der Maginotlinie ein.

Diese Taktik entsprach der in Frankreich herrschenden kriegsunlustigen Stimmung. Bis auf eine erfolglose Attacke der *Royal Air Force* auf den Flottenstützpunkt Wilhelmshaven am 4. September unterblieben während des Polenkrieges auch alle Luftangriffe, denn die Franzosen fürchteten deutsche Vergeltungsschläge auf ihre Industriezentren. Ein Zweifrontenkrieg fand nicht statt. Vielmehr entwickelte sich für die nächsten Monate ein »Sitzkrieg«, der »drôle de guerre« im Westen, der Hitlers Kalkül entgegenkam, im Westen zu bluffen und im Osten vollendete Tatsachen zu schaffen.

In dieser Lage konnte sich die Wehrmacht ganz auf den Osten konzentrieren, wo der deutsche Aufmarsch mit 57 Divisionen – darunter alle Panzer- und motorisierten Divisionen – Westpolen umklammert hielt. Den linken Angriffsflügel bildete die »Heeresgruppe Nord« unter Generaloberst Fedor von Bock in Ostpreußen und Pommern. Am rechten Flügel stand die »Heeresgruppe Süd« unter Generaloberst Gerd von Rundstedt in Schlesien und in der Slowakei. Das Ziel des deutschen Feldzugsplanes war es, nach einem Durchbruch schneller Verbände die polnischen Armeen westlich der Narew-Weichsel-Linie in einer Umfassungsschlacht zu vernichten. Eine zweite Zangenbewegung sollte dann, von Ostpreußen und der Slowakei ausgehend, die östlich von Warschau stehenden polnischen Kräfte einschließen, um ihr Entweichen in die sumpfigen und bewaldeten Gebiete Ostpolens zu verhindern.

Der polnische Aufmarsch kam diesen Absichten entgegen. Das Gros des aus rund 40 Divisionen, elf Kavalleriebrigaden und wenigen Verbänden leichter Kampfwagen bestehenden polnischen Heeres war ohne natürliche Verteidigungslinie längs der deutschen und slowakischen Grenze aufgestellt, um die Ölfelder Galiziens, das ostoberschlesische Kohle- und Industrierevier, das Textilgebiet von Lodz und die meist in Westpolen liegenden Rüstungszentren und Munitionsfabriken zu schützen. Der polnische Oberbefehlshaber, Marschall Eduard Rydz-Smigly, beabsichtigte, eine Offensive gegen Ostpreußen zu starten und im Zusammenwirken mit den Westmächten nach Berlin vorzustoßen.

Die deutschen Operationen begannen im Morgengrauen des 1. September 1939 mit Luftangriffen auf die polnischen Flughäfen. Bereits am zweiten Tag beherrschte man den Luftraum und konnte daran gehen, das polnische Verkehrs- und Nachrichtennetz zu zerschlagen. Vor allem gelang es, die Vollendung des polnischen Aufmarsches sowie den Transport polnischer Reserven aus Ostpolen an die Front zu verhindern. Die Spitze der 10. Armee unter General Walter von Reichenau, die den Hauptstoß auf Warschau führte, war binnen einer Woche nur noch 60 Kilometer von der polnischen Hauptstadt entfernt. Am 8. September stand das XVI. Panzerkorps am südwestlichen Stadtrand. Drei Tage vorher hatte sich die polnische Regierung von Warschau nach Lublin begeben, am 6. September war ihr das polnische Oberkommando gefolgt. In nicht einmal zwei Wochen war der Feldzug entschieden: Die Wehrmacht hatte Warschau umstellt, Brest-Litowsk genommen und den äußeren Umfassungsring bei Wlodawa geschlossen.

Dies war das Signal für Stalin, nach Ostpolen zu greifen, das gemäß dem Geheimprotokoll des Paktes vom August russisches Interessengebiet war. Seit Wochen hatte der deutsche Außenminister Ribbentrop dies in Moskau angeregt. Aber die Sowjets hatten es vorgezogen, die Niederlage der Polen abzuwarten, um sich nicht als Komplizen der Deutschen zu entlarven. Deswegen hatten sie mit der polnischen Regierung noch bis zum 8. September Scheinverhandlungen über Waffenlieferungen geführt; und deswegen sollte der Einmarsch vor der Weltöffentlichkeit damit begründet werden, dass man den bedrohten Ukrainern und Weißrussen zu Hilfe eilen müsse. Nachdem sich Ribbentrop gegen diese Behauptung verwahrt hatte, besagte die sowjetische Erklärung vom 17. September lapidar, dass der polnische Staat zu existieren aufgehört habe. Somit hätten alle sowjetisch-polnischen Verträge ihre Gültigkeit verloren. Die Entwicklung in Polen sei bedrohlich. Man sei daher gezwungen, die Position der Neutralität aufzugeben. Mit dieser Formulierung unterlief man die »Polengarantie« der Westmächte. Durch seine Agenten wusste Moskau, dass sich nach der geheimen Zusatzklausel im englisch-polnischen Beistandsabkommen vom 25. August 1939 die Garantie der polnischen Unabhängigkeit nur gegen aggressive Schritte Deutschlands richtete. Die Sowjets trafen bei ihrem Vormarsch zur festgelegten Interessengrenze entlang der Flüsse Narew, Weichsel und San auf hartnäckigen Widerstand der Polen, den sie bald zu brechen vermochten. Die Gebiete östlich dieser Linie wurden von den deutschen Truppen geräumt.

Da die Weichsel als deutsch-sowjetische Demarkationslinie festgelegt worden war, trieb Hitler die Einnahme Warschaus voran. Er befahl Luftangriffe und Artilleriebeschuss, unter deren Einwirkung die polnische Hauptstadt am 27. September kapitulierte. Am 6. Oktober hörten die letzten örtlichen Widerstandshandlungen auf, und der »Blitzfeldzug« in Polen war beendet. Die Wehrmacht hatte mit verhältnismäßig geringen Verlusten von gut 10 000 Gefallenen, 30 000 Verwundeten und 3 400 Vermissten einen glänzenden Sieg errungen. Die neuen Prinzipien des Bewegungskrieges hatten sich bewährt. Rund 700 000 Polen waren in deutsche, 200 000 in sowjetische Gefangenschaft geraten. Zunächst in Paris, dann in London bildete sich eine polnische Exilregierung unter General Sikorski, die von England, Frankreich, den USA und den Commonwealth-Staaten als Rechtsnachfolgerin anerkannt wurde. In London wurde ein Exilparlament eingerichtet, und es wurden Streitkräfte im Umfang von 100 000 Mann aufgestellt, um den Status Polens als kriegführender Alliierter zu wahren.

Durch die Verständigung zwischen Deutschland und der Sowjetunion war das Schicksal Polens bereits entschieden. Am 20. September regte Stalin Verhandlungen über eine endgültige Grenzziehung an. Ribbentrop unterzeichnete am 28. September einen Grenz- und Freundschaftsvertrag, der die Demarkationslinien als »endgültig« festlegte.[4] Demnach wurde die ursprüngliche Interessenabgrenzung so abgeändert, dass man die Woiwodschaft Lublin und Teile der Woiwodschaft Warschau bis zum Bug, ferner den Landzipfel von Suwalki der deutschen, dafür aber fast ganz Litauen der sowjetischen Interessensphäre zuschlug. Ferner wurde der genaue Grenzverlauf entlang der Flüsse Pissa, Narew und Bug geregelt. Das Gebiet mit ca. 85 Prozent polnischer Bevölkerung und 20 Millionen Einwohnern fiel an Deutschland, die Gebietsteile mit überwiegend weißruthenischer und ukrainischer Bevölkerung (ca. zwölf Millionen Einwohner) kamen an die Sowjetunion. Diese erhielt damit – mit einigen Erweiterungen – jenes Gebiet zurück, das sich die Polen 1921 angeeignet hatten.

Damit war die vierte Teilung Polens perfekt. Vor allem aber war die Möglichkeit einer politischen Beendigung des Krieges verstellt. Denn mit den bei Deutschland verbliebenen Gebieten konnte kein polnisches Staatsgebilde geschaffen werden, mit dem sich irgendeine polnische Regierung hätte abfinden können. Jede Hoffnung auf ein Einlenken der Westmächte war illusorisch. Dies relativierte sowohl Absicht wie Erfolgsaussicht von Hitlers »Friedensappell« in seiner Reichstagsrede vom 6. Oktober 1939. Tatsächlich hatte er nur eine Drohung zu bieten. Die Wiedererrichtung eines polnischen Staates, so ließ er sich vernehmen, »der in seinem Aufbau und in seiner Führung die Garantie bietet, dass weder ein neuer Brandherd gegen das Deutsche Reich entsteht noch eine Intrigenzentrale gegen Deutschland und Russland gebildet wird«, sei ausschließlich Sache des Reiches und Sowjetrusslands.[5] Wenn England nicht einlenke, dann, so Hitler, sei diese Erklärung seine letzte gewesen und die Westmächte würden geschlagen werden.

Was dieser »Friedensappell« tatsächlich wert war, hatte sich längst gezeigt. Schon am 22. August hatte Hitler als Ziel des Feldzuges vor seinen Generalen die »Vernichtung Polen(s)«, »die Beseitigung der lebendigen Kräfte, nicht die Erreichung einer bestimmten Linie« bezeichnet.[6] Damit war klar, dass er nicht die Absicht hatte, Polen nach den Regeln der Haager Landkriegsordnung zu behandeln. Das war weder mit dem Ziel der »Germanisierung« noch mit dem einer Ausbeutung des Landes vereinbar. Am 8. September setzte Hitler »Vizekönige« in Polen ein, die als Chefs der Zivilverwaltung neben die Militärbefehlshaber traten. Es waren die »alten Kämpfer« Arthur Greiser für Posen (das fortan »Reichsgau Wartheland« hieß), Albert Forster für den »Reichsgau Danzig-Westpreußen« und in Krakau Hans Frank für Lodz und das gesamte »Generalgouvernement«. Deren Aufgaben umriss er nach den Notizen von Generalstabschef Halder am 17. Oktober: »Verhindern, daß polnische Intelligenz sich zu neuer Führerschicht aufwirft. Niederer Lebensstandard soll erhalten bleiben. Billige Sklaven. Aus deutschem Gebiet muß alles Gesindel heraus [...]. Das alte und neue Reichsgebiet säubern von Juden, Polacken und Gesindel. Schaffung einer totalen Desorganisation [...] Das Reich soll den Generalgouverneur befähigen, dieses Teufelswerk zu vollenden.«[7] Ohne die Reaktion Londons abzuwarten, hatte Hitler dann am 6. Oktober die staatsrechtliche Eingliederung nahezu der Hälfte des von Deutschland besetzten Westpolens (circa 90 000 Quadratkilometer mit zehn Millionen Einwohnern), darunter Gebiete mit 98 Prozent nichtdeutscher Bevölkerung, in das Reich angeordnet. Damit war die deutsche Grenze tief in das polnische Kernland verlegt worden. Warschau lag nun nur wenige Kilometer östlich der neuen Reichsgrenze. Der unter deutscher Herrschaft verbleibende Rest Polens verlor auf diese Weise alle industriell wertvollen Gebiete und wurde zu einem reinen Agrarland degradiert.

Auch im Hinblick auf dieses Restgebiet, das bis zur Interessengrenze mit Stalin reichte, hatte sich Hitler bereits vor seinem Friedensappell auf eine Politik festgelegt, die die Errichtung eines unabhängigen polnischen Staates unmöglich machte. Am 28. September, einen Tag nach dem Fall Warschaus, hatte er eine Anordnung zur »Eindeutschung« der eingegliederten Gebiete durch Ansiedlung von Volksdeutschen gegeben. Am Tage der englischen Ablehnung seines »Angebotes« verfügte er dann die Errichtung des »Generalgouvernements für die besetzten polnischen Gebiete«. Damit wurde Restpolen als eine Art koloniales »Nebenland« des Reiches unter deutsche Verwaltung gestellt. Das verbleibende Territorium war als Reservat für die Polen und Juden ausersehen, die aus den zu »germanisierenden« Gebieten abgeschoben werden sollten. Der Bevölkerung Restpolens war das Schicksal zugedacht, als Arbeitskräftereservoir für das Reich zur Verfügung zu stehen.

Mit der »Flurbereinigung« wurde der »Reichsführer SS« Heinrich Himmler beauftragt. Hitlers geheimer Erlass vom 7. Oktober bestimmte ihn zum »Reichskommissar für die Festigung deutschen Volkstums« und sprach von der »Ausschaltung des schädigenden Einflusses von solchen volksfremden Bevölkerungsteilen, die eine Gefahr für das Reich und die deutsche Volksgemeinschaft bedeuten«.[8] Mit der Aufhebung der Militärverwaltung am 25. Oktober 1939, mit der dem Heer die vollziehende Gewalt in Polen aus den Händen genommen wurde, war der Weg endgültig frei für die Gewalt- und Terrorherrschaft der SS und der Himmlerschen »Einsatzgruppen«. Ihre Aufgabe war die Vertreibung und physische Vernichtung der Substanz des »rassisch minderwertigen« polnischen Volkstums, um der germanischen »Herrenrasse« im eingegliederten Westpolen Raum zu schaffen. Vergebens protestierten die örtlichen Militärbefehlshaber gegen die seit Oktober 1939 einsetzenden systematischen Verhaftungen und Exekutionen der polnischen Intelligenz und gegen die Massenerschießungen von Juden durch die SS. Generaloberst Johannes Blaskowitz, der Nachfolger von Rundstedts als Oberbefehlshaber Ost, hielt am 6. Februar 1940 fest: »Die Einstellung der Truppe zur SS und Polizei schwankt zwischen Abscheu und Hass. Jeder Soldat fühlt sich angewidert und abgestoßen durch diese Verbrechen, die in Polen von Angehörigen des Reiches und Vertretern der Staatsgewalt begangen werden«.[9] Eine Woche später wurde Blaskowitz seines Postens enthoben, da man, wie Hitler erklärte, mit »Heilsarmee-Methoden« keinen Krieg führen könne.

Der deutsche Vernichtungskrieg in Polen, der unter der Tarnbezeichnung »Unternehmen Tannenberg« firmierte, wurde von fünf »Einsatzgruppen« der Sicherheitspolizei durchgeführt, die den Auftrag hatten, alle »reichs- und deutschfeindlichen Elemente im Feindesland rückwärts der fechtenden Truppe« zu bekämpfen.[10] Schon vor Beginn des Feldzuges, am 28. August, war im Reichssicherheitshauptamt (RSHA) in Berlin die Entscheidung gefallen, in Polen nach einer vorbereiteten Kartei insgesamt 30 000 Menschen zu verhaften und in Konzentrationslager einzuweisen. Am 3. September wies Himmler die »Einsatzgruppen« an, »polnische Aufständische, die auf frischer Tat oder mit der Waffe ergriffen« würden, »auf der Stelle zu erschießen«.[11] Er setzte sich damit in Gegensatz zu den Richtlinien der Heeresleitung und ignorierte deren Befugnis, die vollziehende Gewalt auszuüben. Welche Vorstellungen man im RSHA hatte, erläuterte Heydrich auf einer Amtschefbesprechung am 7. September: »Die führende Bevölkerungsschicht in Polen soll so gut wie möglich unschädlich gemacht werden.«[12] Und am 21. September formulierte er als Richtlinie für die »Einsatzgruppen«: Es seien »Listen aufzustellen, in welchen die markanten Führer erfaßt werden, daneben Listen der Mittelschicht: Lehrer, Geistlichkeit, Adel, Legionäre, zurückkehrende Offiziere usw. Auch diese sind zu verhaften und in den Restraum abzuschieben.«[13] Eine Woche später konnte Heydrich bereits melden: »Von dem polnischen Führertum sind in den okkupierten Gebieten höchstens noch 3 Prozent vorhanden«.[14] Damit die »Einsatzgruppen« in den neuerworbenen Gebieten volle Handlungsfreiheit hatten, sorgte Himmler dafür, dass die Polizeigrenze über Danzig und Oberschlesien hinaus nicht vorverlegt wurde. Die geplante »Flurbereinigung« sollte abgeschirmt von der Öffentlichkeit stattfinden. Und ein geheimer Gnadenerlass Hitlers stellte Taten, die als Reaktion auf »polnische Greuel« begangen wurden, unter Straffreiheit.

Mit dem Ende der Militärverwaltung brachen die letzten Dämme gegen die »Rassen- und Volkstumspolitik« in Polen. Am 30. Oktober gab Himmler seinen berüchtigten Umsiedlungsbefehl. Er sah die Aussiedlung erheblicher Teile der nichtjüdischen polnischen Bevölkerung und »aller Juden« aus den eingegliederten Ostgebieten bis zum Februar 1940 vor. Als Planziffer gab er die Deportation von einer Million Menschen in vier Monaten vor, wovon 550 000 polnische Juden sein sollten. Für die Planung und Durchführung war das RSHA zuständig. Die Deportation der Juden organisierte Heydrichs Judenreferent im Geheimen Staatspolizeiamt des RSHA, Adolf Eichmann. Pro Person durften die Deportierten nur einen Koffer mit Ausrüstungsgegenständen und Kleidung sowie Verpflegung für 14 Tage mitnehmen. Alle Wertsachen mussten sie zurücklassen, mit Ausnahme der Eheringe und 20 Zloty Bargeld pro Person. Von der Deportation ins »Generalgouvernement« waren bis Ende 1940 insgesamt 325 000 Polen betroffen. Bis Mitte März 1941, als die Aktion gestoppt wurde, erhöhte sich die Zahl der Deportierten auf 365 000. Himmlers Vorgaben wurden also nicht vollständig erreicht. Aufgefüllt wurde Westpolen mit Volksdeutschen aus dem Baltikum, aus Wolhynien, der Nordbukowina, Bessarabien und der Norddobrudscha. Überall wurden die dort lebenden Deutschen zur Rückwanderung aufgefordert und von SS-Ansiedlerstäben in den Warthegau verpflanzt. Die Deportation der polnischen Juden war so umfassend, dass die eingegliederten Ostgebiete bereits 1940, wie es hieß, »judenrein« waren. Fast alle polnischen Juden wurden in die großen Ghettos des »Generalgouvernements« nach Krakau, Radom, Lublin und Warschau verbracht. Lediglich im Warthegau wurden einige kleinere Ghettos und das große Ghetto in Lodz errichtet.

Im Mai 1940 legte Himmler als vorläufige Bilanz eine Denkschrift »über die Behandlung der Fremdvölkischen im Osten«

vor. Darin hieß es: »Für die nichtdeutsche Bevölkerung des Ostens darf es keine höhere Schule geben als die vierklassige Volksschule. Das Ziel dieser Volksschule hat lediglich zu sein: Einfaches Rechnen bis höchstens 500, Schreiben des Namens, eine Lehre, daß es ein göttliches Gebot ist, den Deutschen gehorsam zu sein und ehrlich, fleißig und brav zu sein. Lesen halte ich für nicht erforderlich. [...] Die Eltern der Kinder guten Blutes werden vor die Wahl gestellt, entweder das Kind herzugeben – sie werden dann wahrscheinlich keine weiteren Kinder mehr zeugen, so daß die Gefahr, daß dieses Untermenschenvolk des Ostens durch solche Menschen guten Blutes eine für uns gefährliche, da ebenbürtige Führerschicht erhält, erlischt – oder die Eltern verpflichten sich, nach Deutschland zu gehen und dort loyale Staatsbürger zu werden. [...] Es erfolgt jährlich insgesamt bei den 6 bis 10jährigen eine Siebung aller Kinder des Generalgouvernements nach blutlich Wertvollen und Nichtwertvollen. [...] Die Bevölkerung des Generalgouvernements [...] wird als führerloses Arbeitsvolk zur Verfügung stehen und Deutschland jährlich Wanderarbeiter und Arbeiter für besondere Arbeitsvorkommen (Straßen, Steinbrüche, Bauten) stellen.«[15]

Dies deutete schon an, dass Polen als Arbeitskräfte- und Rohstoffreservoir zum Objekt der deutschen Ausbeutungspolitik wurde. Fast eine Million Polen wurden als Arbeitssklaven ins Reich deportiert; zudem lieferte das »Generalgouvernement« in den Jahren 1942/43 630 000 Tonnen Getreide, 520 000 Tonnen Kartoffeln, 28 666 Tonnen Zucker, 55 000 Tonnen Vieh und 7 500 Tonnen Fette ab und leistete einen außerordentlichen Wehrbeitrag von drei Milliarden Zloty.

»Winterkrieg« und »Weserübung«

Am 28. September 1939 unterzeichnete Estland einen »Beistandspakt«, in dem es der Sowjetunion militärische Land-, Luft- und Seestützpunkte einräumte, was einer Besetzung des Landes nahe kam. Analoge Verträge schlossen am 5. Oktober

Lettland und am 11. Oktober Litauen, das als Gegenleistung das polnische Gebiet um Wilna zugesprochen bekam. Als sich Finnland weigerte, einen ähnlichen Vertrag zu schließen und die zur Sicherung Leningrads geforderte Halbinsel Hangö preiszugeben, griffen die Sowjets zur Gewalt. Am 26. November inszenierten sie einen Grenzzwischenfall, nahmen diese angebliche Provokation zum Anlass, die diplomatischen Beziehungen abzubrechen, und begannen vier Tage später mit der Bombardierung Helsinkis den so genannten »Winterkrieg«. Aus dem Leningrader Militärbezirk griffen sie mit vier Armeen in der gesamten Ausdehnung der finnischen Ostgrenze an, vom Finnischen Meerbusen im Süden bis hinauf nach Petsamo an der Eismeerküste. Gleichzeitig setzte Stalin eine finnische Marionettenregierung ein, die die sowjetischen Forderungen vertraglich anerkannte. Aber sein Kalkül, die finnische Nation zu spalten und das Land im ersten Anlauf zu überrollen, ging nicht auf. Die Finnen standen einmütig hinter ihrem Oberbefehlshaber, Marschall Carl Gustav Freiherr Mannerheim, der im Zarenheer gedient und 1918 den Befreiungskampf gegen die Bolschewiki organisiert hatte. Den ganzen Winter über verteidigte sich das 300 000-Mann-Heer mit 150 Flugzeugen, einigen Flakbatterien und 60 zur Hälfte veralteten Panzern so zäh und geschickt, dass nur im Norden Petsamo an die von Murmansk aus vorstoßenden Sowjets verloren ging. Erst im Februar 1940 konnte die Rote Armee durch die Heranführung großer Reserven den Stellungskrieg überwinden und tiefe Einbrüche erzielen. Zu einem Sieg der Sowjetunion im »Winterkrieg« kam es trotzdem nicht; die Kämpfe wurden, nach immensen Verlusten der Roten Armee, am 12. März 1940 eingestellt.

Bereits am 14. Dezember 1939 war die Sowjetunion als Aggressor aus dem Völkerbund ausgeschlossen worden. Während Italien und Ungarn die Finnen mit Kriegsmaterial unterstützten, lehnten Norwegen, Schweden und Dänemark eine offizielle Hilfeleistung unter Aufgabe ihrer Neutralität ab. Hitler wollte jede Ausweitung des Konflikts, die ein Eingreifen der Westmächte herausfordern konnte, vermeiden und genehmigte sogar die Versorgung der sowjetischen U-Boote in der Ostsee durch deutsche Schiffe. Erst nachdem der Völkerbund zur Hilfeleistung an Finnland aufgefordert hatte, nahm bei den Westmächten Anfang Februar 1940 der Plan Gestalt an, dem bedrängten Land über Nordnorwegen und die nordschwedischen Eisenbahnen zu Hilfe zu eilen, um damit auch die deutsche Erzzufuhr aus Schweden zu unterbinden. Voran kam man dabei nicht, denn Norwegen und Schweden gewährten den alliierten Truppen keinen Durchzug. Immerhin reichte diese Drohgebärde aus, um Stalin zum Einlenken zu bewegen. Er hatte kein Interesse daran, dass sich die Westmächte in Nordeuropa festsetzten.

Anfang März kamen durch schwedische Vermittlung Verhandlungen in Gang, die am 12. März mit dem Frieden von Moskau endeten. Die Schwerfälligkeit der Roten Armee, die ihren weit unterlegenen Gegner erst nach drei Monaten zum Frieden hatte zwingen können, verführte die Militärexperten aller Länder zur Unterschätzung ihrer militärischen Kraft. Dabei übersah man freilich, dass Moskau den Krieg lange mit der linken Hand geführt hatte, denn nur der Militärbezirk Leningrad war zunächst mobilisiert worden.

Mit dem »Winterkrieg« war der Norden Europas ins Blickfeld gerückt. Für Deutschland brachte die Neutralität der skandinavischen Staaten zwei Vorteile. Zum einen konnte das für die deutsche Kriegführung unentbehrliche Eisenerz aus den nordschwedischen Gruben über den eisfreien norwegischen Hafen Narvik und durch die Küstengewässer des neutralen Norwegen ungehindert nach Deutschland verschifft werden. Zum anderen tat sich hier ein Loch im britischen Blockadering auf, denn die deutsche Flotte hätte durch die norwegischen Hoheitsgewässer den im November 1939 von den Sowjets zur Verfügung gestellten Stützpunkt Polarnoje am Nördlichen Eismeer erreichen und von dort aus in den Nordatlantik vorstoßen können.

Auf deutscher Seite lenkte der Oberbefehlshaber der Kriegsmarine, Großadmiral Erich Raeder, die Aufmerksamkeit Hitlers erstmals in einem Vortrag vom 10. Oktober 1939 auf Skandina-vien.[16] Raeder fuhr mehrere Argumente auf. Er warnte, dass die Engländer nicht wieder aus Norwegen vertrieben werden könn-ten, wenn sie sich dort festgesetzt hätten. Sie würden die Ost-see-Eingänge beherrschen und Druck auf Schweden ausüben, was die Erzzufuhr an Deutschland unterbinde. Werde man aber selbst aktiv, könne man durch Stützpunkte in Norwegen eine breite Ausfallbasis zum Atlantik erhalten. Damit werde die abermalige Einsperrung der deutschen Flotte wie im Ersten Weltkrieg zwischen den Shetland-Inseln und Bergen verhindert. Eine Denkschrift des Befehlshabers der deutschen U-Boote, Kon-teradmiral Karl Dönitz, ergänzte diese Argumente durch den Hinweis, dass sich der Anmarschweg der im Atlantik operieren-den U-Boote durch den Besitz eines Hafens wie Trondheim we-sentlich verkürzen würde.

Das Plädoyer der Seekriegsleitung war der eine ausschlagge-bende Faktor. Der andere war der Besuch Vidkun Quislings in Berlin im Dezember 1939. Quisling war der Führer der unbedeu-tenden norwegischen Faschistenpartei »Nasjonal Samling«, der mit dem »Außenpolitischen Amt der NSDAP« Alfred Rosenbergs in Verbindung stand, um die deutsche Unterstützung für einen Staatsstreich in Norwegen zu gewinnen. In seinen Unterredun-gen mit Raeder und Hitler wies er auf die britischen Sondierun-gen in Norwegen und Schweden wegen einer Landungsaktion hin. Das Ergebnis war, dass Hitler am 13. Dezember den Befehl gab, die Norwegenaktion unter dem Codenamen »Weserübung« vorzubereiten. Mit der Bearbeitung war erstmals nicht der Ge-neralstab im Oberkommando des Heeres (OKH) beauftragt, son-dern ein Arbeitsstab im Oberkommando der Wehrmacht (OKW). Das OKW unter Wilhelm Keitel und Alfred Jodl hatte bisher mit der operativen Kriegführung nichts zu tun gehabt. Es hatte die Operationsentwürfe der Wehrmachtteile nur auf die Einhaltung der von Hitler ausgegebenen Weisungen kontrolliert. Norwegen wurde zum ersten Kriegsschauplatz, auf dem das OKW und da-mit Hitler die Operationsführung an sich zog.

Inzwischen hatte Churchill, der Erste Lord der Britischen Admiralität, für seine Skandinavienpläne, die Operation »Wilfred«, Unterstützung aus Paris bekommen. Ministerpräsident Edouard Daladier und der Oberkommandierende in Paris, General Gamelin, setzten auf eine Peripheriestrategie. Sie wollten die Wehrmacht auf Abnutzungskriegsschauplätzen binden, um einen deutschen Angriff auf Frankreich hinauszuzögern.

Am 5. Februar hatte der Oberste Alliierte Kriegsrat in Paris beschlossen, Finnland über Narvik und die nordschwedischen Bahnen mit vier Divisionen zu Hilfe zu kommen und dabei gleichzeitig die schwedischen Erzlieferungen nach Deutschland zu unterbinden. Der Friede von Moskau hatte diese Pläne über den Haufen geworfen, denn weder Chamberlain noch Daladier waren bereit, ohne Rückendeckung des Völkerbundes aktiv zu werden und die Neutralität der skandinavischen Staaten zu verletzen. In Frankreich löste dies eine Regierungskrise aus. Am 20. März musste Daladier zurücktreten. Sein Nachfolger wurde der bisherige Finanzminister Paul Reynaud, der schließlich gemeinsam mit Churchill den Obersten Kriegsrat am 28. März zu dem Entschluss brachte, die Operation »Wilfred« doch zu starten.

Sie bestand aus drei Teilen. Beginnend mit dem 5. April sollten die norwegischen Küstengewässer vermint werden. Anschließend waren Narvik, Trondheim, Bergen und Stavanger zu besetzen, um einem erwarteten deutschen Gegenschlag zuvorzukommen. Im weiteren Verlauf waren die schwedischen Erzgruben zu erobern und eine zusammenhängende Front gegen Süden zu errichten. »Wilfred« wurde allerdings um drei Tage, auf den 8. April, verschoben, weil zunächst nur zwei Divisionen zur Verfügung standen. Als die alliierten Landungstruppen am 7. April eingeschifft wurden, meldete die englische Luftaufklärung, dass ein deutscher Flottenverband mit größeren Einheiten im Skagerrak auf Nordkurs sei: »Weserübung« war inzwischen angelaufen. Die von Hitler in seiner Weisung vom 1. März bestimmte größtmögliche Beschleunigung der Aktion und die

Sicherstellung völliger Überraschung waren gelungen. Hitler hatte angeordnet, dass dem Unternehmen der Charakter einer friedlichen Besetzung gegeben werden sollte. Auftretender Widerstand sei jedoch »unter Einsatz aller militärischer Mittel zu brechen«. »Weserübung« war auf den 9. April 1940 morgens um 5.15 Uhr angesetzt worden.[17]

Die Planung sah zwei Operationen vor: »Weserübung-Süd« und »Weserübung-Nord«. Dänemark sollte wegen der Nachschubverbindungen und zur Nutzung seiner Flugplätze besetzt werden. Gleichzeitig waren sieben Landungsköpfe an der norwegischen Küste bis nach Narvik einzunehmen. Dazu wurden fünf Infanteriedivisionen und eine Gebirgsjägerdivision, ferner Artillerie-, Panzer- und Nachrichtenverbände eingesetzt. Die Luftwaffe beteiligte sich mit einem Fallschirmjägerregiment, einigen Flakabteilungen, 340 Kampfflugzeugen sowie 550 Transport- und Aufklärungsflugzeugen. Die Kriegsmarine setzte alle verfügbaren Einheiten, samt aller U-Boote, zum Schutz der Seetransporte ein.

Bei der starken Unterlegenheit gegenüber der englischen Flotte hing alles vom Moment der Überraschung ab. Tatsächlich hatte Oberst Hans Oster von der deutschen »Abwehr« den Termin für »Weserübung« dem holländischen Militärattaché mitgeteilt. Am 4. April war die Warnung bei den Regierungen der drei skandinavischen Staaten eingelaufen; zwei Tage später wusste London Bescheid. Aber überall siegte der Zweifel an der Echtheit der Meldungen.

Alle deutschen Landungsverbände erreichten ihre Bestimmungsorte, ohne auf die britische *Home Fleet* zu stoßen. Die deutschen Gesandten in Kopenhagen und Oslo hatten Anweisung erhalten, pünktlich um 5.20 Uhr gleichlautende Noten zu überreichen. Darin wurde die Übernahme des bewaffneten Schutzes mit dem unmittelbar bevorstehenden Einrücken der Westmächte begründet. Beiden Staaten wurden dafür territoriale Unversehrtheit und politische Unabhängigkeit zugesichert. Die Besetzung Dänemarks, die einen Bruch des deutsch-dänischen Nichtangriffspaktes darstellte, glückte am 9. April nahezu unbehindert. Bereits gegen 7 Uhr morgens beschloss die dänische Regierung unter Vorsitz König Christians X., keinen Widerstand zu leisten und die deutschen Forderungen unter Protest anzunehmen.

In Norwegen gelang es den deutschen Einheiten, den Briten zuvorzukommen und eine Reihe der wichtigsten Küstenplätze sowie – unter beträchtlichen Verlusten – Oslo zu besetzen. König Haakon VII., Regierung, Parlament und Armeeführung begaben sich ins Innere des Landes und waren entschlossen, den Kampf fortzusetzen. Alle Verhandlungen scheiterten daran, dass sich der König weigerte, Quisling, der sich zum norwegischen Regierungschef ausgerufen hatte, als Ministerpräsident zu bestätigen. Bei Narvik, wo die Gebirgsjägerdivision von Generalmajor Eduard Dietl schwere Kämpfe gegen alliierte Truppen zu bestehen hatte, sowie beim Kampf um den Oslofjord erlitt die deutsche Flotte große Verluste. Erst nachdem die letzten britischen Einheiten das Land am 8. Juni verlassen hatten, kapitulierte das norwegische Heer am 10. Juni 1940. König Haakon und seine Regierung flohen nach England. Der neue Herr im Land wurde zunächst Reichskommissar Josef Terboven, da Quisling, der dann im Februar 1942 eine Regierung bildete, keinen Rückhalt im Lande besaß. Im Unterschied zu Norwegen blieb die dänische Regierung im Amt. Erst im August 1943 trat auch hier ein Reichsbevollmächtigter, Werner Best, an die Spitze der Verwaltung.

Die Bilanz von »Weserübung« fiel zwiespältig aus. Man hatte die Absicht der Alliierten durchkreuzt, die deutsche Erzzufuhr abzuschneiden und eine zweite Front in Skandinavien zu errichten. Aber die Kriegsmarine, die nun noch den Schutz der langgestreckten norwegischen Küste übernehmen mußte, hatte so starke Verluste erlitten, dass ihre Kampfkraft gegen England erheblich beeinträchtigt war. Zudem band die Besetzung Norwegens und Dänemarks rund 300 000 Mann, die für den Einsatz auf anderen Kriegsschauplätzen ausfielen.

Der Westfeldzug gegen Frankreich

Das OKH, vor allem der Oberbefehlshaber des Heeres, Generaloberst Walther von Brauchitsch, und sein Generalstabschef, General Franz Halder, standen einer deutschen Offensive im Westen ablehnend gegenüber. Sie führten sowohl politische wie militärische Gründe an. Politisch waren sie der Auffassung, dass ein Schlag nach Westen einen Kompromissfrieden ausschließe und analog zum Ersten Weltkrieg ein Stellungskrieg mit verlustreichen Frontalschlachten drohe, den Deutschland auf Grund seines beschränkten Potentials nicht gewinnen könne. Gewichtiger waren die militärischen Bedenken. Die Militärs verwiesen darauf, dass die bei Kriegsbeginn neu aufgestellten Reserve- und Landwehrdivisionen nicht einmal zu Verteidigungszwecken voll einsatzfähig seien. Die Panzerverbände müssten nach dem Polenfeldzug aufgefrischt und mit schwereren Panzern vom Typ III und IV ausgerüstet werden, da die in Polen eingesetzten Typen den Modellen und den Panzerabwehrwaffen der Westmächte unterlegen seien. Hinzu kam das Argument, dass die Witterung im Herbst und Winter den Einsatz von Panzern und Luftwaffe nur beschränkt ermögliche. Angesichts der für unüberwindlich gehaltenen französischen Befestigungsanlagen votierten Brauchitsch und Halder für eine »Operation im Nachzug«. Dies bedeutete: Man band die eigene Aktion an eine feindliche Offensive gegen das Ruhrgebiet, die dem Gegner das Anrennen gegen den Westwall oder das Odium der Neutralitätsverletzung gegenüber Holland, Belgien und Luxemburg aufbürdete.

Darüber entspann sich eine monatelange Auseinandersetzung mit Hitler, der in der bisherigen Defensive der Westmächte ein Zeichen von Schwäche sah, das man zu einem sofortigen Angriff nutzen müsse. Bereits am 27. September 1939 teilte er den Oberbefehlshabern der drei Wehrmachtteile seinen Entschluss mit, noch in diesem Jahre im Westen unter Bruch der holländischen, belgischen und luxemburgischen Neutralität offensiv zu werden. Zur Begründung führte er an, dass man nicht tatenlos zusehen dürfe, wie der Gegner immer stärker werde. Um einer

Gefährdung des Ruhrgebietes, der »deutschen Achillesferse«, zuvorzukommen, gelte es, die momentane militärische Überlegenheit auszunützen. Deutschland könne, so Hitler, »den Krieg nicht auf lange Sicht durchhalten«. Deshalb müsse man alles auf eine Karte setzen und schon vor Weihnachten, am besten noch im Oktober, zum »großen Schlag« ausholen. Frankreich sei »zu zerschlagen« und »England auf die Knie zu zwingen«.[18]

Die Aufgabe, hierfür schnellstens einen Operationsplan auszuarbeiten, stürzte die Generäle in den Konflikt zwischen Gehorsam und fachlichem Verantwortungsbewusstsein. Hinzu kam, dass unterdessen auch die Ausrottungsmaßnahmen der SS gegen die Bevölkerung in Polen im OKH bekannt geworden waren. Wie im September 1938 sah man sich mit der Frage konfrontiert, Hitler durch einen Staatsstreich zu stürzen – damals, um den Krieg zu verhindern, diesmal, um zu einem Vergleichsfrieden zu gelangen. Brauchitsch war zu einer solchen Konsequenz nicht bereit. Er gab einem Putschversuch keine Chance. Immerhin war er willens, die Augen vor der Aktivität zu verschließen, die Halder und eine Gruppe von Vertrauten im OKH entfalteten. Halder behielt mehrere Einheiten mit eingeweihten Kommandeuren auf dem Weg von Polen zur Westfront auf Truppenübungsplätzen östlich der Elbe, um sie gegebenenfalls für einen Staatsstreich gegen Berlin einsetzen zu können. Aber wie im Herbst 1938 war er nicht bereit, präventiv vorzugehen, Landesverrat zu begehen oder Hitlers Anweisungen und damit die Vorbereitung der Offensive zum Vorteil der Gegner zu sabotieren.

Stattdessen verabredete er mit Brauchitsch, Hitler die mangelnden Erfolgsaussichten einer Offensive im Westen darzulegen. Am 11./12. Oktober brachten die Oberbefehlshaber der an der Westfront stehenden beiden Heeresgruppen, Generaloberst Wilhelm Ritter von Leeb und Generaloberst Fedor von Bock, dem OKH gegenüber in Memoranden die von sämtlichen Oberbefehlshabern ihrer Armeen geteilten Bedenken zum Ausdruck. Brauchitsch erläuterte Hitler diese Argumente. Es war vergeblich. Hitler legte am 16. Oktober den Angriffstermin auf die Zeit zwischen 15. und 20. November fest. Daraufhin arbeitete das OKH die modifizierte Aufmarschanweisung »Gelb«, wie der Deckname für die Westoffensive lautete, aus. Strategisches Ziel war es, mit einem Stoß durch Holland und Belgien die gegnerischen Kräfte nördlich der Somme zu vernichten und bis zur Kanalküste vorzudringen. Wie die Offensive dann weitergeführt werden sollte, blieb offen. Dies war ein deutliches Zeichen dafür, dass man mit einer entscheidenden Niederwerfung Frankreichs nicht rechnete.

Als Hitler den Angriffstermin auf den 12. November vorverlegte, entschloss sich Brauchitsch dazu, Hitler umzustimmen. Die dramatische Auseinandersetzung vom 5. November führte zum Bruch. Brauchitsch trug Hitler alle Argumente gegen eine Offensive vor. Als er ausführte, dass die deutsche Infanterie im Polenfeldzug die Leistungen von 1914 nicht erreicht habe, und auf Disziplinlosigkeiten hinwies, bekam Hitler einen Wutanfall. Er sprach von Defätismus, drohte, den »Geist von Zossen auszurotten«, und brach die Unterredung ab.[19] Dies reichte aus, um die Militärs einzuschüchtern. Halder befürchtete, dass Hitler von den Staatsstreichplänen Kenntnis erlangt habe. Er ließ alles belastende Material vernichten und die Putschvorbereitungen einstellen. Damit war die Aussicht auf einen Staatsstreich begraben, zumal sich drei Tage später das Attentat im Münchner Bürgerbräukeller ereignete.

Wenn der Angriff im Westen trotzdem nicht stattfand, lag dies an den ungünstigen Witterungsverhältnissen. Sie sorgten dafür, dass er bis zum 10. Mai 1940 insgesamt 29 Mal verschoben wurde. Diese Verzögerung hatte eine entscheidende Folge: die Ersetzung des Operationsplanes. Der bisherige Feldzugsplan lehnte sich an den »Schlieffen-Moltke-Plan« des Ersten Weltkrieges an, und dies barg drei gewichtige Nachteile. Die Westmächte erwarteten genau dieses Vorgehen und hatten ihre eigenen Planungen darauf abgestellt; dem Konzept fehlte das Moment der Überraschung, weshalb die Gefahr groß war, dass der Angriff wieder steckenblieb; und der Plan versprach durch seinen frontalen Ansatz keine Verwirklichung der Absicht Hitlers, den Westkrieg rasch zu entscheiden. Hier lag die Chance für das Alternativkonzept, das der Generalstabschef der Heeresgruppe A, Generalleutnant Erich von Manstein, schon am 31. Oktober 1939 dem OKH vorgeschlagen hatte. Es war verwegen und unkonventionell, ganz auf Überrumpelung und Verwirrung des Gegners abgestellt; und aus eben diesen Gründen fand es die Zustimmung Hitlers.

Mansteins Beurteilung nach wies der bestehende Plan zwei gravierende Schwachstellen auf. Zum einen: Eine Offensive mit einem verstärkten rechten Flügel führe zu einem Zusammenprall mit dem Schwerpunkt des Gegners. Das Ergebnis könne nur ein operativer Teilerfolg sein, da man den Feind frontal hinter die Somme drücke. Es komme aber vielmehr darauf an, die Westmächte im Rücken zu fassen, von der Somme abzuschneiden und dann einzukesseln. Nur so könne man einen Entscheidungssieg erringen. Zum anderen: Gerade wenn die Offensive, wie geplant, auf dem rechten Flügel erfolgreich sei, würde dies den Gegner zu einem operativen Gegenschlag einladen. Denn je weiter die »Heeresgruppe B« an der Kanalküste vordringe, desto anfälliger werde ihre immer länger werdende offene Flanke für einen Gegenstoß von Süden her.

An diesen beiden Punkten setzte Mansteins Gegenentwurf an. Sein Plan legte das Hauptgewicht des Angriffs nicht auf den rechten Flügel (»Heeresgruppe B«), sondern verlagerte den Schwerpunkt zur Frontmitte (»Heeresgruppe A«). Mit starken Panzerverbänden sollte die »Heeresgruppe A« dort vorstoßen, wo es die Franzosen am wenigsten erwarteten – durch den nur schwach gesicherten, unwegsamen Gebirgszug der Ardennen. Waren die Ardennen durchquert, sollte die Maas bei Sedan im Überraschungsangriff überwunden werden. Dann sollten schnelle Panzerverbände im Rücken des Gegners bis zur Sommemündung vordringen und im Zusammenwirken mit der nach Westen vorgehenden »Heeresgruppe B« den gesamten Nordflügel des Gegners in einem gigantischen Kessel an der Kanalküste einschließen.

Dieser Operationsentwurf avancierte aus zwei Gründen zum Feldzugsplan. Am 10. Januar 1940 hatte sich ein deutsches Kurierflugzeug auf dem Weg von Münster nach Köln verflogen und musste bei Mechelen auf belgischem Gebiet notlanden. An Bord befanden sich Dokumente über den bisherigen Aufmarschplan. Die darauf erfolgenden belgischen Abwehrmaßnahmen und die Ergebnisse mehrerer Kriegsspiele des OKH im Februar steigerten die Bereitschaft der deutschen Militärführung, den ursprünglichen Plan zu ändern. Entscheidend wurde allerdings, dass Hitler durch seinen Chefadjutanten Oberst Rudolf Schmundt von Mansteins Vorschlägen Kenntnis erhielt. Manstein durfte Hitler sein Konzept vortragen, und dieser war sofort für das Projekt eingenommen. Bereits am nächsten Tag wurde der bisherige Operationsplan verworfen; und am 24. Februar hatte das OKH die neue Aufmarschanweisung, den »Sichelschnitt«, wie ihn Churchill später nennen sollte, fertiggestellt.

Der Operationsplan der Westmächte war das genaue Gegenstück hierzu. Am 17. November 1939 hatte der Oberste Alliierte Kriegsrat, der angesichts der vermeintlichen Unüberwindbarkeit der Maginotlinie eine Neuauflage des »Schlieffen-Plans« erwartete, beschlossen, einem deutschen Angriff durch Belgien möglichst weit östlich zu begegnen. Die französische »Heeresgruppe 1«, die längs der belgischen Grenze stand und sich aus sieben Armeen mit insgesamt 37 Divisionen und neun vor Lille aufmarschierten Divisionen des englischen Expeditionskorps zusammensetzte, sollte bei Beginn des deutschen Angriffs zur belgischen Hauptverteidigungslinie an die Flüsse Dyle und Maas vorrücken. Nördlich von Antwerpen sollte sie Verbindung mit den holländischen Streitkräften aufnehmen. Fast der gesamte Teil dieser Heeresgruppe wurde später durch den »Sichelschnitt« von seiner Basis abgetrennt. Die Westmächte boten 137 Divisionen auf, zu denen 22 belgische und zwölf holländische kamen. Die Zahl ihrer Panzer betrug rund 3 000, die der Flugzeuge circa 2 800 Maschinen, von denen 650 zur Verteidigung auf der englischen Insel verblieben. Dieser Streitmacht konnte Deutschland 136 Divisionen, 2 500 Panzer und 3 800 Flugzeuge entgegenstellen.

Am 10. Mai 1940, gegen 5.30 Uhr, fielen die deutschen Truppen ohne Kriegserklärung in Holland, Belgien und Luxemburg ein. Die dortigen Regierungen riefen die Westmächte um Hilfe an, die das sofortige Vorrücken ihrer Truppen nach Norden veranlassten. Noch am Tag des deutschen Angriffs wurde in London die Regierung gestürzt. Schon im Gefolge des Norwegendesasters war Chamberlains Mehrheit im Unterhaus von 200 auf 81 Stimmen zusammengeschmolzen. Nun wurde die Bildung einer nationalen Regierung auf breiter Basis verfügt. Mit dem Amt des Premierministers wurde Winston Churchill betraut, der alte Gegner der Appeasement-Politik innerhalb der Konservativen Partei. Damit trat ein Mann an die Spitze der englischen Nation, der sein Land mit Unbeugsamkeit und Energie durch die kommenden Krisen bis zum Sieg führen sollte.

Ihr überlegener Operationsplan öffnete der Wehrmacht den Weg zu einem triumphalen Erfolg. In fünf Tagen wurden die »Festung Holland« genommen und bis zum 16. Mai das belgische Verteidigungssystem – Lüttich, Namur und die Dyle-Stellung – erobert. Am 28. Mai unterzeichnete König Leopold III. die Kapitulation Belgiens. Die Brücken von Rotterdam wurden von den Holländern so hartnäckig verteidigt, dass die Stadt unter Androhung ihrer Zerstörung aus der Luft zur Übergabe aufgefordert wurde. Während die Verhandlungen im Gang waren, vernichtete ein deutscher Luftangriff, der infolge unzureichender Nachrichtenverbindungen nur noch zum Teil aufgehalten werden konnte, fast die gesamte Altstadt von Rotterdam. Die erheblichen Verluste der Zivilbevölkerung bei diesem Angriff vom 14. Mai sollten schwer auf Deutschland zurückschlagen.

Die Entscheidung des Feldzuges fiel bei der »Heeresgruppe A« (Rundstedt), die den »Sichelschnitt« zu führen hatte. Der vom Gegner nicht erwartete Angriff durch Luxemburg und die Ardennen gelang vollkommen. Am 13. Mai, nach einem Vorstoß von rund 100 Kilometern, überschritten die Panzerverbände bei Dinant und Sedan die Maas, erreichten am 20. Mai die Sommemündung und stießen schnell in Richtung Kanalküste nach Westen vor. Da die nachfolgenden Verbände genügend weit aufgeschlossen hatten, ließ Rundstedt die Panzerverbände weiter bis zur Linie St. Quentin–Cambrai vorgehen.

Wegen der langgestreckten deutschen Südflanke wäre nun ein Gegenstoß der Alliierten die gegebene Reaktion gewesen. Deshalb war Churchill am 16. Mai nach Paris geeilt, musste aber aus dem Munde Gamelins erfahren, dass hierfür keine Reserven bereitstanden. Der Großteil der alliierten Verbände war in die Falle gerollt. Der Schock über den deutschen Erfolg kostete Gamelin den Kopf. Am 18. Mai wurde er durch General Maxime Weygand ersetzt, der bis dahin die Syrien-Armee befehligt hatte.

Weygand versuchte vergeblich, die Frontlücke durch einen Angriff von Norden und von Süden her zu schließen. Mit dem Fehlschlag des Weygand-Plans war das Schicksal der abgeschnittenen französischen Armeen, des englischen Expeditionskorps und der belgischen Streitkräfte besiegelt. Das deutsche Panzerkorps Guderian erreichte in der Nacht zum 21. Mai die Kanalküste. Der »Sichelschnitt« war gelungen, die alliierten Armeen in zwei Teile gespalten. In dieser Lage entschlossen sich die Engländer zum Rückzug nach Dünkirchen. Die deutschen Panzerkorps drehten nach Norden und Nordosten, schlossen Boulogne und Calais ein und standen am 24. Mai zwischen Gravelines und St. Omer.

Brauchitsch und Halder wollten die langsamere nördlichere »Heeresgruppe Bock« zum Amboss, die Panzertruppe Kleist zum Hammer machen. Aber daraus wurde nichts. Am 24. Mai erreichte die Panzerverbände Hitlers Befehl, die Panzerspitzen zurückzunehmen und über die gewonnene Linie nicht weiter vorzugehen.[20] Dieser »Haltebefehl vor Dünkirchen« wurde schon während des Krieges als politisches Signal Hitlers an England und als Friedensgeste interpretiert. Eine solche Deutung entbehrt aber jeder Grundlage. Die britischen Truppen abrücken zu lassen, stand dem Ziel des Westfeldzuges entgegen, die alliierten Streitkräfte auf dem Kontinent so gründlich zu schlagen, dass Deutschland eine unangefochtene Hegemonialstellung erhielt. England ließ sich eher durch eine Demonstration der Stärke friedensbereit machen, indem man ihm seine gesamte Festlandarmee nahm, als wenn man diese entkommen ließ und die Kampfkraft Londons intakt hielt. Genau diesem Gedanken entsprach Hitlers »Weisung Nr. 13« vom 24. Mai. Sie befahl ausdrücklich, »die Vernichtung der im Artois und in Flandern eingeschlossenen franz.-engl.-belg. Kräfte [...] sowie die rasche Besitznahme und Sicherung der dortigen Kanalküste«. Die Luftwaffe habe, wie es hieß, »das Entkommen englischer Kräfte über den Kanal zu verhindern«.[21] Tatsächlich entsprang der »Haltebefehl« auch nicht der Lageeinschätzung Hitlers. Er beruhte auf der Überzeugung des Oberbefehlshabers der »Heeresgruppe A«, Rundstedt, dass die in dem 14tägigen Feldzug stark strapazierten Panzerkräfte für die kommenden Kämpfe in Frankreich geschont werden müssten. Sie dürften, so hatte Rundstedt an Hitler gekabelt, nicht in dem für Panzer ungeeigneten sumpfigen Gelände Flanderns verbraucht werden. Angesichts dieser Fehleinschätzung der Lage konnte das OKH erst am Nachmittag des 26. Mai von Hitler den Befehl zu einem erneuten Vorstoß der Panzer erwirken. Die Umstellung der Panzertruppe von Instandsetzungsarbeiten auf Bewegung verzögerte ihr Eingreifen um weitere 16 Stunden.

So konnte die am Abend des 26. Mai unter dem Namen Operation »Dynamo« anlaufende Evakuierung der alliierten Verbände aus dem Kessel von Dünkirchen relativ ungestört beginnen. Mit Hilfe von mehr als 800 kleinen Schiffen gelang es unter Mitarbeit der englischen Küstenbevölkerung, bis zum 4. Juni annähernd 340 000 Mann, darunter 120 000 Franzosen und Belgier, allerdings ohne Material und schwere Waffen, nach England zu bringen. Weder die deutsche Kriegsmarine noch die Luftwaffe waren in der Lage, die Räumungsaktion zu verhindern. Zu stark

Legend:
- ▬▬▬▬ Grenze des Großdeutschen Reiches 1942
- ▲▲▲▲ Maginot-Linie
- ┄┄┄▶ Evakuierung alliierter Truppen, 26. Mai bis 4. Juni
- ⟹ deutscher Vormarsch

GROSSBRITANNIEN

Liverpool · Manchester · Hull
Sheffield
Birmingham · Coventry
London
Southampton · Brighton
Plymouth · Portsmouth · Dover · Dünkirchen
Ärmelkanal
Cherbourg

Nordsee

NIEDERLANDE
Amsterdam
Rotterdam
10.–14.5.1940
Essen

Heeresgruppe B
10.–28.5.1940
Brüssel
BELGIEN
Lille · Namur · Lüttich · Köln
Cambrai · Heeresgruppe A
Amiens · Ardennen
Rouen · St. Quentin · Sedan · Mainz
Compiègne · Rethel · Luxemburg
Rennes
10. Mai bis 25. Juni 1940
Saar-brücken
Paris
St. Nazaire · Orléans · Straßburg
Nantes · Tours · Épinal · Langres · Colmar
Dijon

FRANKREICH
Le Creusot
Bern · Zürich
Riom · Vichy
SCHWEIZ
Lyon
Bordeaux
»ETAT FRANÇAIS«
VICHY-REGIERUNG
SEIT 10.7.1940
Mailand

ITALIEN
Toulouse · Juni 1942 · Genua
ANDORRA
Perpignan · Marseille · Toulon
SPANIEN
Mittelmeer

0 40 80 120 160 200 km

Der Blitzkrieg im Westen.

schlugen schlechtes Wetter, die Gegenwehr der englischen Jagdwaffe und die geringe Wirkung der Bomben im weichen Küstensand zu Buche. Immerhin konnten 243 gegnerische Fahrzeuge, darunter sechs englische und drei französische Zerstörer, versenkt werden.

Die erste Phase des Westfeldzuges war damit beendet. Trotz der Erfolge war das eigentliche Ziel, die Ausschaltung der englischen Streitkräfte für die weitere Kriegführung, nicht erreicht worden. Das blieb zwar für die Kämpfe in Frankreich ohne Bedeutung, sollte sich aber in der Zukunft auswirken. Denn zusammen mit den aus Narvik zurücktransportierten Truppen bildeten die aus Dünkirchen geretteten Divisionen den Kern einer neuen Armee, die zur Verteidigung der englischen Insel bereitstand und fast genau vier Jahre später mit ihrem amerikanischen Verbündeten als Invasionsarmee wieder französischen Boden betreten sollte.

Zwischen dem 5. und 9. Juni begann die zweite Phase des Feldzuges mit der Überschreitung von Somme und Aisne durch die mittlere und nördliche Heeresgruppe. Zu diesem Zeitpunkt waren fast die Hälfte der französischen Divisionen und die Mehrzahl der motorisierten Verbände verloren gegangen. Die Maginotlinie war vom Rücken her eingeschnürt und die Armeen von den Verbindungen abgeschnitten. Vergeblich waren Verstärkungen aus Nordafrika herangeführt worden, mit denen man hoffte, die Maginotlinie und die an die Flüsse Aisne und Somme angelehnte »Weygand-Linie« verteidigen zu können. Schon nach wenigen Tagen war die Schlacht für die Franzosen aussichtslos. Am 10. Juni begab sich die französische Regierung nach Tours. Vier Tage später rückten deutsche Truppen in Paris ein. Am gleichen Tag griff die »Heeresgruppe C« (Generaloberst Ritter von Leeb) an und brach südlich von Saarbrücken und bei Colmar in die Maginotlinie ein. Am Abend des 16. Juni trat Ministerpräsident Reynaud zurück. Marschall Philippe Pétain wurde sein Nachfolger und suchte noch in der Nacht um die deutschen Bedingungen für einen Waffenstillstand nach.

Eine Woche zuvor, am 10. Juni, war Mussolini in den Krieg eingetreten, um an der Beute beteiligt zu werden. Italien wurde nur an einer Stelle aktiv. Der Angriff auf die französische Alpenfront blieb jedoch bereits in der ersten Linie stecken. Umgekehrt dazu verhielten sich die Forderungen Mussolinis. Er verlangte nicht weniger als Nizza, Savoyen, Korsika, Tunis, Dschibuti, Syrien, Stützpunkte an der algerischen und marokkanischen Küste und die Auslieferung der französischen Flotte. Am 18. Juni trafen sich Hitler und Mussolini in München. Hitler überzeugte den Duce, dass gegenüber Frankreich Mäßigung am Platze sei. Es müsse vermieden werden, dass »die Französische Regierung etwa die deutschen Vorschläge ablehne und sich ins Ausland begebe, um von dort aus den Krieg weiterzuführen«.[22] Er bestand ferner darauf, die Waffenstillstandsverhandlungen mit Frankreich getrennt zu führen, da Italien 1918 auf der anderen Seite gestanden habe.

Hierfür hatte er sich etwas Besonderes ausgedacht, um die »Schmach von Versailles« zu tilgen. Im Wald von Compiègne und in dem aus dem Museum in Paris herangeschafften Eisenbahnwagen, in dem am 11. November 1918 die deutschen Unterhändler von General Foch die Waffenstillstandsbedingungen hatten entgegennehmen müssen, fand am Nachmittag des 21. Juni die Zeremonie mit vertauschten Rollen statt. Frankreich wurde in eine besetzte Zone im Norden und Westen und in eine unbesetzte Zone im Süden geteilt. Nordfrankreich mit Paris, die Kanal- und Atlantikküste – ungefähr zwei Drittel des Landes – blieben damit von der Wehrmacht besetzt. Der neue *Etat français* im Süden hatte eine eigene Verwaltung und Regierung, die ihren Sitz in Vichy nahm. Elsass-Lothringen wurde, wie Luxemburg und Eupen-Malmedy, dem Reichsgebiet einverleibt. Frankreich behielt seine Flotte und sein Kolonialreich. Waffen und Kriegsmaterial wurden teils an Deutschland ausgeliefert, teils wurden sie im unbesetzten Landesteil unter deutscher und italienischer Kontrolle gelagert. Außerdem verblieben ihm ein Heer von 100 000 Mann sowie seine Truppen in den Kolonien.

Die Flotte war in französischen Häfen unter deutscher und italienischer Aufsicht zu demobilisieren. Deutschland versprach, die internierte Flotte nicht für die eigene Kriegführung einzusetzen und bei Friedensschluss keine Forderung auf sie zu erheben. Alle deutschen Kriegs- und Zivilgefangenen waren auszuliefern, die französischen Kriegsgefangenen sollten dagegen bis zum Friedensschluss in deutschem Gewahrsam bleiben.

Die Entscheidung vom Juni 1940 kam einer Zäsur gleich. Das galt für die Westmächte, aber auch für Deutschland und dessen indirekten Verbündeten, die Sowjetunion. In England beflügelte die gelungene Evakuierungsoperation den Widerstandswillen der neuen Regierung. Der propagandistisch groß inszenierte »Mythos von Dünkirchen« sorgte dafür, dass Churchills Parole des *victory at any cost* die Durchschlagskraft erhielt und ermöglichte in Form einer »Einmannregierung« eine straffe Zentralisierung der Kriegführung. Dem alleinigen Kriegsziel, »Hitler zu vernichten«, wurde fortan alles untergeordnet. Alle Energien des Landes wurden in die Kriegsanstrengung gesteckt. Mehr als eine Million Arbeitslose wurden in den Produktionsprozess eingegliedert, und Notstandsgesetze machten die britische Nation für den totalen Krieg mobil. Dieser nationale Aufbruch, der »Geist von Dünkirchen«, verschaffte Churchill jenen Rückhalt bedingungsloser Hingabe, der alle Zweifel im Keim erstickte und das Ziel, »die Bestie Hitler zur Strecke zu bringen« und nicht den Verlockungen eines Separatfriedens zu erliegen, alternativlos machte.

In Frankreich wurde die Vichy-Regierung zum Kristallisationspunkt aller Gegner der französischen Republik. De facto war sie ein autoritäres Regime, dessen Symbolfigur die mit dem einstigen deutschen Reichspräsidenten Paul von Hindenburg vergleichbare Gestalt des alten Marschalls Pétain war, der gleichzeitig Staatsoberhaupt und Regierungschef wurde. Der eigentliche Kopf der Regierung war sein Stellvertreter, Pierre Laval, der eine Politik der Kollaboration mit Deutschland verfolgte, um an der Seite des Siegers einen Platz in der »Neuen Ordnung Europas«

einzunehmen. In der Konsequenz dieser Haltung lag der Bruch mit dem bisherigen Verbündeten England. Churchill trug das seine dazu bei. Zur Sicherung der englischen Seeherrschaft befahl er die Operation »Catapult«. Am 3. und am 6. Juli attackierten die Briten bei Oran und Mers-el-Kebir die französische Kriegsflotte, um zu verhindern, dass sie in deutsche Hände fiel. Fast 1300 französische Seeleute fanden dabei den Tod. Die Vichy-Regierung antwortete mit einem Vergeltungsangriff auf Gibraltar und dem Abbruch der diplomatischen Beziehungen.

Die Alternative zur Vichy-Regierung vertrat der nach London ausgewichene General Charles de Gaulle mit seinem »Nationalkomitee der Freien Franzosen«. De Gaulle forderte in Rundfunkansprachen eine Fortsetzung des Kampfes an der Seite Englands. Seine Aufrufe blieben zwar in Frankreich ohne Resonanz. In den Kolonien, wie in Französisch-Äquatorialafrika und in Kamerun, konnte er jedoch die Unterstützung der örtlichen Gouverneure gewinnen. Je mehr Hitler die verständigungsbereite Vichy-Regierung vor den Kopf stieß und je länger sich der Ausgang des Krieges hinzog, desto stärker wurde in Frankreich der antideutsche Widerstand und desto mehr Gehör fand das »Nationalkomitee«.

Der deutsche Blitzfeldzug hatte Stalins Kalkül eines wechselseitigen Ausblutens der Kontrahenten über den Haufen geworfen. Eilends betätigte er sich als Trittbrettfahrer des deutschen Erfolgs. In der Zeit vom 4. bis 17. Juni erzwangen Ultimaten in den baltischen Staaten die Bildung kommunistischer Regierungen. Im Juli und August wurden Estland, Lettland und Litauen in die Sowjetunion eingegliedert. Dieser Vorgang hielt sich noch im Rahmen der Verträge. Gegenüber Rumänien aber griff die Sowjetunion über die Abmachungen mit Deutschland hinaus. Am 26. Juni verlangte sie neben Bessarabien, das ihr nach den Vereinbarungen zustand, auch die Abtretung des nördlichen Teils der Bukowina. Ursprünglich hatte Stalin die gesamte Bukowina beansprucht, beugte sich jedoch einem deutschen Einspruch. Rumänien, das in Berlin vergeblich um Hilfe nachgesucht hatte, nahm am 27. Juni ein auf 24 Stunden befristetes Ultimatum an.

In Berlin wertete man dieses Ausgreifen Stalins als feindlichen Akt. Stalin streckte offenbar die Hand nach den rumänischen Ölfeldern aus, von denen die weitere deutsche Kriegführung abhing. Rumänien war seit März 1939 wirtschaftlich eng an Deutschland gebunden. Hinzu kam die Befürchtung, dass Stalin auf eine Destabilisierung des südosteuropäischen Raumes aus war. Im Unterschied zum Baltikum und zu Polen hatten die bestehenden Abmachungen hier keine klare Trennungslinie der Interessensphären gezogen. Tatsächlich weckte die sowjetische Aktion gegen Rumänien die Begehrlichkeiten der Balkanstaaten. Bulgarien forderte die südliche Dobrudscha, die es von 1916 bis 1919 in Besitz gehabt hatte, und Ungarn verlangte Siebenbürgen zurück. Bald drohte ein rumänisch-ungarischer Krieg, der dem russischen Vordringen die Tore geöffnet hätte. Die Achsenmächte, Deutschland und Italien, fällten deshalb am 30. August 1940 den »Zweiten Wiener Schiedsspruch«. Er gab Ungarn den nördlichen Teil Siebenbürgens zurück. Rumänien, das die südliche Dobrudscha an Bulgarien abtrat, erhielt von den Achsenmächten eine Garantie seines verringerten Staatsgebiets. Gleichzeitig übernahm General Ion Antonescu die Leitung einer autoritären Regierung, die sich an Deutschland anlehnte. Im Oktober 1940 wurden zunächst eine Militärmission, bald darauf deutsche Truppen nach Rumänien entsandt. Dagegen erhob Moskau scharfen Protest. Man betonte das eigene Interesse an diesem Raum und betrachtete die deutsche Garantie für Rumänien als Bruch der Konsultativverpflichtung des Hitler-Stalin-Paktes. Dieser Gegensatz führte zum Besuch des sowjetischen Außenministers Wjatscheslaw Molotow in Berlin im November 1940.

Im Lichte der Erfahrungen aus dem Ersten Weltkrieg bedeutete der überwältigende Sieg über Frankreich für Hitler einen Triumph ohnegleichen. Zwar hatte man rund 27 000 Tote, mehr als 111 000 Verwundete und rund 18 000 Vermisste zu beklagen, denen auf Seiten Frankreichs rund 100 000 Gefallene und 1,9 Millionen Gefangene gegenüberstanden. Aber die bewegliche deutsche Kriegführung hatte sich der Defensivstrategie der Gegner als überlegen erwiesen. Hitler ließ den »glorreichsten Sieg aller Zeiten« durch zehntägige Beflaggung und siebentägiges Glockengeläut würdigen. Anfang Juli zog er unter unbeschreiblichem Jubel in Berlin ein. Die Berichte des Sicherheitsdienstes (SD) stellten im gesamten Volk eine bisher nicht erreichte innere Geschlossenheit fest.

Der Chef des OKW, Wilhelm Keitel, hatte schon unmittelbar nach dem französischen Waffenstillstandsgesuch das Motto ausgegeben: Hitler sei der »größte Feldherr aller Zeiten«. Der Blitzerfolg hatte Hitler vom Diktator zum Feldherrn werden lassen, und der Führermythos gewann eine neue Dimension: den Kult des militärischen Genies. Die Generäle hatten ihr letztes Refugium, den Status des militärischen Expertentums, verloren. Damit war der Vorrang der Politik über das Militär für lange Zeit gesichert. Zum ersten Mal hielt Hitler alle Machtinstrumente in seiner Hand. Jetzt konnte er, getragen von der Begeisterung der Bevölkerung und der Anerkennung seiner Führung durch die Eliten in Heer, Diplomatie und Wirtschaft, so selbstherrlich wie niemals zuvor agieren. »Wir können die Erfolge dieses Feldzuges nur mit den Kräften erhalten, mit denen sie errungen wurden, also mit militärischer Gewalt«,[23] so hörte Staatssekretär Ernst von Weizsäcker Hitler Ende Juni 1940 sagen. Das deutete schon darauf hin, dass der grandiose Sieg im Westen nur eine Atempause war.

4 Zeit der Weichenstellungen

Der Kampf gegen das unbeugsame England
unter Premierminister Winston Churchill
(hier mit Hut und Zigarre) brachte die ersten
Rückschläge in der deutschen Kriegführung.

Mitte Mai 1940, als sich der Zusammenbruch Frankreichs abzeichnete, schwelgte Hitler in Optimismus. »In sechs Wochen werde Frieden herrschen, und er werde ein ›gentlemen's agreement‹ mit England treffen«, so ließ er verlauten. Die »Engländer können jeder Zeit Sonderfrieden haben nach Rückgabe der Kolonien.«[1] Er wähnte sich der Verwirklichung seiner Idealkonzeption nahe, die ihm seit Abfassung von »Mein Kampf« vorschwebte: mit Rückendeckung des britischen Weltreichs gegen den sowjetischen Kontinentalkoloss vorgehen zu können, um im Osten Lebensraum und ein deutsches »Indien« zu erkämpfen. Deshalb verschob er die Reichstagssitzung zur Feier des Sieges über Frankreich bis zur Umbildung des englischen Kabinetts, von dem er ein Verhandlungsangebot erhoffte. Aber er wartete vergebens. In London dachte man nicht daran, einzulenken und das Ziel aufzugeben, für das man in den Krieg gezogen war: die Rückkehr zum Status quo ante und die Verhinderung einer deutschen Vorherrschaft auf dem Kontinent.

Churchills Strategie des »victory at any cost«

Der neue Herr in Downing Street hatte bereits drei Tage nach seinem Amtsantritt vor dem Unterhaus den Krieg zum Schicksalskampf zwischen den Kräften des Guten und des Bösen stilisiert. »Ich habe nichts anderes anzubieten als Blut, Mühsal, Tränen und Schweiß. [...] Und dies bedeutet, den Krieg [...] mit all unserer Macht und mit all der Stärke zu führen, die Gott uns geben kann: Krieg zu führen gegen eine monströse Tyrannei [...].« Dann folgte der Aufruf an die britische Nation: »Sieg, – Sieg um jeden Preis; Sieg, trotz allen Terrors; Sieg, wie lang und hart die Strecke dahin auch sein mag; denn ohne Sieg gibt es kein Überleben.«[2] Zwei Tage später stellte das neue Kabinett hierfür die Weichen, als es den Bombenkrieg gegen das deutsche Hinterland beschloss. In der Nacht auf den 17. Mai 1940 begann der strategische Luftkrieg mit Angriffen der *Royal Air Force* (RAF) auf Öllager und Eisenbahnziele im Ruhrgebiet. Hitlers »Friedensappell« an die Regierung in Whitehall, den er am 19. Juli vor dem Reichstag formulierte, wurde binnen dreier Tage von dem als verständigungsbereit eingeschätzten Außenminister Halifax in einer Rundfunkansprache zurückgewiesen.

Churchill war sich darüber im Klaren, dass es nicht genügte, die britische Öffentlichkeit durch markige Reden auf Durchhalten zu trimmen. Genau wie dem 77-jährigen Weltkriegspremier Lloyd George, seinem Hauptkritiker, war ihm die prekäre Lage Englands nicht verborgen geblieben. Aber, anders als für Lloyd George, der einem Arrangement mit Deutschland das Wort redete, kam für Churchill alles darauf an, Zeit zu gewinnen, den Defätismus zu bekämpfen und seine Stellung als Garant einer Durchhaltepolitik zu befestigen. Deshalb entwickelte er eine Strategie ganz eigener Prägung, die die alten Rezepte der britischen Kriegführung gegenüber einem kontinentalen Hegemon mit neuen Mittel und Methoden ergänzte.

Zu diesen neuen Elementen gehörte die Bekämpfung des Feindes durch Unterstützung, Aufwiegelung und Ausrüstung seiner Gegner. Im Juli 1940 rief er die *Special Operations Executive* ins Leben und erteilte deren Leiter, dem Labour-Politiker Hugh Dalton, den bündigen Auftrag: »Setzen Sie Europa in Brand.«[3] Die Ziele dieser Organisation, die sich in die Unterabteilungen für Schwarze Propaganda, Sabotage und Subversion gliederte, waren ebenso zahlreich, wie ihre Aktionen bis heute im Nebel der Geheimhaltung liegen: Terror, Streiks, Boykotts, Tumulte, Bestechung, Industriespionage und Attentate.

Ein zweites Kriegswerkzeug, das Churchill rücksichtslos einzusetzen gewillt war, waren die Flächenbombardements aus der Luft. Die Blockade, so schrieb er im Juli 1940 seinem Minister für Flugzeugproduktion, Lord Beaverbrook, sei ein stumpfes Instrument. »Wir verfügen über keine kontinentale Armee, die die deutsche Militärmaschinerie niederwerfen kann.« Die einzige Waffe, um Hitler in die Knie zu zwingen, sei »ein absolut vernichtender, auf Ausrottung zielender Angriff durch sehr schwere Bomber von England aus auf das Vaterland der Nazis.«[4] »Die Marine kann uns diesen Krieg verlieren«, so gab er im Kabinett zu Protokoll, »aber nur die Luftwaffe kann ihn gewinnen. Deshalb muß unser höchstes Ziel darin bestehen, die absolute Lufthoheit zu erreichen. Die Jäger sind unsere Rettung, aber die Bomber allein liefern die Mittel für den Sieg. Deswegen müssen wir die Kapazität entwickeln, eine immer größere Anzahl von Bomben nach Deutschland hinein zu tragen, um dessen gesamte Industrie und dessen gesamtes wissenschaftliches Netzwerk zu zermalmen, auf denen die Kriegsleistung wie das ökonomische Leben des Feindes basieren, während wir ihn gleichzeitig von unserer Insel fernhalten.«[5]

Dazu gehörte auch die Eröffnung des Luftkrieges gegen die Zivilbevölkerung, das *moral bombing*, das Angst und Terror verbreiten sollte. Churchill war, dank der *Government Code & Cypher*

School in Bletchley Park, die den Funkschlüssel der deutschen Chiffriermaschine »Enigma« geknackt hatte, präzise über den »Adlertag«, den Beginn des verschärften Luftkriegs gegen England am 13. August, informiert. Er wusste auch, dass Hitler vorläufig davon Abstand nahm, zivile Ziele zu bombardieren. »Ich sehe ihn heute noch«, so erinnerte sich Charles de Gaulle an eine makabre Szene mit Churchill, »wie er eines Tages im August in Chequers die Faust gegen den Himmel hob und rief: ›Sie kommen also nicht!‹ – ›Haben Sie es so eilig‹, sagte ich, ›Ihre Städte in Trümmer liegen zu sehen?‹ – ›Begreifen Sie,‹ erwiderte er, ›daß die Bombardierung von Oxford, Coventry und Canterbury in den Vereinigten Staaten eine solche Woge der Entrüstung aufpeitschen wird, daß sie in den Krieg eintreten werden!‹«.[6]

Dieses Kalkül veranlasste Churchill, am 17. August Air Chief Marshal Sir Charles Portal in Chequers zu beauftragen, zivile Ziele in Berlin anzugreifen, sobald sich hierfür eine Gelegenheit biete.[7] Sie ließ nicht lange auf sich warten. Ein deutsches Flugzeug warf seine Bombenlast, die für Rochester und Thameshaven bestimmt war, irrtümlich auf die Randgebiete der britischen Hauptstadt. Nun handelte Churchill gemäß seiner Provokationsstrategie zielstrebig und schnell. In der Nacht auf den 26. August wurden 89 schwere britische Bomber nach Berlin beordert. »Jetzt«, so ließ sich Churchill gegenüber dem Generalstabschef der RAF, *Air Marshal* Sir Cyril Newhall, vernehmen, »wo sie begonnen haben, die Hauptstadt in Mitleidenschaft zu ziehen, will ich, daß Sie sie hart treffen, und Berlin ist der Ort, um sie zu treffen.«[8]

Hitler aber reagierte zunächst nicht – ungeachtet der Tatsache, dass binnen der nächsten drei Nächte auch die Wohnviertel am Görlitzer Bahnhof und die Siemensstadt bombardiert wurden. Gereizt durch Churchills Luftangriffe, aber auch unter dem Druck der Gesichtswahrung, ordnete Hitler am 4. September Vergeltung an. »Wenn sie erklären, sie werden unsere Städte in großem Ausmaß angreifen – wir werden ihre Städte ausradieren!«, so ließ er sich vernehmen.[9] Drei Tage später begannen für

65 aufeinanderfolgende Nächte die Gegenschläge der Luftwaffe, wobei sich Hitler »reine Terrorangriffe« noch vorbehielt.

Ein dritter Baustein von Churchills Strategie war es, einen Ersatzpartner für Frankreich auf dem Kontinent zu gewinnen. Dafür kam nur die Sowjetunion in Frage. Sie verfügte über die Landstreitkräfte, die notwendig waren, um Hitler niederzuringen; sie schwächte die Effektivität der britischen Blockade; und sie hielt durch den Pakt vom August 1939 Hitler den Rücken frei. Schon vor dem Kriegsausbruch hatte Churchill gemahnt: »Ohne eine effektive Front im Osten kann es keine zufriedenstellende Verteidigung unserer Interessen im Westen geben; und ohne Rußland kann es im Osten keine effektive Front geben.«[10] Ende Mai 1940 wurde der verwaiste Botschafterposten in Moskau wiederbesetzt. Mitte Oktober ließ er im Kreml ein Verständigungsangebot unterbreiten, das die sowjetischen Gebietsgewinne von 1939/40 de facto anerkannte. Aber Stalin ließ den Vorstoß ins Leere laufen, bis Außenminister Molotow ihn am 1. Februar 1941 zurückwies.

Umso mehr richteten sich die Hoffnungen auf Beistand durch die Vereinigten Staaten von Amerika. Keine zwei Wochen nach Churchills Amtsantritt hatten die britischen *Chiefs of Staff* festgestellt: »Ohne die Hilfe der USA, ohne deren volle ökonomische und finanzielle Unterstützung, glauben wir nicht, dass wir den Krieg mit irgendeiner Aussicht auf Erfolg weiterführen können.« Deshalb sei die Lieferung von Flugzeugen und Kriegsschiffen sowie die Unterstützung der USA im Pazifikraum notwendig.[11] In seinen Botschaften an Roosevelt hielt Churchill mit düsteren Prognosen für den Fall eines amerikanischen Abseitsstehens nicht hinter dem Berg. Am 20. Mai 1940, als der »Sichelschnitt« die alliierten Verbände von allen Landverbindungen abgeriegelt hatte, kabelte er eine unverhüllte Drohung nach Washington. England werde niemals kapitulieren. Aber wenn er gestürzt werde, so deutete er an, »dürfen Sie nicht vor der Tatsache die Augen verschließen, daß das einzig verbleibende Verhandlungsobjekt mit Deutschland die Flotte wäre; und wenn die Vereinigten Staaten dieses Land seinem Schicksal überließen, hätte niemand das Recht, die dann Verantwortlichen zu kritisieren, wenn sie für die überlebenden Einwohner Englands die bestmöglichen Konditionen herausholen würden«.[12] Dies war eine Anspielung darauf, dass die Auslieferung der britischen Schiffe Deutschland in die Lage versetzen würde, den Atlantik zu kontrollieren und die Ostküste der USA zu bedrohen.

Churchills Hoffnungen auf eine Aufweichung des amerikanischen Neutralitätsgesetzes vom November 1939 blieben unerfüllt. Der Hauptgrund für die widerspenstige Haltung Washingtons war das beschränkte Vertrauen Roosevelts in die Durchhalteparolen Churchills und das Kalkül, man könne die Notlage der Briten nutzen, um den Sterling-Block des Empires aufzubrechen. Deshalb wurde jede amerikanische Hilfsleistung dem strikten Prinzip der Gegenseitigkeit unterworfen; und deshalb konnte Roosevelt im Januar 1941 bilanzieren: »Wir haben die britische Geldkuh gemolken«, und jetzt ist sie »fast trocken«.[13]

Entsprechend mager war es um die amerikanischen Unterstützungsmaßnahmen bestellt. Am 19. Juli 1940 beschloss der Kongress den Bau einer »Zwei-Ozean-Flotte« innerhalb von sechs Jahren und ermächtigte den Präsidenten, die eigenen Waffenarsenale von allem entbehrlichen, meist veralteten Kriegsmaterial zu räumen und über Privatfirmen nach England zu verkaufen. Dort ersetzte dies die Waffen, die in Dünkirchen verloren gegangen waren. Am 3. September wurde in Form des »Destroyer-Base Deal« ein Tauschvertrag abgeschlossen, der den Briten gegen die Überlassung von Stützpunkten auf den Bahamas, in Jamaika, Antigua, Santa Lucia, Trinidad, Britisch-Guayana und Neufundland 50 alte Zerstörer zur U-Boot-Bekämpfung einbrachte. Ab November 1940 begannen getarnte Stabsgespräche durch die Entsendung amerikanischer Generale nach London. Schließlich folgte am 11. März 1941 als Konsequenz der britischen Zahlungsunfähigkeit der *Lend-Lease Act*. Der Kongress ermächtigte den Präsidenten, jedem Staat Waffen und Kriegsmaterial zu leihen, dessen Verteidigung er für den Schutz der USA als lebenswichtig erachtete. Die Bewilligung belief sich zunächst auf einen Betrag von sieben Milliarden Dollar, der sich im Laufe des Krieges auf insgesamt 50 Milliarden ausweitete. Gleichzeitig aber bekräftigte der Kongress die Position der Neutralität: der Schutz von Geleitzügen blieb verboten, und eigene Schiffe durften nicht in die Kampfzonen fahren. Somit kam es nicht vor April 1941 zur ersten nennenswerten militärischen Hilfeleistung: der Ausweitung der amerikanischen Sicherheitszone auf dem Nordatlantik bis zum 25. Längengrad. Derweil schnellte die Verlustrate an britischem Schiffsraum, die auf das Konto der deutschen U-Boote ging, immer weiter empor. Die Versenkungsziffern erreichten im April 1941 den höchsten Stand. Die Antwort, die Churchill auf einen dramatischen Hilferuf Anfang Mai 1941 aus Washington erhielt, war ernüchternd. Gegenüber Außenminister Anthony Eden bilanzierte der Premierminister voller Pessimismus: »Es scheint, [...] daß man uns [...] ganz unserem Schicksal überläßt.«[14]

Je mehr sich in London die Überzeugung durchsetzte, dass Deutschland aus eigener Kraft nicht zu besiegen war, desto mehr gewann die vierte Facette von Churchills Kriegsstrategie an Bedeutung. Die Technik der Kryptoanalyse war von Bletchley Park so fortentwickelt worden, dass es immer besser gelang, unter 160 Trillionen theoretischer Möglichkeiten die richtige Dechiffrierung des Enigma-Codes herauszufinden. Nicht nur die Wehrmacht operierte mit »Enigma«, sondern auch die »Militärische Abwehr«, der Geheimdienst der Wehrmacht, von Admiral Wilhelm Canaris sowie das RSHA Reinhard Heydrichs. Damit eröffneten sich ungeahnte Möglichkeiten für eine verdeckte Kriegführung. Ihr Kernstück war der Aufbau eines Netzes von Doppelagenten, die die deutsche Seite mit Falschinformationen über die Lage in England versorgte. Die Decodierung der Nachrichten an die deutschen Agenten ermöglichte dem *Secret Service* nicht nur, die eingeschleusten Spione zu enttarnen. Er zog vielmehr mit dem sog. XX-Committee einen ganzen Ring von umgedrehten Agenten auf, die scheinbar für die Deutschen, tatsächlich aber für die Briten arbeiteten. Somit konnte man das gesamte deutsche Spionagesystem in England für eigene Täuschungsmanöver nutzen. Die entlarvten Agenten wurden zur gezielten Desinformation eingesetzt, indem man ihnen zur Irreführung der Deutschen so genanntes »chicken feed«, also Spielmaterial, lieferte. Die Falschmeldungen wurden entweder über Funkkontakt direkt an die deutschen Auftragsstellen weitergegeben oder über Portugal und andere neutrale Staaten in die entsprechenden Kanäle eingespeist. Sie kreisten im Wesentlichen um drei Komplexe.

Erstens legte eine Tarnabteilung während der Luftschlacht um England im Herbst 1940 fiktive Startflächen der RAF und Jagdfliegerhorste an, die mit aufgereihten Flugzeuggeschwadern aus Holzgestänge und Pappmaché ausgestattet waren. Diese Attrappen waren so perfekt konstruiert, dass sie nicht einmal auf den Luftaufnahmen, die die Briten machten, als solche zu erkennen waren. Die Informationen über diese Scheinziele wurden der deutschen »Abwehr« zugespielt, um die feindlichen Bombenlasten darauf zu dirigieren und die Maschinen der Luftwaffe gezielt vor die Kanonen der eigenen Abfangjäger zu locken. Zweitens führte man die Deutschen über die tatsächlichen Fähigkeiten zur Abwehr einer Invasion in die Irre, indem man Rüstungsstand und Stärke der eigenen Truppen übertrieb. Das Material, mit dem ein Agent der deutschen »Abwehr« gefüttert wurde, sprach von 30 000 Panzerabwehrwaffen, die man an der Kanalküste in Stellung gebracht habe. Tatsächlich kam man mit der Munitionserzeugung nicht nach, und kaum ein Fünftel der britischen Kanonen war einsatzbereit. Nicht weniger folgenreich war die dritte Facette dieser Täuschungstaktik. Man müsse, so fasste »Scout«, einer der Doppelagenten, seine Instruktionen zusammen, »Hitler das [...] sagen, was er zu hören hoffte, vor allem, daß gewisse Elemente in Großbritannien bereit seien mit ihm zu verhandeln.« Zu diesem Zweck sei es nötig, die Deutschen glauben zu machen, »daß der ›Blitz‹ die englische Moral bis zum Rand des Zusammenbruchs untergrabe, und daß viele Politiker die Ansicht vertraten, es sei höchste Zeit, Churchill und dessen Clique zu stürzen und Schritte für einen baldigen Friedensschluß zu unternehmen.«[15]

Die seit dem Frühherbst 1940 im RSHA, bei der »Abwehr« und in den deutschen Botschaften der neutralen Staaten einlaufenden Meldungen über die scheinbar katastrophale Lage in England entsprachen dieser Linie.[16] Tatsächlich waren die Verluste durch die deutschen Luftangriffe zwar bedeutend, aber keineswegs so dramatisch, wie dies die frisierten Lageberichte auswiesen. So notierte der Minister für wirtschaftliche Kriegführung, Hugh Dalton, Mitte Oktober 1940, dass der leichte Produktionsrückgang keineswegs den Bombenschäden zuzuschreiben sei, sondern vielmehr den Ausfallzeiten durch die Fliegeralarme. Trotzdem, so bilanzierte er, bestünden gute Aussichten, dass das Wachstum der Produktion in den nächsten Monaten rapide zunehme.[17] Gemeint waren jene Monate, in denen Canaris' und Heydrichs Agenten von einer »völlig hoffnungslosen« Lage in England berichteten. Dort sei die Stimmung so »verzweifelt und durch die von den deutschen Fliegern angerichteten Zerstörungen so hoffnungslos, daß es nicht einmal einer Invasion bedürfe, um den Zusammenbruch Englands herbeizuführen.«[18]

Kriegführung gegen England

Am 30. Juni 1940 gab Hitler vor seinen Generalen der Vermutung Ausdruck: »England wird voraussichtlich noch einer Demonstration unserer militärischen Gewalt bedürfen, ehe es nachgibt und uns den Rücken frei läßt für den Osten.«[19] Entsprechend sahen die Weichenstellungen der kommenden Wochen aus. In einer Blitzaktion wurden die Kanalinseln Jersey, Guernsey und Alderney besetzt. Am 2. Juli ließ Hitler gegenüber dem OKW erstmals seine Absicht erkennen, unter »bestimmten Voraussetzungen« auch eine Landung auf den britischen Hauptinseln in Erwägung zu ziehen.[20] Aber gemessen an seiner üblichen Entschlossenheit und der Rolle, die der Zeitfaktor in seinem

Denken spielte, fiel der Auftakt des Krieges gegen England zögerlich und unentschlossen aus. Seine »Weisung Nr. 16« vom 16. Juli machte deutlich, dass eine Landung nur als letztes Mittel in Frage kam. Ziel des unter dem Decknamen »Seelöwe« laufenden Unternehmens sollte sein, »das englische Mutterland als Basis für die Fortführung des Krieges gegen Deutschland auszuschalten« und notfalls »in vollem Umfang zu besetzen«.[21] Die Vorbereitungen sollten bis Mitte August abgeschlossen sein.

Tatsächlich wurde »Seelöwe« jedoch nur halbherzig vorangetrieben. Zum einen hielt Hitler an seiner Auffassung fest, dass ein Zerfall des britischen Weltreichs für Deutschland »keinen Nutzen« habe und dass man »mit deutschem Blut etwas erreiche, dessen Nutznießer nur Japan, Amerika und andere sind.«[22] Zum anderen führten die Militärs immer neue Bedenken ins Feld. Nun zeigte sich, dass man ohne strategischen Plan und ohne ausreichende Rüstung in den Krieg gegangen war. Das Heer forderte eine möglichst breite Landungsfront, um schnell in den Bewegungskrieg übergehen zu können. Die Marine verlangte genau das Gegenteil, um sowohl den Transport als auch die Sicherung des Übergangs gegen die überlegenen britischen Seestreitkräfte bewältigen zu können. Hitler entschied daher Mitte August, »die Bedrohung Englands durch eine Invasion« zunächst als Täuschungs- und Erpressungsmanöver aufrechtzuerhalten.[23] »Seelöwe« wurde am 16. September, als die Wetterlage keine Großangriffe der Luftwaffe mehr zuließ, »bis auf weiteres« verschoben. Tatsächlich war »Seelöwe« seither tot. Hitler entschloss sich am 12. Oktober, die Landungsoperation endgültig in das Frühjahr 1941 zu verlegen. Die Vorbereitungen sollten nur noch als politisches und militärisches Druckmittel aufrechterhalten werden. Damit war eine der wichtigsten Entscheidungen des Krieges gefallen. Die Hauptursache war, dass die deutsche Luftherrschaft über dem Kanal und Südengland nicht hatte hergestellt werden können.

Am 1. August 1940 war Hitlers »Weisung Nr. 17« für den verschärften Luft- und Seekrieg gegen England ergangen. Die Aufgabe der Luftwaffe sollte es sein, die RAF durch Angriffe auf fliegende Einheiten, militärische Bodenziele und die Luftrüstungsindustrie auszuschalten. Nach Erringung der Luftüberlegenheit sollten sich die Angriffe auf Häfen und auf Einrichtungen der Lebensmittelbevorratung konzentrieren. Wegen der Wetterlage konnten die ersten Großangriffe der eingesetzten Luftflotten 2 (Kesselring) und 3 (Sperrle) auf küstennahe Flugplätze in Südengland von den Basen in Holland, Belgien und Nordfrankreich aus erst am 13. August, dem »Adlertag«, beginnen. Aber schon in dieser ersten Phase der Luftschlacht über England zeigte sich, dass die Luftherrschaft nicht zu erreichen war. Das hatte mehrere Gründe. Erstens wichen die englischen Jagdflugzeuge den Luftkämpfen mit deutschen Jägern immer wieder aus und stellten sich nur dann zum Kampf, wenn es galt, eingeflogene deutsche Bombenflugzeuge anzugreifen. Zweitens zeigte sich bald, dass die deutsche Luftwaffe für einen strategischen Luftkrieg nicht gerüstet war. Es fehlten schnelle, stark bewaffnete Fernbomber und geeignete Begleitjäger mit großem Aktionsradius. Die ungenügend bewaffneten deutschen Bomber benötigten erheblichen Jagdschutz, der bei der geringen Flugdauer der Me 109 immer nur für kurze Zeit gewährt werden konnte. Die zweimotorigen Maschinen vom Typ Me 110, die eine größere Reichweite besaßen, konnten auf Grund ihrer zu geringen Wendigkeit gegen die britischen Jäger nichts ausrichten. Die Stukas vom Typ »Ju 87« waren zu langsam und wurden eine leichte Beute der britischen Jäger. Weil die Flugdauer der deutschen Jäger nicht ausreichte, um die eigenen Bomber während des gesamten Feindfluges zu begleiten, mussten sie mit einem materiell und logistisch aufwendigen System der Ablösung arbeiten. Drittens fielen schon während dieser ersten Phase die Vorteile des Verteidigers, der sich auf den Angriff vorbereiten konnte, voll ins Gewicht. Die *Home Chain* von 52 Radarstationen von den Shetland-Inseln bis nach Cornwall und Wales, die alle küstennahen deutschen Startplätze in Belgien und Nordfrankreich erfasste, sowie ein engmaschiger Flugmeldedienst des *Roy-*

al *Observer Corps* ermöglichten es, die deutschen Verbände rasch und rechtzeitig zu erkennen. Anfang April 1940 waren die Briten in das Verschlüsselungssystem der Luftwaffe eingebrochen. Aus den entzifferten Funksprüchen gewannen sie Erkenntnisse über Verteilung und Stationierung der deutschen Luftstreitkräfte, über Stärke und Einsatzbereitschaft der einzelnen Einheiten sowie deren Angriffsplanung. Dieses Wissen setzte sie in Stand, die von ihrem Radarwarnsystem gemeldeten anfliegenden Verbände zu identifizieren, die eigene Jagdwaffe rationell gegen die Bomber einzusetzen und die feindlichen Jäger zu meiden. Allein am 15. August, als die Luftkämpfe ihren ersten Höhepunkt erreichten, gingen 52 deutsche Maschinen verloren.

»Ultra«, wie das Entzifferungsunternehmen genannt wurde, half auch bei der Störung des Funkleitstrahlverfahrens, mit dem die deutschen Bomber nachts an ihre Ziele geführt wurden. Die Standorte der Sender, die Frequenzen und Richtungen der Leitstrahlen konnten ausfindig gemacht werden, um die Angriffe durch elektronische Störmaßnahmen fehlleiten zu können. Schließlich verfügten die Briten über größere personelle und materielle Reserven. Die Jäger des *Fighter Command* konnten zwei bis drei Mal täglich starten, und sie hatten weit geringere Personalausfälle, weil bei den Abschüssen meist nur das Flugzeug verloren ging, während die Deutschen über England Flugzeug und Besatzung einbüßten.

Mit der Rede Hitlers zur Eröffnung des Winterhilfswerks am 4. September 1940, als er drohte, die englischen Städte »auszuradieren«, begann die zweite Phase der Luftschlacht über England. Das Ziel war, die Wirtschaftskraft zu zerschlagen und damit die Briten zu demoralisieren. In der Zeit vom 6. bis 19. September wurden Tages- und Nachtangriffe auf Hafenanlagen und andere militärische und wirtschaftliche Objekte in London und Umgebung geflogen. Am 15. September, dem »*Battle of Britain*«-Tag, verlor die deutsche Luftwaffe 56 Maschinen samt Besatzung. Als am folgenden Tag die Großangriffe wegen schlechter Wetterlage abgebrochen werden mussten, war es weder gelungen,

Englands Industriepotential zu vernichten, noch die für »Seelö-we« erforderliche Luftüberlegenheit herzustellen. Am 9. September wurde London zum ersten Mal systematisch bombardiert. Seitdem wurden fast jede Nacht, insgesamt 268 Mal, Angriffe geflogen. Dabei fielen 6 400 Tonnen Sprengbomben und 8 546 Brandschuttkästen auf die Stadt. Mit dem Angriff auf Coventry (Unternehmen »Mondscheinsonate«) in der Nacht zum 15. November 1940, dem mehr als 500 Menschen zum Opfer fielen, begann der letzte Abschnitt der Luftschlacht um England. Er war durch Nachtangriffe auf Industriestädte und Häfen gekennzeichnet.

Da auch diese Angriffe die Engländer nicht friedensbereit machen konnten, und man die Luftwaffe im Osten benötigte, wurde die Luftschlacht im Frühjahr 1941 abgebrochen. Die Bilanz des Unternehmens war verheerend. Es brachte die erste Niederlage für Deutschland im Zweiten Weltkrieg. Bis zum 31. März 1941 verlor die Luftwaffe insgesamt 2 265 Maschinen, 3 363 ihrer Soldaten fanden den Tod, 2 117 waren verwundet und 2 641 in Gefangenschaft geraten. Vor allem war es nicht gelungen, England aus dem Feld zu schlagen, die britische Moral zu untergraben oder Churchills Stellung im mindesten zu erschüttern. Am 7. Mai 1941 hatte der Premierminister vor dem Unterhaus die Vertrauensfrage gestellt. Das Ergebnis fiel mit 447 zu 3 Stimmen eindeutig aus. Deutlicher konnte nicht zum Ausdruck gebracht werden, dass Churchill mit dem gut neunmonatigen Luftkampf nicht in die Knie zu zwingen war.

Was für die Luftwaffe im Krieg gegen England galt, das galt auch für die Seekriegführung. Auch hier war die deutsche Seite ungenügend gerüstet. Ungeachtet der Mahnungen von Dönitz, dem Befehlshaber der U-Boote, war eine Verlegung des Schwerpunkts auf den U-Boot-Bau versäumt worden. Von den bei Kriegsbeginn vorhandenen 57 U-Booten waren nur 23 für den Einsatz im Atlantik geeignet. Von diesen Booten befanden sich in der Regel ein Drittel in der Werft, ein Drittel auf dem Marsch, und ein Drittel operierte am Feind. Nach den durchgeführten

Kriegsspielen war Dönitz zu dem Ergebnis gekommen, dass mindestens 300 Boote erforderlich seien, um England von seiner Zufuhr abzuschneiden. Stellte man die erheblichen Verluste in Rechnung, die die Marine bei »Weserübung« erlitten hatte, so war klar, dass man der britischen Flotte keinen Kampf im Atlantik liefern konnte. Es war lediglich möglich, die Rohstoffzufuhr der Insel zu stören sowie durch Einzelaktionen von Schlachtschiffen die Blockade an wenigen Stellen aufzubrechen.

In der ersten Phase der »Atlantikschlacht« vom September 1939 bis zum März 1940 operierten die U-Boote einzeln in Küstennähe rund um die britischen Inseln nach den völkerrechtlichen Bestimmungen der Prisenordnung. In diesem Zeitraum versenkten die deutschen U-Boote 148 Schiffe bei 18 Eigenverlusten. Die zweite Phase begann im Juni 1940 und dauerte bis zum März 1941. Die von Hitler befohlene verschärfte Luft- und Seekriegführung gegen England hatte zur Folge, dass am 17. August 1940 der uneingeschränkte U-Boot-Krieg im Seegebiet um England angeordnet wurde, um eine totale Blockade zu erreichen. Zwar hatte sich die Gesamtzahl der an der Front eingesetzten Boote nicht vermehrt, aber durch die Verkürzung des Anmarschweges aus den westfranzösischen und norwegischen Häfen und verringerte Reparaturzeiten konnten jetzt im Durchschnitt zwölf U-Boote gleichzeitig am Feind bleiben, wodurch erstmals der Einsatz in Rudeln möglich wurde. Hinzu kam, dass in dieser Zeit die englischen Zerstörerverbände durch Abwehraufgaben gegen die drohende Invasion gebunden waren. Insgesamt blieb die Zahl der operationsbereiten Boote jedoch zu gering, um England in die Knie zu zwingen, zumal den deutschen Booten mangels ausreichender Luftaufklärung »die Augen« fehlten. In diesem Zeitraum wurden, bei 14 Eigenverlusten, 410 Schiffe versenkt. Zum ersten Mal brachen auch schwere Kreuzer und die Schlachtschiffe »Scharnhorst« und »Gneisenau« in den Atlantik durch. Insgesamt wurden über 3 Millionen Bruttoregistertonnen (BRT) feindlicher Schiffsraum vernichtet. Das waren etwa 330 000 BRT monatlich. Nach Berechnungen der U-Boot-Führung hätten die Gesamtversenkungen allerdings monatlich mindestens 750 000 BRT betragen müssen, um England innerhalb eines Jahres die Fortsetzung des Krieges unmöglich zu machen. Diese Monatsziffer wurde nur im Jahre 1942 zeitweise erreicht. Immerhin lag der Verlust an britischem Schiffsraum wesentlich höher als die Tonnage der in England verfügbaren Neubauten. Der eigentliche Grund für die deutschen Erfolge lag freilich in dem Umstand, dass die Briten in dieser Phase aus »Ultra« noch wenig Nutzen ziehen konnten, da ihnen der Einbruch in den Funkschlüssel der U-Boot-Waffe noch nicht gelungen war.

Das sollte sich mit Beginn der dritten Phase, ab dem Frühsommer 1941, ändern. Kurz hintereinander wurden fünf deutsche U-Boote versenkt, darunter die drei erfolgreichsten »U-47« (Günter Prien, 28 Versenkungen), »U-99« (Otto Kretschmer, 44 Versenkungen) und »U-100« (Joachim Schepke, 39 Versenkungen). Am 27. Mai 1941 fand das so genannte Unternehmen »Rheinübung«, ein Ausbruch in den Atlantik, ein jähes Ende, als das Schlachtschiff »Bismarck« verlorenging. Von den über 2000 Besatzungsmitgliedern konnten nur 115 gerettet werden. Am folgenreichsten war der Verlust von »U-110« am 9. Mai 1941. Aus dem manövrierunfähigen Boot bargen die Briten eine Enigma-Maschine samt Walzen und Anleitung, Funkkladde, Kurzsignalheft, Satz- und Kenngruppenbüchern. Zwei Wochen später waren sie in der Lage, den Code der U-Boot-Waffe mitzulesen. Dies leitete ab 1942 die Wende in der Atlantikschlacht ein. Alle deutschen Erfolge blieben fortan Einzelaktionen. Zwar schnellten nach dem Kriegseintritt der USA die Versenkungsziffern noch einmal in die Höhe, weil die amerikanische Abwehr gegen die in den US-Küstengewässern operierenden U-Boote unzureichend war. Auch brachten die Geleitzugschlachten im März 1943 einen letzten Erfolg, so dass in diesem Monat die Versenkungsziffern die Neubauten ausglichen. Dönitz hatte Vorpostenketten aufgebaut und hielt jetzt durchschnittlich 102 deutsche U-Boote am Feind. Aber gegen das überlegene Potential Englands und der USA war man chancenlos.

Die Niederlage in der »Atlantikschlacht« war nicht zu vermeiden. *Bletchley Park* war jetzt imstande, ein umfangreiches Feindlagebild zu erstellen. Somit konnten aus Flugzeugträgern, Kreuzern und Zerstörern neue Jagdgruppen gebildet werden, die bald das ganze deutsche Versorgungssystem auf dem Atlantik zerschlugen und erfolgreich Jagd auf die U-Boote machten. Ab Mitte 1942 überstiegen die von angloamerikanischen Werften vom Stapel laufenden Schiffe die Versenkungsziffern stetig, so dass der Wettlauf zwischen Vernichtung und Ersatz der Handelstonnage ab Ende 1942 zuungunsten Deutschlands entschieden wurde. Ab dem späten Frühjahr 1943 standen die Erfolge der U-Boote in keinem tragbaren Verhältnis mehr zu den eigenen Verlusten. Dönitz, seit dem 30. Januar als Nachfolger Raeders auch Oberbefehlshaber der Kriegsmarine, brach deshalb am 24. Mai 1943 die Geleitzugbekämpfung im Nordatlantik ab. Die Zahl der Verluste hatte sich verdreifacht, während die Versenkungsziffer auf weniger als die Hälfte geschrumpft war. Von den fast 1200 eingesetzten U-Booten ging mehr als die Hälfte auf Feindfahrt verloren.

Übergang zur Peripheriestrategie gegen England

Im Zuge dieser Misserfolge ging man zu einer indirekten Kriegführung gegen England über: zur Peripheriestrategie. Konnte man der Insel nicht direkt zu Leibe rücken, so musste man sie dort treffen, wo die deutschen Kräfte optimal zur Geltung kamen. Der Akzent von Politik und Kriegführung begann sich damit auf neue Ebenen und Regionen zu verlagern: in den Osten des Kontinents, in den Mittelmeerraum und auf die Perspektive, zu einer möglichst globalen antienglischen Blockbildung an der Seite von Partnermächten zu gelangen. Dafür sprachen mehrere Gründe. Hitler befürchtete, dass ein Fehlschlag des Landungsunternehmens in England ihn den Nimbus der Unbesiegbarkeit kosten und sein Prestige als Feldherr erschüttern würde. Hinzu kam, dass die Weiterverfolgung von »Seelöwe« große Teile der Wehrmacht absorbierte und auf absehbare Zeit alle Alternativpläne verstellte. Vor allem rückte dadurch Hitlers eigentliches Kriegsziel, die Eroberung eines kolonialen Ergänzungsraumes im Osten, in weite Ferne. Selbst bei einer erfolgreichen Besetzung der britischen Inseln war davon auszugehen, dass die englische Regierung den Krieg von Kanada aus fortsetzen und ihn – unterstützt durch die USA – in einen langwierigen Seekrieg in Räumen verwickeln würde, in denen nicht die Ziele seiner Kriegspolitik lagen.

Neben die Perspektive einer Belagerung und damit Isolierung Englands trat deshalb noch im Sommer 1940 der Gedanke, Churchill durch einen Angriff auf die Sowjetunion den letzten möglichen Trumpf aus der Hand zu schlagen. Noch vor der Zurückweisung seines Friedensangebotes erteilte Hitler dem Oberbefehlshaber des Heeres, von Brauchitsch, am 21. Juli den Auftrag, »das russische Problem in Angriff [zu] nehmen« und »gedankliche Vorbereitungen zu treffen«.[24] Vor den Führern der Wehrmacht entwickelte er auf dem Berghof zehn Tage später ein entsprechendes Szenario: »Englands Hoffnung ist Rußland und Amerika. Wenn Hoffnung auf Rußland wegfällt, fällt auch Amerika weg [...]. Ist aber Rußland zerschlagen, dann ist Englands letzte Hoffnung getilgt.« Noch am selben Tag gab er seinen Entschluss bekannt, »Rußland im Frühjahr 1941 zu erledigen«.[25] Allerdings blieben die Militärs um Halder und von Brauchitsch skeptisch. In einer nächtlichen Besprechung am Vorabend der Konferenz hatten sie sich für den Fall, »daß gegen England eine Entscheidung nicht erzwungen werden kann und die Gefahr besteht, daß England sich mit Rußland liiert«, gegen einen Zweifrontenkrieg ausgesprochen. Sie optierten dafür, »besser mit Rußland Freundschaft« zu halten und dieses auf den »Persischen Golf [zu] hetzen.«[26]

Damit rückte der Plan in den Fokus, zunächst den Versuch zu unternehmen, die Sowjetunion in einen antienglischen Kontinentalblock einzureihen und aktiv in den Kampf gegen England einzuschalten. Diese Konzeption eines »weltpolitischen Vierecks« »Berlin-Rom-Tokio-Moskau« wurde auch von dem ansonsten willfährigen Ribbentrop favorisiert. Für Hitler dagegen war sie nichts als ein taktischer Umweg. Seine Pläne basierten auf anderen Überlegungen. Er brauchte zur Verwirklichung seines seit langem feststehenden Zieles, die europäische Sowjetunion zu erobern, nicht die volle, sondern nur die kontinentale Rückenfreiheit, über die er ab dem Sommer 1940 verfügte. Schon am 23. November 1939, als das Ringen um die Eröffnung des Westfeldzuges noch im Gang war, hatte er gegenüber seinem Luftwaffenadjutanten Nikolaus von Below geäußert, dass er »im Frühjahr das eigene Heer wieder frei haben [wolle] für eine große Operation im Osten gegen Rußland«.[27] Hinzu kam, dass er Stalin nicht über den Weg traute und eine Fortschreibung der Partnerschaft auf Dauer nicht für möglich hielt. Vor allem aber galt es, sich für eine langdauernde Auseinandersetzung mit den angloamerikanischen Seemächten zu wappnen, indem man die Atempause im Westen nutzte, um sich der russischen Ressourcen zu bemächtigen.

Eine zweite Ebene der Peripheriestrategie war der Krieg im Mittelmeerraum. Hier konnte man die britischen Bastionen treffen, und hier gab es eine Reihe potentieller Bundesgenossen gegen England. Zum einen konnte man mit Zustimmung oder Beteiligung Spaniens, das im März 1939 dem Antikominternpakt beigetreten und als Antwort auf den italienischen Kriegseintritt von der Neutralität zur »Nichtkriegführung« übergegangen war, Gibraltar erobern. Zum anderen konnte man versuchen, das französische Vichy-Regime in den Krieg gegen England einzuschalten; und zum dritten konnte man durch die Unterstützung eines italienischen Angriffs in Nordafrika den Suezkanal einnehmen, um Englands Stellung im Mittleren Osten zu erschüttern und seine Ölversorgung zu gefährden.

Bereits im August 1940 wurde unter dem Decknamen »Felix« der erste Operationsentwurf für die Eroberung Gibraltars ausgearbeitet. Aber er blieb in der Schublade, obschon der spanische Diktator Franco nach dem Ausscheiden Frankreichs aus dem Krieg mitteilen ließ, dass Spanien zum Kriegseintritt bereit sei. Hitler waren jedoch die Forderungen Francos zu hoch: Gibraltar, Marokko, Oran und eine Vergrößerung der Gebiete in Westafrika und Guinea. Erst nachdem sich der Krieg gegen England festgefahren hatte, zeigte er wieder Interesse. Die spanischen Wünsche wollte er freilich weiterhin nicht erfüllen, denn sie gingen auf Kosten Frankreichs. Ein Bekanntwerden derartiger Zusagen hätte die Loslösung der französischen Kolonien in Nord- und Westafrika von Vichy und deren Übertritt auf die Seite de Gaulles und Englands provoziert. Bei einer persönlichen Begegnung mit Franco am 23. Oktober 1940 in Hendaye an der französisch-spanischen Grenze sollte Spanien weichgeklopft werden. Hitler bot dem »Caudillo« den sofortigen Abschluss eines Bündnisses an und forderte den spanischen Kriegseintritt im Januar 1941. Spätestens am 10. Januar sollte der Einmarsch deutscher Truppen in Spanien beginnen, um möglichst schnell den Angriff auf Gibraltar durchführen zu können. Spanien sollte dafür Gibraltar und eine koloniale Erweiterung in Afrika bekommen.

Anders als Mussolini erlag Franco weder der Suggestionskraft Hitlers, noch ließ er sich durch die deutsche Unterstützung im Spanischen Bürgerkrieg zu unbedachten Schritten bewegen. Er war nicht bereit, seine Macht zu riskieren, denn das Risiko schien ihm unkalkulierbar, solange England nicht besiegt war. Franco kam mit allerlei Gegenargumenten. Die Unterredung dauerte insgesamt neun Stunden, und Hitler war schließlich so zermürbt, dass er Mussolini gegenüber gestand, er wolle sich lieber »drei oder vier Zähne auf einmal ziehen lassen«, als noch einmal mit Franco zu konferieren. Das Ergebnis war ein Protokoll, das für Hitler praktisch wertlos war. Spanien erklärte zwar seine Bereitschaft, Mitglied des Dreimächtepakts sowie des deutsch-italienischen »Stahlpakts« zu werden und an einem noch zu bestimmenden Zeitpunkt in den Krieg einzutreten. Aber mit diesem Vorbehalt war das Unternehmen »Felix« de facto hinfällig. Das OKW setzte es am 11. Dezember 1940 ab, da, wie es hieß, »die politischen Voraussetzungen nicht mehr gegeben« waren.[28]

Praktisch zeitgleich kam Vichy ins Visier. Am 24. Oktober 1940 traf sich Hitler mit Marschall Pétain in Montoire, nachdem er zwei Tage zuvor mit Pierre Laval konferiert hatte. Der Zeitpunkt, um das Vichy-Regime in die Front gegen England einzubeziehen, war günstig. Ende September hatten die Truppen Vichys den Versuch de Gaulles abgewehrt, mit freifranzösischen Kräften in Dakar zu landen. Hitler beabsichtigte, entweder eine Kriegserklärung Frankreichs an England zu erreichen oder die französische Unterstützung für die militärischen Aktionen der Achse gegen England zu gewinnen. Gedacht war an die Überlassung von Stützpunkten und die Gewährung effektiver Hilfe. Gegenüber Pétain wollte er sich allerdings weder bezüglich der künftigen Grenzen Frankreichs noch hinsichtlich des französischen Kolonialbesitzes in Afrika festlegen. Auch die von Pétain angeschnittene Frage der Rückführung von zwei Millionen französischen Kriegsgefangenen blieb offen. Pétain lehnte daher die Forderungen ab und zeigte sich lediglich grundsätzlich zur Zusammenarbeit bereit. Er entschied sich, ähnlich wie Franco, für eine Politik des »attentisme«, des Abwartens und des Lavierens zwischen den Fronten, um Frankreich sein Kolonialreich zu erhalten und es weder den Deutschen noch den Alliierten zur weiteren Kriegführung auszuliefern.

Mit diesen Misserfolgen in Hendaye und Montoire war der Plan eines Kontinentalblocks und damit die ursprüngliche Konzeption der Kriegführung im Mittelmeer gegen England so gut wie gescheitert. Es blieb nur der Weg, Mussolinis »Parallelkrieg« zur Errichtung eines »Römischen Mittelmeerreiches« zu unterstützen. Mussolini wollte, wie er sagte, »nicht mit Deutschland, nicht für Deutschland, sondern für Italien an der Seite Deutschlands« kämpfen.[29] Dahinter steckte die »Politik der getrennten Räume«, die ihm vorschwebte: nördlich der Alpen war deutsches Interessengebiet, südlich davon lag das italienische. Mit ihrer Kriegführung gegen England kamen die Truppen des Duce jedoch nicht voran, obschon man der britischen Mittelmeerflotte ebenbürtig war und man bei den U-Booten eine klare Überlegenheit besaß. Außer der Bombardierung Maltas, das fortan als Flottenstützpunkt für die Briten ausfiel, und der Besetzung von Britisch-Somaliland im August 1940 gab es keine Erfolge. Die am 13. September 1940 von Libyen aus beginnende italienische Offensive gegen die britische Stellung in Ägypten war ein Fehlschlag, so daß Hitlers Hoffnung verflog, die über den Suezkanal laufenden britischen Nachschubwege zu blockieren. Auf dem Balkan erlebten die Italiener ein zweites Desaster, nachdem der Duce den Entschluss gefaßt hatte, am 28. Oktober 1940 Griechenland anzugreifen. Hitler war vergeblich nach Florenz geeilt, um die Aktion zu verhindern. Er befürchtete, dass Mussolinis Abenteuer den Engländern die Gelegenheit bieten werde, sich wieder auf dem Kontinent festzusetzen. Tatsächlich blieben die italienischen Truppen auch an der Albanienfront schnell stecken. Nachdem sich Bulgarien als neutral erklärt hatte, konnte Griechenland alle seine Kräfte einsetzen. Ministerpräsident Joannis Metaxas wandte sich unter Berufung auf die englische Garantie vom April 1939 an London. Churchill ergriff die Gelegenheit, eine neue Front aufzubauen, konnte die Griechen allerdings zunächst nur mit Luft- und Seestreitkräften unterstützen. Allein auf Kreta landeten britische Truppen.

Das war der Stand der Dinge, als Hitler am 20. November 1940 Mussolini in einem Brief auf die »sehr schweren psychologischen und militärischen Auswirkungen« der Aktion hinwies. Nun seien die Häfen in Süditalien, Albanien und vor allem das rumänische Erdölgebiet für die englischen Bomber in greifbare Nähe gerückt. »Diese Lage ist«, so Hitler, »militärisch gesehen, drohend. Wirtschaftlich gesehen, soweit es sich um das rumänische Petroleumgebiet handelt, geradezu unheimlich«. Er habe sich daher zu einem Vorgehen gegen Griechenland entschlossen. Voraussetzung dafür sei, dass Jugoslawien neutral gehalten oder zur aktiven Mitwirkung veranlasst werden könne. Eine Offensive auf dem Balkan sei vor März 1941 nicht möglich. Dann

aber müsse gehandelt werden, da er seine Kräfte »spätestens bis
Anfang Mai« zurückerhalten wolle.[30] In der »Weisung Nr. 20«
vom 13. Dezember 1940 legte Hitler die Grundzüge des geplanten Feldzuges gegen Griechenland (Unternehmen »Marita«) fest.
Tatsächlich entschloss sich Mussolini, Berlin um Unterstützung
zu bitten. Er brauchte sie an beiden Fronten. Er bat um »Druck
auf Griechenland« im Balkanraum und ersuchte um Übersen-
dung »einer großen Panzereinheit« nach Libyen.[31] Damit war die
Perspektive eines italienischen Parallelkrieges gegen England
im Mittelmeerraum hinfällig.

Im Februar 1941 kam Hitler der Bitte seines Achsenpartners
nach und entsandte im Rahmen des Unternehmens »Sonnen-
blume« das »Afrikakorps« unter Generalleutnant Erwin Rommel
nach Tripolis. Entgegen der Weisung aus Berlin, die Stellung nur
zu halten, ging Rommel bald zur Offensive über. Er eroberte die
Cyrenaika zurück und nahm am 27. April den strategisch wichtigen Halfyapass ein. Die Engländer hielten allerdings nach wie
vor Tobruk, auf das sich die Kämpfe konzentrierten. Während
Rommel wegen des beginnenden Russlandfeldzuges und des Ab-
zugs eines deutschen Fliegerkorps aus Sizilien unter Nachschub-
problemen litt, erhielt die britische Ägyptenarmee laufend
Verstärkung. Mit doppelt soviel Panzern und klarer Luftüberlegenheit begann im November 1941 die Operation »*Crusader*«,
die Rommel zum Rückzug bis an die Große Syrte veranlasste.
Erst die Verlegung starker deutscher Luft- und Seestreitkräfte,
die die Nachschubsituation verbesserte, gab Rommel wieder die
Möglichkeit, offensiv zu werden. Im Juni 1942 eroberte er Tobruk und stieß bis El Alamein, etwa 100 Kilometer westlich von
Kairo, vor. Als am 23. Oktober 1942 unter General Montgomery der britische Gegenangriff begann, sah sich Rommel einem
Zweifrontenkrieg gegenüber. Unter dem Oberbefehl General
Eisenhowers lief am 8. November die Operation »Torch« an, als
alliierte Truppen in Algier und Casablanca landeten. Ende Januar 1943 fiel Tripolis, im März wurde Rommel abberufen, und
sein Nachfolger Generaloberst Hans Jürgen von Arnim, der bis

zuletzt einen Brückenkopf bei Tunis gehalten hatte, kapitulierte am 13. Mai 1943. Mehr als 250 000 deutsche und italienische
Soldaten gingen in alliierte Gefangenschaft.

Vorbereitungen und Planungen für »Barbarossa«

Die Politik der Koalitionsbildung gegen England erbrachte nur einen einzigen Erfolg: den auf zehn Jahre abgeschlossenen Dreimächtepakt zwischen den Achsenmächten und Japan
vom 27. September 1940. Schon im Juni 1940 hatten die Japaner
in Berlin einen Beistandspakt angeregt. Aber erst nachdem sich
gezeigt hatte, dass England nicht zu schlagen war, fand sich Hitler zu einem Bündnis bereit. Der Pakt richtete sich gegen die
angelsächsischen Mächte. Man verabredete die »Schaffung einer
neuen Ordnung«, bei der Deutschland und Italien in Europa
und Japan im »großostasiatischen Raum« die Dominanz zukam.
In Form eines Defensivabkommens verpflichtete man sich zur
gegenseitigen Unterstützung mit allen Mitteln, falls einer der
Partner von einer Macht angegriffen würde, »die gegenwärtig
nicht in den europäischen Krieg oder in den chinesisch-japani-
schen Konflikt verwickelt ist«. Dies zielte nach Lage der Dinge
auf die USA.

Mit dem Dreimächtepakt begann das Werben um die Sowjetunion. Am 30. Oktober 1940 bot Japan in Moskau Verhandlungen über einen Nichtangriffspakt an, die am 13. April 1941
erfolgreich abgeschlossen wurden und Stalin vom Zweifronten-
druck entlasteten. Drei Wochen vorher, am 13. Oktober, hatte
Ribbentrop seinen Moskauer Kollegen Molotow nach Berlin ein-
geladen, um, wie es hieß, über »eine Abgrenzung der Interessen
nach säkularen Maßstäben« zu verhandeln und die Politik zwischen beiden Mächten »auf längste Sicht« zu ordnen.[32] Dahinter
stand die von Ribbentrop vertretene Linie eines weltpolitischen
Dreiecks »Berlin-Rom-Tokio«, dem sich Moskau durch seinen Beitritt zum Dreimächtepakt anschließen sollte. Zwischen Berlin
und Moskau waren im Laufe des Sommers Spannungen entstan-

den, die Molotow bei seinem Berlin-Besuch am 12. und 13. November 1940 zur Sprache bringen sollte.

Der eine von drei Dissenspunkten betraf die ökonomische Ebene. Am 11. Februar 1940 war ein Wirtschaftsabkommen unterzeichnet worden, das sowjetische Rohstofflieferungen im Wert von 655 Millionen Reichsmark innerhalb von 18 Monaten vorsah. Sie sollten durch deutsche Gegenleistungen an Industriegütern und Kriegsmaterial in einem Zeitraum von 27 Monaten ausgeglichen werden. Ungeachtet dieser Zusage hatte Stalin am 1. April einen Lieferstopp verhängt, der erst nach dem Beginn von »Weserübung« und dem Westfeldzug aufgehoben wurde. Kaum war Frankreich besiegt, kühlte sich dann das deutsche Lieferinteresse ab. Denn Stalin verlangte nun modernste deutsche Militärtechnologie und fuhr, sobald er seine Annexionen im Sommer 1940 abgeschlossen hatte, seine eigenen Lieferungen erneut merklich zurück.

Ein zweiter Reibungspunkt war Südosteuropa. Die deutsche Garantie an Rumänien war den Sowjets am 31. August 1940 als vollzogene Tatsache mitgeteilt worden. Stalin warf Hitler daraufhin die Verletzung von Artikel 3 des Paktes vom August 1939 vor, der Konsultationen bei Fragen gemeinsamer Interessen vorsah. Nun fiel ganz Südosteuropa südwestlich des Karpatengebiets und des Pruths in die Interessphäre der Achsenmächte. Der dritte Streitpunkt war in Finnland entstanden, das nach dem Pakt von 1939 zur sowjetischen Interessensphäre gehörte. Gegen die Zusage deutscher Waffenlieferungen hatte Ribbentrop dort ein Abkommen zum Durchmarsch deutscher Truppen nach Nordnorwegen abgeschlossen. Als die Sowjets Meldungen von der Ausschiffung deutscher Truppen in verschiedenen finnischen Häfen erhielten, hatten sie am 26. September unter Berufung auf den Konsultationsartikel Auskunft über Zweck und Absicht der mit Finnland getroffenen Abreden gefordert.

Das war der Stand der Dinge, als Molotow in Berlin erschien. Hitler und Ribbentrop vertraten in den Gesprächen die Auffassung, dass England bereits geschlagen sei und es nur noch darum gehe, den Krieg zu beenden. Danach, so Hitler, könne »das britische Weltreich als eine gigantische Weltkonkursmasse« zwischen Deutschland, Italien, der Sowjetunion, Frankreich, Spanien und Japan aufgeteilt werden.[33] Italiens Interessen lägen in Nord- und Nordostafrika, die deutschen in Mittelafrika und die japanischen in den Gebieten südlich seiner Inseln und in Mandschukuo. Die Sowjetunion könne sich im Süden in Richtung auf den Indischen Ozean ausdehnen und einen eisfreien Zugang zum Weltmeer gewinnen. Wenn man eine befriedigende Abgrenzung der Interessensphären erreichen könne, sei eine Zusammenarbeit zwischen den Staaten des Dreimächtepakts und der Sowjetunion möglich.

Molotow war mit diesen Weltaufteilungsplänen nicht zu beeindrucken. Mit unbeirrbarer Hartnäckigkeit brachte er das Gespräch immer wieder auf die konkreten sowjetischen Interessen in Osteuropa. Der Ausgangspunkt seiner Argumentation war, dass die Festlegung der Interessensphären im Vorjahr »nur eine Teillösung« darstelle, »die durch das Leben und die Ereignisse der letzten Zeit überholt und erschöpft sei«. Er erhob dermaßen exorbitante Forderungen, dass die Basis der bisherigen Vereinbarungen gesprengt wurde. In seinen beiden Besprechungen mit Hitler – zur anberaumten dritten trat Hitler gar nicht mehr an – beharrte Molotow darauf, dass die »Neuordnung in Europa und in Asien« nicht ohne das Mitspracherecht der Sowjetunion vor sich gehen dürfe. Er nannte als Bedingung für die Fortdauer der russischen Neutralität und den Beitritt zum Dreimächtepakt vier Punkte: die vollkommene Einverleibung Finnlands; die Aufhebung der deutschen Garantie für Rumänien und damit dessen Einbindung in die sowjetische Interessensphäre; die Errichtung eines sowjetischen Protektorats über Bulgarien sowie die Überlassung von Luft- und Marinestützpunkten im Bereich der Dardanellen.[34] Diese Forderungen stellten darauf ab, ein Sicherheitsglacis gegen einen möglichen deutschen Angriff zu schaffen. Aber damit nicht genug. In der abschließenden Unterredung mit Ribbentrop legte Molotow noch einmal nach. Nach dem Hinweis auf den von Japan vorgeschlagenen Nichtangriffspakt reklamierte er ein Mitspracherecht über den gesamten osteuropäischen Raum. Dabei nannte er Ungarn, Jugoslawien, Griechenland und Gesamtpolen; und er forderte die »Aufrechterhaltung der schwedischen Neutralität« sowie eine einvernehmliche Regelung der »Durchfahrten aus der Ostsee (Großer Belt, Kleiner Belt, Sund, Kattegat, Skagerrak)«.[35]

Die Berliner Besprechungen bedeuteten eine Zäsur im Verhältnis zwischen Berlin und Moskau. Für Hitler beseitigten die Forderungen Molotows jeden Zweifel an der Notwendigkeit, die Partnerschaft zu beenden. Vor den Spitzen von OKH und OKW hatte er wenige Tage vor dem Eintreffen des sowjetischen Gastes noch betont, dass alles »getan werden [müsse], um bereit zu sein zur großen Abrechnung«. Und er hatte die »Weisung Nr. 18« unterschrieben, in der es hieß, dass »gleichgültig, welches Ergebnis diese Besprechungen haben werden, [...] alle schon mündlich befohlenen Vorbereitungen für den Osten fortzuführen« seien.[36] Wenn sich Hitler trotzdem auf den Besuch eingelassen hatte, dann aus rein taktischen Gründen. Zum einen kam es darauf an, falsche Fährten zu legen und die eigenen Absichten zu verschleiern. Zum anderen sollte die Undurchführbarkeit von Ribbentrops Konzeption einer Fortführung des Dialogs mit Moskau offengelegt und den Militärs die Unhaltbarkeit ihrer Vorstellung demonstriert werden, dass es möglich sei, »Rußland auf den Persischen Golf [zu] hetzen«.[37] Mithin zeigte sich Hitler über das Ergebnis der Sondierungen ganz zufrieden. Wie sein Heeresadjutant Major Gerhard Engel notierte, habe er sich »sowieso davon nichts versprochen. [...] M[olotow] habe Katze aus dem Sack gelassen. Er (F.[ührer]) sei richtig erleichtert; dies würde nicht einmal eine Vernunftehe bleiben. Russen nach Europa hineinlassen, sei das Ende Mitteleuropas [...].«[38]

Vier Wochen später erließ Hitler die »Weisung Nr. 21« vom 18. Dezember 1940, die dem Russlandfeldzug seinen Namen gab: Unternehmen »Barbarossa«, eine Anspielung auf den Charakter des Krieges – einen Kreuzzug gegen den Bolschewismus.

Gemäß dieser Weisung sollte die Wehrmacht bis zum 15. Mai 1941 ihre Vorbereitungen abgeschlossen haben, um, wie es hieß, »auch vor Beendigung des Krieges gegen England Sowjetrußland in einem schnellen Feldzug niederzuwerfen«.[39] Das Ziel war, die Masse des russischen Heeres noch im westlichen Russland durch Umfassungsoperationen zu vernichten und die Linie Wolga-Archangelsk zu erreichen. Damit wären fast 90 Prozent der russischen Industrie in deutscher Hand gewesen; von hier aus konnten die Flugzeuge der Roten Armee das Reichsgebiet nicht mehr erreichen und die Luftwaffe konnte »das letzte Rußland verbleibende Industriegebiet am Ural« ausschalten.

Auch für die Sowjets war mit den Berliner Unterredungen eine Zäsur erreicht. Stalin hatte das Kalkül verfolgt, Hitler aus der Reserve zu locken und Gewissheit über den weiteren Kurs der deutschen Politik zu gewinnen. Bereits gegen Jahresende 1940 glaubten »alle«, so Marschall Wassilewski, der den Außenminister nach Berlin begleitet hatte, an einen Angriff der Wehrmacht.[40] Diese Überzeugung sollte sich in den kommenden Monaten noch verfestigen. Stalin war über das Anlaufen der deutschen Kriegsplanung gegen die Sowjetunion im Bilde. Schon vom ersten Befehl Hitlers, den dieser im Sommer 1940 dem OKH erteilte, hatte er Kenntnis erhalten. Praktisch auf dem Fuße war in Moskau der Schwenk zur Kriegspräparation erfolgt. Am 25. Juni wurde eine Erhöhung der Schlagkraft der Streitkräfte angekündigt, und einen Tag später stellte ein Erlass des Präsidiums des Obersten Sowjet die gesamte Wirtschaft unter Kriegsrecht. Hinzu kam, dass die deutsche Seite mit Schweigen auf alle Initiativen Moskaus reagierte, obschon Molotow längst von seinem Maximalprogramm abgerückt war und »als Schwerpunkt der Aspirationen der Sowjetunion« ausdrücklich die Region »südlich Batum und Baku in der allgemeinen Richtung auf den Persischen Golf hin« bezeichnete.[41] Inzwischen nahmen auch die aus Berlin einlaufenden Agentenmeldungen immer konkretere Formen an. Die sowjetischen Zuträger aus dem Auswärtigen Amt, dem Wirtschaftsministerium und dem Luftwaffenführungsstab berichteten über die deutsche Aufmarschplanung, übermittelten Bombardierungspläne und Operationsstudien und sprachen vom 20. Mai als vermutlichem Kriegsbeginn. Am 29. Dezember, 11 Tage nachdem Hitler die »Weisung Nr. 21« ausgefertigt hatte, meldete der sowjetische Militärattaché in Berlin: »Hitler hat Befehl gegeben, den Krieg gegen die UdSSR vorzubereiten«.[42] Schließlich stellten die deutschen Aktionen im Vorfeld der sowjetischen Grenzen unter Beweis, dass Hitler die Bahn einer Verständigung verlassen hatte. Unter klarer Desavouierung der in Berlin angemeldeten sowjetischen Interessen wurden die Anrainerstaaten der Sowjetunion in das deutsche Aufmarschgebiet einbezogen. Das galt nicht nur für Finnland, Ungarn und Rumänien. Im Laufe des März 1941 kamen Bulgarien und Jugoslawien, schließlich auch Kroatien durch Anschluss an den Dreimächtepakt in den Machtbereich des Hakenkreuzes.

All diese Erkenntnisse blieben nicht ohne Einfluss auf die Kriegsplanung des sowjetischen Generalstabs. Seit Anfang Dezember 1940 ging die Rote Armee zu einer systematischen Beobachtung des deutsch-russischen Grenzgebiets über, und bald registrierte das OKW beinahe täglich Aufklärungsmaßnahmen durch sowjetische Flugzeuge und Bodentruppen.[43] Ende Januar 1941 fand eine Tagung der Kommandeure des Kiewer Militärbezirks statt. Dort forderte Generalstabschef Schukow, dass man »sich ernsthafter auf einen Krieg vorbereiten« müsse, und er bezeichnete »das faschistische Deutschland als unseren Hauptfeind«. In Moskau, so Schukow, herrsche die Überzeugung, dass man eine »Überlegenheit der Kräfte nicht nur im Abschnitt des Hauptstoßes, sondern im ganzen Angriffsstreifen« gewährleisten müsse. Deshalb sei der Plan gebilligt worden, »eine zweifache allgemeine Überlegenheit der Kräfte und Mittel« zu schaffen.[44] Dieser Zielvorgabe entsprach der Stalin am 11. März vorgelegte »Präzisierte Plan für den strategischen Aufmarsch der Streitkräfte der UdSSR«.[45] Er sah die Aufstellung der »Hauptkräfte der Roten Armee südlich vom Fluß Pripjat« vor, und er enthielt sogar ein Datum für das sowjetische Aktivwerden, das in den deutschen

Ausgaben dieses Planes fehlt. Der Chef der operativen Abteilung des Generalstabes, General Watutin, trug ein: »die Offensive am 12.6. zu beginnen.«[46]

Am 15. März 1941 registrierte die mit der Feindaufklärung befasste Abteilung »Fremde Heere Ost« erstmals auffällige russische Maßnahmen. Diese umfassten die »Durchführung einer Teilmobilmachung« und »Truppenverlegungen aller Waffen aus dem Militärbezirk Moskau in Richtung Minsk-Smolensk sowie Marschbewegungen im Baltikum in Richtung auf die deutsche Grenze«.[47] Im Windschatten des am 6. April anlaufenden Balkanfeldzuges sowie im Gefolge der Unterzeichnung des Nichtangriffspaktes mit Japan am 13. April wurden dann in großem Stil weitere Einheiten aus dem Inneren Russlands sowie aus dem Fernen Osten herangeführt und von Nord nach Süd auf die fünf westlichen Militärbezirke verteilt. Anfang Mai 1941 ergab sich damit folgendes Bild: Nun befand sich nicht nur knapp die Hälfte (41 Prozent) aller Versorgungsdepots der Roten Armee in den Westlichen Militärbezirken; jetzt hatte sich auch die Zahl der Divisionen der Roten Armee im Vergleich zum Herbst 1939 fast verdoppelt (143 : 77). Hinzu kamen, so notierte der Chef des OKW, Keitel, »fast sämtliche überhaupt festgestellten mot.- und Pz.-Einheiten«, weitere 20 Kavalleriedivisionen und mehrere Fallschirmbataillone, die unter »rücksichtslosem Abtransport« aus dem asiatischen Raum und Kaukasien nach Westrussland verlegt worden seien.[48]

Noch hatten die Truppen nicht unmittelbar zur Grenze aufgeschlossen. Noch verharrten sie, wie es den Prämissen des »Präzisierten Plans« entsprach, in vorgeschobener Defensivposition, und die Frontvorsprünge bei Bialystok und Lemberg waren nur spärlich besetzt. Im Laufe der zweiten Maihälfte erfolgte der Übergang in der operativen Aufstellung von der rückwärtigen zur grenznahen Offensive. Am 15. Mai legten Schukow und Timoschenko Stalin die so genannten »Strategischen Erwägungen« vor, mit denen sie einen Präventivschlag gegen die Wehrmacht anregten.[49] Eine knappe Woche später stand die Rote Armee, so ein Memorandum der Abteilung »Fremde Heere Ost« mit Stand vom 20. Mai, »mit der Masse der Verbände des europäischen Teils der UdSSR [...] entlang der Westgrenze von Odessa bis Murmansk«. Und nun wurden auch die in die deutschen Linien hineinreichenden, exponierten Frontbögen, die das Sprungbrett für einen Angriff bildeten, die im Verteidigungsfall jedoch das hohe Risiko einer Umfassung der eigenen Kräfte bargen, mit Truppen aufgefüllt. Die »Schwerpunkte des Aufmarsches«, so stellte das Memorandum fest, lagen »um Czernovitz-Lemberg, um Bialystok und in den baltischen Ländern«, während »stärkere operative (bewegliche) Reserven im Raum Schepetowka-Prosskurow-Shitomir, südwestlich Minsk und um Pskow« disloziert waren.[50]

Die Frage, welche Strategie Stalin mit diesen militärischen Vorbereitungen verfolgte, ist ungelöst.[51] Klar ist jedoch, dass auf deutscher Seite keine aktuellen Bedrohungsängste herrschten. Der Kronzeuge hierfür ist Hitler selbst. Knapp eine Woche vor Beginn des Feldzuges äußerte er: »Die Russen sind genau an der Grenze massiert, das beste, was uns überhaupt passieren kann. [...] Moskau will sich aus dem Kriege heraushalten, bis Europa ermüdet und ausgeblutet ist. Dann möchte Stalin handeln, Europa bolschewisieren und sein Regiment antreten. Durch diese Rechnung wird ihm ein Strich gemacht.«[52] »Barbarossa« war kein Präventivkrieg, wie die nationalsozialistische Propaganda glauben machen wollte, sondern ein Eroberungs- und Vernichtungskrieg.

In der Kontroverse um Stalins Absichten im Vorfeld von »Barbarossa« gibt es vier Deutungsvarianten. Die so genannten »Aggressionstheoretiker« vertreten die These, dass Stalin ein Angriffskalkül verfolgte. Es habe sich unabhängig von Hitlers Lebensraumintentionen entwickelt und lief der Planung von «Barbarossa« parallel. Ein Krieg gegen Deutschland im Sommer 1941, spätestens im Jahre 1942, war das Ziel. Dagegen gehen die Verfechter der so genannten »Vorwärtsverteidigung« davon aus, dass man aus der grenznahen Aufstellung der Roten Armee keineswegs den Willen zu einer gezielten Herbeiführung und

Auslösung eines Krieges ableiten könne. Die Militärs bekamen weder für eine Generalmobilmachung noch für eine kriegsauslösende Provokation grünes Licht. Die Truppenaufstellung entsprach der seit den dreißiger Jahren propagierten, offensiv ausgelegten Militärdoktrin. Das dritte Lager, die so genannten »Apologeten«, deutet Stalins Strategie als Position der Defensive. Stalin habe eine Politik der Beschwichtigung gegenüber Hitler verfolgt und sein Möglichstes getan, um auf Grund der objektiv gegebenen Schwächesituation einem Konflikt mit Deutschland aus dem Wege zu gehen. Der Zweck des militärischen Aufmarsches sei der einer Gegenpression gewesen. Damit habe Stalin etwaigen ultimativen Forderungen Hitlers entgegentreten und deutlich machen wollen, dass die Sowjetunion weder ahnungsnoch wehrlos war.

Schließlich gibt es die Deutung, dass Stalins Kalkül eine »Strategie für alle Fälle« gewesen sei. Sie geht von zwei kritischen Überlegungen aus. Zum einen bot die grenznahe Aufstellung der Roten Armee drei denkbare Handlungsalternativen: die Abblockung des deutschen Angriffs und den sofortigen Gegenschlag; die Möglichkeit zum Präventivschlag bzw. zur Offensive; oder das Verharren in dieser vorgeschobenen Position, bis die Kriegsgefahr vorüber war. Was aber machte Stalin so sicher, dass sich das Risiko einer Einkesselung durch die Wehrmacht kalkulieren ließ? Worauf stützte er seine Zuversicht, dass er selbst das Gesetz des Handelns in der Hand behalten würde?

Zum anderen rückten Stalins Truppen erst ab Mitte Mai unmittelbar an die Grenze vor und verharrten dort in vorgeschobener Warteposition. Offenbar lag dieser Entscheidung ein Faktor zugrunde, der Stalins Lagebeurteilung entscheidend beeinflusste, der ihn sicher machte, die Situation zuverlässig kalkulieren und im Lichte des sich entwickelnden Sachstandes reagieren zu können. Der Schlüssel für Stalins Deutung der Situation war der Flug des Führerstellvertreters Rudolf Heß nach Großbritannien am 10. Mai 1941 und die politische Instrumentalisierung dieser spektakulären Aktion durch das *Foreign Office*. Das Kabinett Churchill nutzte das aufsehenerregende Unternehmen, um ein Verwirrspiel zu inszenieren und die Drohkulisse eines möglichen Separatfriedens im Westen zu entwerfen. Für Stalin, der allen Warnungen vor einem deutschen Angriff stets mit dem Argument begegnet war, dass Deutschland keinen Zweifrontenkrieg riskieren werde, bedeutete dies ein Alarmsignal ersten Ranges. Noch am 17. Juni wurde die Botschaft in Berlin angewiesen, die »ganze Aufmerksamkeit auf die Aufgabe zu richten, ob zwischen Deutschland und England tatsächlich Friedensverhandlungen geführt würden.«[53] Einen Tag später bat Molotow um einen abermaligen Besuch in Berlin, wurde aber, wie Goebbels in seinem Tagebuch festhielt, »abgeblitzt«.[54]

Wenn Stalin ganz auf Zeitgewinn, auf Abwarten und auf Verhandlungen setzte, wenn er sich vor einem Überraschungsschlag Hitlers sicher glaubte, wenn er aber gleichzeitig die Militärs die Weichen für einen möglichen Präventivschlag stellen ließ, dann deutet alles darauf hin, dass er eine Strategie wählte, die die gegensätzlichen Optionen von Defensive und Offensive verband und ein flexibles Reagieren ermöglichte. Zum einen bot sie die Möglichkeit einer Konfliktvermeidungspolitik, um die Gunst der für einen Angriff weit fortgeschrittenen Jahreszeit zu nutzen und nicht einer britischen Provokation aufzusitzen. Zum anderen galt es jedoch, sich dagegen zu wappnen, dass Churchill gestürzt wurde und Hitler grünes Licht für den Krieg im Osten erhielt. In diesem Fall war höchste Eile geboten, und die eigenen Kräfte mussten so aufgestellt sein, dass sie die deutschen Truppen umfassen und in einer blitzartigen Offensivaktion niederwerfen konnten.

Der Balkanfeldzug

Vor dem Anlaufen von »Barbarossa« hatte Hitler am 13. Dezember die »Weisung Nr. 20« für das Unternehmen »Marita« erteilt. Sie sah vor, von Bulgarien aus einen Feldzug »zur Besitznahme der Ägäischen Nordküste« und notfalls des ganzen griechischen Festlandes zu unternehmen.[55] Das Ziel war, nach der missglückten Aktion des Duce gegen Griechenland noch vor dem Angriff auf die Sowjetunion die Gefahr einer zweiten Front auf dem Kontinent zu bannen. Da Jugoslawien einen Durchmarsch deutscher Truppen nicht gestattete, wurden die Kräfte für das Griechenlandunternehmen ab Januar 1941 durch Ungarn nach Südrumänien verlegt, um über die Donaugrenze in Bulgarien aufzumarschieren.

Gleichzeitig begann am 5. März die Verlegung britischer Streitkräfte aufs griechische Festland im Rahmen der Operation »Lustre«. Allerdings blieb Churchill in seinem Bestreben, eine große Balkanfront ins Leben zu rufen, stecken. Weder die Türkei noch Jugoslawien waren bereit, aus ihrer Neutralität herauszutreten. Hitler war erfolgreicher. Er wollte das Vorgehen gegen Griechenland von der jugoslawischen Flanke her absichern und erreichte den Anschluss Jugoslawiens an den Dreimächtepakt am 25. März 1941. Der Preis, den er dafür zahlen musste, war hoch: die Garantie der territorialen Integrität Jugoslawiens, das Durchmarschverbot für deutsche Truppen und der Verzicht auf militärischen Beistand Jugoslawiens im bevorstehenden Feldzug.

Zwei Tage später hatte sich die Situation vollkommen geändert. Die Regierung Cvetkovic wurde durch einen Militärputsch gestürzt, Prinzregent Paul ging ins Exil und der minderjährige König Peter II. wurde auf den Thron gehoben. Der Umsturz in Belgrad war das Werk der »Special Operations Executive«. Noch am selben Tag entschloss sich Hitler, Jugoslawien »so rasch als möglich [zu] zerschlagen«.[56] Wegen der Vorbereitungen zum Russlandfeldzug galt es, keine Zeit zu verlieren. Die in Bulgarien stehenden Verbände der Wehrmacht sollten nun gleichzeitig gegen das südliche Jugoslawien vorgehen. Eine zweite Angriffsgruppe wurde in Österreich und Ungarn bereitgestellt, um in den Nordteil Jugoslawiens vorzudringen. Während Bulgarien weiterhin jede Mitwirkung an der Aktion ablehnte, hatte sich Ungarns Reichsverweser Nikolaus Horthy zur Hilfe bereit erklärt, nachdem ihm die Rückgabe der 1919 an Jugoslawien abgetretenen ungarischen Gebiete versprochen worden war.

Einen Tag vor Beginn des Balkanfeldzuges mischte sich die Sowjetunion ein. Am 5. April schloss Stalin mit Jugoslawien einen Nichtangriffs- und Freundschaftspakt ab. Dieser sah zwar keinen militärischen Beistand vor, aber es war ein deutliches Zeichen, dass man in Moskau einer weiteren deutschen Expansion auf dem Balkan ablehnend gegenüberstand.

Der Blitzkrieg gegen Jugoslawien wurde am nächsten Tag ohne Kriegserklärung oder Ultimatum durch Bombenangriffe auf Belgrad, auf Flugplätze und das jugoslawische Verkehrsnetz eröffnet. Von zwei Seiten drangen die Truppen der Wehrmacht vor. Aus Kärnten, der Steiermark und Ungarn kam die 2. Armee unter Generaloberst Maximilian Freiherr von Weichs, aus Bulgarien die 12. Armee unter Feldmarschall Wilhelm List. Am 10. April wurde Zagreb (Agram) besetzt, wo die kroatische nationalistische Ustascha-Bewegung den unabhängigen Staat Kroatien ausrief. Am 12. April fiel Belgrad ohne Kampf. Fünf Tage später kapitulierte Jugoslawien bedingungslos. Mehr als 300 000 Mann gingen in deutsche Gefangenschaft; König Peter und die neue Regierung flohen nach London; die Aktion hatte nur zwölf Tage gedauert.

Der ebenfalls am 6. April beginnende Feldzug gegen Griechenland dauerte knappe vier Wochen. Die 12. Armee war von Bulgarien aus gegen Ostmazedonien zum Angriff angetreten. Gleichzeitig führten deutsche Panzerkräfte einen Stoß über jugoslawisches Gebiet, rückten am 9. April in Saloniki ein und schlossen die in Ostmazedonien stehende griechische Armee ein, die mit 60 000 Mann kapitulierte. Von dort schwenkte die 12. Armee nach Süden ein und durchbrach die griechische Front zwischen dem englischen Expeditionskorps und den beiden in Albanien kämpfenden griechischen Armeen. Während die Engländer durch einen raschen Rückzug in Richtung auf den Olymp ihre Einschließung vermeiden konnten, kapitulierten die beiden griechischen Armeen am 21. April.

Jetzt blieben nur noch die Engländer, die beschlossen hatten, ihr Expeditionskorps abzuziehen. Am historisch bedeutsamen Engpass der Thermopylen deckten australische und neuseeländische Verbände in tagelangen, zähen Kämpfen den Rückzug, während Churchill in Reminiszenzen an den Abwehrkampf der Spartaner schwelgte, bis die Evakuierung am 24. April am Strand von Attika und am Peloponnes endlich begann. Binnen fünf Tagen wurden 50 000 Briten, 80 Prozent des Expeditionskorps, unter Zurücklassung sämtlichen Materials nach Kreta und Ägypten eingeschifft. König Georg II. und die griechische Regierung gingen nach London. Bis zum 3. Mai 1941 hatte die Wehrmacht mit Ausnahme von Kreta alle größeren Inseln Griechenlands besetzt. Es sollte der letzte erfolgreiche »Blitzkrieg« sein.

Noch vor »Barbarossa« wurden die »Neuordnung« des Balkans und die Aufteilung Jugoslawiens vorgenommen. Die nordslowenischen Gebiete Untersteiermark, Kärnten und Krain kamen zu Deutschland, Südslowenien mit Laibach, die adriatischen Küsteninseln, die dalmatinische Küste zwischen Zara und Split sowie Montenegro zu Italien. Ungarn erhielt die Gebiete zwischen den Flüssen Theiß und Drau sowie das Mur-Gebiet nördlich der Donau. Kroatien, erweitert um Bosnien und die Herzegowina, wurde ein selbständiger Staat unter der faschistischen Ustascha-Bewegung. De facto war es ein Satellitenstaat, der noch im Juni 1941 dem Dreimächtepakt beitrat. Restjugoslawien kam mit einer einheimischen Marionettenregierung unter deutsche Militärverwaltung. Bulgarien wurde um ostmazedonisches Gebiet mit der Stadt Skopje bis zum Ochrida-See erweitert, Griechenland von Italien besetzt. Die ionischen Inseln kamen an Italien, die ostmazedonischen an Bulgarien, das dadurch einen Zugang zum Ägäischen Meer erhielt. Nur strategisch wichtige Gebiete wie Saloniki, der Hafen von Piräus und einige westägäische Inseln sowie der Westteil von Kreta blieben unter deutscher Besatzung.

5 Vom Vernichtungskrieg gegen die Sowjetunion zum Weltkrieg

**Am 22. Juni 1941 begann der
Angriff auf die Sowjetunion:
das Unternehmen »Barbarossa«.**

Das Unternehmen »Barbarossa« war kein »erfrorener Blitz-krieg«. Der Feldzug im Osten scheiterte weder an Schlamm, Schnee und Eis noch an wenigen Kilometern, die angeblich zum Erfolg fehlten. Weder war die grausame Behandlung der von Stalins Terrorherrschaft befreiten Völker ausschlaggebend noch strategische Fehlentscheidungen und falsche Schwerpunktset-zungen. »Barbarossa« war ein Vabanquespiel im eigentlichen Sin-ne des Wortes. Man setzte alles auf eine Karte; sie musste stechen oder der Feldzug war verloren. Die Alternative war ein schneller Sieg oder eine langsame, unausweichliche Niederlage.

Wie riskant, ja fahrlässig der Blitzkrieg im Osten angelegt war, wird deutlich, wenn man sich den operativen Ansatz des Feldzu-ges klar macht. Er beruhte ganz auf dem Konzept, die Masse der Roten Armee westlich der Linie Dnjepr-Düna einzukesseln und zu vernichten. Anschließend sollte durch die drei Heeresgruppen die trichterförmige Besetzung der Zielräume ohne großen Widerstand bis zur A-A Linie (Archangelsk-Astrachan) erfolgen. Westlich davon befanden sich die wichtigsten Rüstungszentren, Rohstoffvorkommen und agrarischen Überschussgebiete. Die Frontlinie zur Sowjetunion betrug etwa 2130 Kilometer. Das Blitzkriegskonzept sah vor, innerhalb von neun bis zwölf Wochen Operationsziele zu erreichen, die circa 1500 Kilometer vom Ausgangspunkt entfernt lagen.

Gemessen an diesen gigantischen Räumen, den geographischen, klimatischen und infrastrukturellen Sonderbedingungen, die den Feldzug von allen vorherigen fundamental unterschieden, hatte man im Generalstab nicht nur keine besondere Kriegs- und Nachschubstrategie ausgearbeitet. Für den Fall, dass der Feldzug durch grenznahe Einkesselungs- und Vernichtungsschlachten nicht entschieden werden konnte, gab es auch keinerlei Planung, wie man langfristig verfahren wollte. Man setzte buchstäblich alles auf den ersten Stoß. Ging er fehl, so blieben die Soldaten ohne Winterausrüstung. Auf lange Sicht musste improvisiert und neu überlegt werden, ohne dass man sich darüber Rechenschaft abgelegt hatte, wie ein solcher festgefahrener Krieg mit Aussicht auf Erfolg überhaupt zu führen war.

Der circa fünfwöchige Zeitverlust für »Barbarossa« als Folge des Balkanfeldzuges fiel demgegenüber kaum ins Gewicht. Der Blitzfeldzug hatte Mitte Mai 1941 beginnen sollen, wurde dann aber auf den 22. Juni verschoben, so dass man zuerst im Schlamm versackte und dann in Eis und Schnee stecken blieb. Aber dies war objektiv weder kriegsentscheidend, noch wurde diese Zeitverzögerung von der deutschen Seite als Nachteil empfunden. Zum einen ließ die im Frühjahr 1941 ungewöhnlich lang dauernde Schlammperiode in den Weiten Russlands einen Angriff vor Mitte Juni ohnehin nicht zu. Zum anderen waren Hitler und die Militärs auf dem Erfahrungshintergrund des Ersten Weltkrieges so überzeugt von einem schnellen Sieg, dass sie es, anders als im Herbst 1939, gar nicht eilig hatten, sondern eine Zeitlang erwogen, den Angriffstermin noch weiter in den Sommer hinauszuschieben.

Das lässt sich nur mit der militärischen Hybris erklären, die alle Planer und Strategen erfasst hatte. Die praktisch ununterbrochene Serie deutscher Erfolge, in so kurzer Zeit und in so eindrucksvoller Art und Weise, hatte nicht nur Hitler und seine Paladine, sondern auch fast alle Militärs zu der Auffassung gebracht, dass der Siegeszug weitergehe und die Überlegenheit der Wehrmacht unwiderstehlich sei. Brauchitsch rechnete am 30. April 1941 mit einer Feldzugsdauer von bis zu vier Wochen; und die Schätzungen der anderen Militärs schwankten zwischen neun und längstens 17 Wochen.

Wie wenig man die Problematik des ganzen Unternehmens durchdacht hatte, lässt sich an der mangelnden Planung der Transport- und Nachschubführung ablesen. Schon vor 1939 hatte der Akzent der operativen Beweglichkeit des Heeres ganz auf der Ausrüstung mit Panzern und Kraftwagen gelegen, während der Eisenbahnsektor vernachlässigt worden war. Diese latente Krise war in den Feldzügen vor »Barbarossa« verdeckt geblieben. Auf Grund der gigantischen Räume musste sie jetzt akut werden, wenn es nicht gelang, eine zügige Entscheidung zu erzwingen.

Für die erste, nach der Planung kriegsentscheidende Phase bis zum Erreichen der Linie Dnjepr-Düna hatte man ganz auf den Primat der motorisierten, straßengebundenen Nachschubführung gesetzt. Dabei wurde nicht in Rechung gestellt, in welchem Zustand und in welchem Umfang man die russischen Eisenbahnstrecken und Lokomotiven übernehmen konnte. Man erwartete, die notwendige Umspurung der russischen Breitspurbahnen auf die engere deutsche Spurweite zügig bewerkstelligen zu können. Zur Versorgung der Truppe in den nachfolgenden weiträumigen Operationen war eine Kombination von Lastwagen und Eisenbahn vorgesehen, wobei der Eisenbahn nun die Rolle des Hauptnachschubträgers zukam. Hier traten im Herbst 1941 gewaltige, nicht vorhergesehene Probleme auf. Zum einen erwies sich die deutsche Hoffnung als Trugschluss, große Teile der russischen Bahnen übernehmen zu können. Umfangreiche Räumungs- und Vernichtungsaktionen der Sowjets sowie der Abzug ihrer Lokomotiven machten diese Erwartung zunichte. Zum anderen war die Herbeiführung von deutschem Eisenbahnmaterial sowie die Umspurung der Strecken in großem Maßstab notwendig, wofür sowohl die Materialgrundlage wie das Personal fehlten.

Die Folge war, dass große Distanzen zur Versorgung der Front nur schwer und langsam überbrückt werden konnten. Die Auswirkungen dieser Transport- und Versorgungskrise waren schwerwiegend. Schon um die Wende vom August zum September war absehbar, dass bei der »Heeresgruppe Mitte« die zur Verfügung stehende Transportkapazität nicht einmal für den laufenden Verbrauch ausreichte, so dass die östlich von Smolensk stehende Truppe in ihrer Offensivkraft erheblich gelähmt wurde. Ab diesem Zeitpunkt war man nicht mehr in der Lage, alle drei Heeresgruppen gleichzeitig und gleichgewichtig zu versorgen. Man musste Schwerpunkte bilden und Prioritäten setzen. Das war der strukturelle Hintergrund für den oft als kriegsentscheidend angesehenen Befehl Hitlers, die Offensive gegen Moskau zugunsten einer Schwerpunktsetzung im Süden zurückzustellen.

Auch die Anfang Oktober beginnende Großoffensive auf Moskau, die Operation »Taifun«, war auf Grund dieses Versorgungsengpasses mit einem erheblichen Risiko belastet. Wenn keine schnelle Entscheidung eintrat, musste die Nachschubproblematik für ein Steckenbleiben des Angriffs sorgen. Mit Einsetzen der Schlammperiode ab Mitte Oktober brach die motorisierte Nachschubführung dann vollkommen zusammen. Der einzige Nachschubträger war die Eisenbahn, die hinter den Anforderungen immer weiter zurückblieb. Die Krise der Nachschubführung war also nicht primär witterungsbedingt. Entscheidend war, dass es sich um eine Strukturkrise der Versorgung handelte.

Wie eindimensional das Unternehmen angelegt war, lässt sich auch daran ermessen, dass sowohl materiell wie personell jegliche Reserven für den Ostkrieg fehlten. Dieser Umstand musste zu Tage treten, wenn der deutsche Angriffsschwung erlahmte und der Tross des Heeres stecken blieb. Das »Rüstungsprogramm B« für das Heer vom September 1940 war so unvollkommen umgesetzt worden, dass ein Engpass in der Versorgung mit Rüstungsgütern drohte, falls der Feldzug nicht nach Plan verlief.

Nach dem Sieg über Frankreich hatte man die der Rüstungsindustrie zugeführten Soldaten wieder abgezogen, so dass ein Mangel an Arbeitskräften herrschte. Gravierender war, dass man sowohl bei den Kraftfahrzeugen für die Nachschubführung als auch bei der Pulver- und Sprengstofferzeugung etwa 30 Prozent hinter den veranschlagten Planzahlen herhinkte. Die volle Menge an Munitionsausstoß konnte erst Anfang 1942 erreicht werden. Unter den rund 600 000 Fahrzeugen, die nach Russland rollten, befanden sich 2000 verschiedene Typen, so dass zur Instandhaltung etwa eine Million verschiedener Ersatzteile nötig waren. Auch auf dem Rüstungssektor galt: Die sich ergebenden Folgen für den Nachschub konnten nur in einem kurzen Waffengang bewältigt werden. Tatsächlich war bereits im November die Kampfkraft der Panzerverbände auf ein Drittel abgesunken; und bei den Transportkolonnen des Ostheeres war nur noch ein Siebtel der Fahrzeuge einsatzbereit. Nicht minder schwerwiegend war der personelle Notstand. Zu Beginn des Feldzuges erreichte die Zahl der unabkömmlich Gestellten die Rekordziffer von fünf Millionen Mann. Die personellen Verluste der Wehrmacht konnten nur im Zeitraum Juli/August voll ausgeglichen werden. Schon für die Septemberverluste stand nur ein Ersatzheer von 46 000 Mann zur Verfügung. Ende November fehlten dem Ostheer bereits mehr als 300 000 Mann.

Zu den genannten Umständen trat hinzu, dass Hitler in seiner »Weisung Nr. 32b« vom 14. Juli 1941 im Überschwang der ersten militärischen Erfolge eine Ausweitung des Krieges für 1942 auf den außereuropäischen Raum angeordnet hatte, um sich für den Entscheidungskampf gegen die USA und gegen England zu wappnen.[1] Dies hatte einen Stopp der Panzerfertigung und eine Umorientierung der Rüstung auf Luftwaffe und Marine zur Folge. Von Juli bis Dezember 1941 ging die Produktion von Heereswaffen um ein knappes Drittel zurück. Die Konsequenz war, dass die Zahl der ausgefallenen Panzer durch die Neuproduktion nicht wieder wettgemacht werden konnte, obwohl bereits Anfang September 1941 mehr als die Hälfte der Panzer des Ostheeres nicht mehr einsatzbereit war. Das Blitzkriegskonzept musste also entweder im ersten Anlauf gelingen, oder der Feldzug war zum Scheitern verurteilt.

»Barbarossa« als Ausrottungs- und Ausbeutungskrieg

Gründlicher als bei der operativen Anlage des Feldzuges gingen Hitler und seine Helfer bei der Planung des Unternehmens »Barbarossa« als Vernichtungs- und Ausbeutungskrieg zu Werke. Die in den Monaten bis zum 22. Juni 1941 getroffenen Maßnahmen betrafen die Ausmerzung des »jüdischen Bolschewismus« sowie Vorkehrungen zur rigorosen Ausplünderung und Sicherung des zu erobernden Raumes. In einer Ansprache vom 30. März machte Hitler den Wehrmachtbefehlshabern klar, dass der Feldzug ganz anders verlaufen werde als alle bisherigen. Es handle sich um einen »Kampf zweier Weltanschauungen«, in dem es um die Vernichtung des »Bolschewismus, ist gleich asoziales Verbrechertum«, und um die physische Ausrottung seiner Träger, »der bolschewistischen Kommissare und der kommunistischen Intelligenz«, gehe.[2] Damit war der Akzent für ein Vernichtungsprogramm gesetzt, aus dem sich unter Mithilfe und Duldung der Wehrmacht hinter der Front eine Mordaktion größten Stils entwickelte.

Die »Richtlinien auf Sondergebieten zur Weisung Nr. 21« an die Oberbefehlshaber der Wehrmachtteile vom 13. März legten fest, dass der »Reichsführer SS« im Operationsgebiet des Heeres »selbständig und in eigener Verantwortung« Sonderaufgaben durchführen werde, »die sich aus dem endgültig auszutragenden Kampf zweier entgegengesetzter politischer Systeme ergeben«.[3] Damit wurde die Basis für die Betätigung von »Einsatzgruppen« der Sicherheitspolizei und des SD geschaffen, um die rassisch und politisch »unerwünschten Elemente« – also Juden und das kommunistische Führungskorps – zu liquidieren. Anders als im Polenfeldzug hatte die Wehrmachtführung dies nunmehr ausdrücklich akzeptiert. Gemäß dem »Wagner-Heydrich-Abkommen«, das der Oberbefehlshaber des Heeres am 28. April unterfertigte, waren die vier »Einsatzgruppen« autorisiert, im rückwärtigen Heeresgebiet weitgehend selbständig zu operieren. Nach den »Ereignismeldungen UdSSR« brachten sie bis zum November 1942 dort durch Massenerschießungen und unter dem Deckmantel der »Bandenbekämpfung« mehr als 824 000 Personen um.

Um das völkerrechtswidrige Vorgehen gegen die sowjetische Zivilbevölkerung auch bei den Soldaten zu legitimieren, wurde am 13. Mai ein Erlass Hitlers »Über die Ausübung der Kriegsgerichtsbarkeit im Gebiet Barbarossa« herausgegeben.[4] Er bestimmte, dass Straftaten von Zivilpersonen gegen die Wehrmacht nicht von Kriegsgerichten, sondern von der Truppe selbst geahndet werden sollten. Freischärler waren »im Kampf oder auf der Flucht schonungslos« zu »erledigen«, und »tatverdächtige Elemente« konnten nach Entscheidung eines Offiziers »liquidiert« werden. Gegen Ortschaften, aus denen die Truppe »hinterhältig oder heimtückisch« angegriffen wurde, waren »kollektive Gewaltmaßnahmen« zu ergreifen, »wenn die Umstände eine rasche Feststellung einzelner Täter« nicht ermöglichten. Straftaten von Wehrmachtsangehörigen gegen Landeseinwohner sollten nur dann kriegsgerichtlich verfolgt werden, »wenn es die Manneszucht oder die Sicherung der Truppe erfordert«. Das kam einem Freibrief zur Missachtung der Grundsätze des Völker- und Kriegsrechts gleich, denn willkürliches und grausames Verhalten gegen »feindliche Zivilpersonen« wurde vom Verfolgungszwang ausgenommen, auch dann, wie es hieß, »wenn die Tat zugleich ein militärisches Verbrechen oder Vergehen« war. Brauchitsch und Halder, die durch diese Art von Selbstjustiz eine »Verwilderung der Truppe« befürchteten, gaben dieser Anordnung eine dämpfende Interpretation in Gestalt des so genannten »Disziplinarerlasses« vom 24. Mai, in dem es hieß, dass der Gerichtsbarkeitserlass »auf schwere Fälle der Auflehnung« feindlicher Zivilisten beschränkt sei. Leichtere Verfehlungen sollten durch »Behelfsmaßnahmen« (vorübergehendes Festsetzen bei knapper Verpflegung, Anbinden, Heranziehung zu Arbeiten) geahndet werden.[5]

Zwei Wochen vor Beginn des Feldzuges, am 6. Juni, wurden die Richtlinien zur »Behandlung politischer Hoheitsträger« erlassen. Der so genannte »Kommissarbefehl« bestimmte, dass Kommissare und Funktionäre der Roten Armee von den Kriegsgefangenen sofort abzusondern seien. Der nächste Offizier mit Disziplinarstrafgewalt habe »die Erschießung sogleich anzuordnen und durchführen zu lassen«.[6] Erläuternd hierzu hieß es in den »Mitteilungen für die Truppe« vom Juni 1941: »Was Bolschewiken sind, das weiß jeder, der einmal einen Blick in das Gesicht eines der Roten Kommissare geworfen hat. [...] Es hieße, die Tiere beleidigen, wollte man die Züge dieser zu einem hohen Prozentsatz jüdischen Menschenkinder tierisch nennen. Sie sind die Verkörperung des Infernalischen. [...] In der Gestalt dieser Kommissare erleben wir den Aufstand des Untermenschen gegen edles Blut.«[7]

In die Planung für die Ausbeutung des Ostraums flossen neben ideologischen Beweggründen auch pragmatische Überlegungen ein. Die gigantischen Entfernungen im Operationsgebiet, die Nachschubproblematik sowie die relativ geringen Sicherungskräfte im rückwärtigen Heeresgebiet legten die rücksichtslose Versorgung der Truppe aus dem eroberten Territorium nahe. Zweitens diktierte die chronische Rohstoff- und Nahrungsmittelknappheit im Reich eine rigorose Ausplünderungspolitik, um die dortigen Ressourcen der eigenen Kriegswirtschaft zuzuführen, die Engpässe im Rüstungssektor zu überwinden und den Konsens der »Heimatfront« aufrechtzuerhalten. Drittens hatte sich seit den Tagen der Besetzung Russlands durch die kaiserliche Armee 1917/18 die Bevölkerung dort derart rapide vermehrt, dass sich Getreide- und Nahrungsmittelüberschüsse im großen Stil nur dann requirieren ließen, wenn man die völkerrechtlich vorgeschriebenen Versorgungsbedingungen über Bord warf und die Verelendung von Stadt- und Landbewohnern bewusst in Kauf nahm. Zentral für die Konzeption eines Beutekrieges war schließlich auch Hitlers Ziel, sich durch die Eroberung eines deutschen »Indiens« für den erwarteten »Kampf der Kontinente« gegen England und die USA zu wappnen, wofür er in Erwartung eines kurzen Feldzuges auf dem Rüstungssektor bereits die Weichen gestellt hatte.

All diese Faktoren bestimmten die Planungen des »Wirtschaftführungsstabes Ost«, der mit dem OKW eine Geopolitik des Hungers ins Werk setzte. Als Grundsätze der wirtschaftlichen Ausbeutung legte man am 2. Mai 1941 fest: »1. Der Krieg ist nur weiter zu führen, wenn die gesamte Wehrmacht im 3. Kriegsjahr aus Russland ernährt wird. 2. Hierbei werden zweifellos zig Millionen Menschen verhungern, wenn von uns das für uns Notwendige aus dem Land herausgeholt wird.«[8] Das stellte darauf ab, die agrarischen Überschussgebiete in Russland von den Zuschussgebieten gezielt abzuriegeln, damit die Bevölkerung der großen Städte der Verelendung zu überantworten und die »Abwanderung eines großen Teils der Menschen aus den bisherigen Zuschußgebieten nach Osten«[9] voranzutreiben. Bei einer Besprechung auf der Wewelsburg sprach Himmler dies deutlich aus: »Zweck des Rußlandfeldzuges [ist] die Dezimierung der slawischen Bevölkerung um 30 Millionen.«[10]

Auch das Massensterben sowjetischer Kriegsgefangener wurde bewusst einkalkuliert. Die Sowjetunion hatte weder die Haager Landkriegsordnung von 1907 noch die Genfer Kriegsgefangenenkonvention von 1929 unterzeichnet. Das lieferte die Handhabe für Verpflegungssätze unterhalb des Existenzminimums, für Lager, in denen wegen fehlender Sanitätsversorgung, mangelnder

Hygiene und nicht vorhandenem Witterungsschutz zahllose Krankheiten grassierten und grauenhafte Verhältnisse, bis hin zu Kannibalismus, herrschten. Mehr als drei der insgesamt 5,5 Millionen sowjetischer Gefangener überlebten den deutschen Gewahrsam nicht. Weitere 600 000 fielen der Kooperation zwischen der Wehrmacht und den »Einsatzgruppen« zum Opfer.

Die Ziele dieser unmenschlichen Ausplünderungs- und Hungerstrategie wurden nur auf der ideologischen, nicht aber auf der wirtschaftlichen Seite erreicht. Wenn man als Vergleichsmaßstab die Lieferzusagen an Rohstoffen heranzieht, die die Sowjetunion im Januar 1941 Deutschland gemacht hatte, dann ergibt sich, dass die deutsche Kriegsbeute bis zum Frühjahr 1942 nur bei Mineralöl, Manganerz und Getreide in etwa gleich auf lag. Mit Ausnahme von Fett, Fleisch, Häuten und Fellen, die durch das massenhafte Abschlachten von Tieren beigebracht wurden, rangierten alle anderen Ausbeutungsgewinne nicht über denen, die die kaiserliche Armee im Ersten Weltkrieg in Russland unter Beachtung des Völkerrechts erzielt hatte.

Mit diesen Weichenstellungen war die Grenze zwischen militärischer, ideologischer und ökonomischer Kriegführung aufgehoben; und dies öffnete einem Genozid-Krieg im Osten Tür und Tor. Die Gründe für die Mittäterschaft der Wehrmacht und ihrer Führung sind mannigfaltig. Ein Faktor von Gewicht war das Selbstverständnis der Offiziere als rein funktionale Elite und ihr militanter Antikommunismus. Man nahm entweder die jeder militärischen Tradition Hohn sprechende neue Qualität der Rechtlosigkeit des Krieges einfach hin oder man verschanzte sich hinter tradierten Feindbildern. Als der Chef des Wehrmachtführungsstabes im OKW, Alfred Jodl, in Nürnberg zum »Kommissarbefehl« vernommen wurde, sagte er das, was fast alle dachten: »Auch wir standen gewissermaßen unter dem Einfluss dessen, was eine Literatur der ganzen Welt seit 1917 über den Bolschewismus geschrieben hatte, und einige Erfahrungen hatten wir, wie z. B. aus der Räterepublik in München, auch.«[11] Ein zweiter Faktor war die fortschreitende Korrumpierung durch die Komplizenschaft mit dem Nationalsozialismus, die mit zunehmender moralischer Skrupel- und Bedenkenlosigkeit einherging. Bis zum Vernichtungskrieg im Osten lässt sich diese Tendenz der moralischen Abstumpfung und des Verfalls der ethischen Werte feststellen. Hatte der preußische »Eisenfresser«, Feldmarschall Yorck von Wartenburg, seinen Soldaten in den »Befreiungskriegen« 1813 beim Ausmarsch aus Berlin noch eingeschärft, dass »edles, menschliches Betragen selbst gegen den Feind« ein höherer Wert sei als Tapferkeit, Draufgängertum und Manneszucht, so war es nun nicht mehr weit, bis ein anderer Feldmarschall auf die Vorhaltungen seines Ordonnanzoffiziers, vor dem Stabsquartier würden russische Zivilisten umgebracht, antwortete: »Ziehen Sie die Vorhänge zu.«[12]

Ein dritter Faktor war die Erwartung eines kurzen Krieges und die Betrachtung der Sowjetunion als »rechtsfreies Territorium«. Deshalb zog man sich auf die Ebene einer rein operativen und logistischen Vorbereitung des Feldzuges zurück; deshalb stellte man keine Überlegungen über die dauerhafte Verwaltung des besetzten Gebietes an, sondern rechnete mit einer baldigen Übernahme durch die Zivilverwaltung; und deshalb begrub man alle Streitigkeiten zwischen OKH und Himmlers Einheiten aus dem Polenfeldzug und nahm den Einsatz mobiler Mordkommandos hin, ohne eine echte Kontrolle auf diese ausüben zu können. Schließlich ist zur Erklärung der Einbeziehung der Wehrmacht in den Vernichtungskrieg auch auf den Umstand zu verweisen, dass sich die Schere zwischen Erwartung und Wirklichkeit im Osten besonders weit öffnete.

Die Barbarisierung der Kampfführung war auch Folge und Reaktion auf die hier herrschenden Rahmenbedingungen: die riesigen Entfernungen, das tückische Gelände, die Knappheit der Mittel an Personal, Nahrung und Material, den zähen und hartnäckigen Widerstand der Roten Armee, deren brutale Kampfmethoden und die nie in den Griff zu bekommende »zweite Front« des Partisanenkrieges.

Der militärische Verlauf von »Barbarossa« bis Dezember 1941

Der deutsche Aufmarsch, »der größte [...], den die Welt bisher gesehen hat«, wie Hitler sagte, umfasste etwa drei Viertel des gesamten Heeres: mehr als drei Millionen Mann, gegliedert in 153 Divisionen mit 3648 Panzern und Sturmgeschützen sowie 2500 Flugzeugen. Zu den drei Heeresgruppen, »Nord« (von Leeb), »Mitte« (von Bock) und »Süd« (von Rundstedt), traten als Hilfstruppen 600000 Finnen, Ungarn, Slowaken und Rumänen. Dieser Streitmacht standen 149 Divisionen der Roten Armee sowie die vierfache Zahl an Panzern und die dreifache Anzahl an Flugzeugen gegenüber.

»Barbarossa« begann am 22. Juni 1941 um 3.15 Uhr ohne Kriegserklärung. In der Note, die in Moskau übergeben wurde, hieß es, die Sowjetunion sei »mit ihren gesamten Streitkräften an der deutschen Grenze sprungbereit aufmarschiert.« Man habe sich deshalb entschlossen, der deutschfeindlichen Politik »mit allen zur Verfügung stehenden Machtmitteln entgegenzutreten«.[13] Bereits am ersten Tag vernichtete die Luftwaffe mehr als 1800 sowjetische Flugzeuge, und die deutschen Armeen stürmten schnell vorwärts. Anfang Juli war eine Linie erreicht, die von Riga zur Südspitze des Peipus-Sees, von dort über Polozk und Rogatschew bis zu den Pripet-Sümpfen und südlich davon entlang der Flüsse Slutsch und Zbrutsch zum Dnjestr verlief. Am 3. Juli schrieb Generalstabschef Halder triumphierend in sein Tagebuch, der Feldzug sei »innerhalb 14 Tagen gewonnen« worden. Nur die Zähigkeit der Sowjets und die Weite des Raumes würden die deutschen Kräfte »noch viele Wochen beanspruchen«.[14]

Dieser verfrühte Optimismus blendete die Tatsache vollkommen aus, dass bislang nur die »Heeresgruppe Mitte« erhebliche Kräfte der Roten Armee in zwei Kesselschlachten bei Bialystok und Minsk hatte einschließen können, wobei 324000 Gefangene gemacht und 330 Panzer sowie 1800 Geschütze erbeutet worden waren. Bereits in diesen Anfangswochen wurde ersichtlich, dass dieser Feldzug nicht so verlaufen würde wie die bisherigen. Mehrere Gründe waren hierfür ausschlaggebend. Die bislang so erfolgreich angewandte Taktik – das Vortreiben von Panzerkeilen und die Umfassung des Gegners von den Flanken her – erbrachte zwar Einzelsiege, konnte aber keine Entscheidung erzwingen. Die Sowjets kämpften auch in aussichtsloser Lage weiter und zwangen die deutschen schnellen Verbände zu verlustreichen Kämpfen nach mehreren Seiten. Zweitens zeigte sich bald, dass die Rote Armee trotz der hohen Verluste immer wieder in der Lage war, neue Verbände aufzustellen. Hinzu kam, dass Stalin am 3. Juli 1941 zum Partisanenkrieg hinter den deutschen Linien aufgerufen hatte, was sich als sehr wirksam erwies, zumal die Wehrmacht nicht als Befreier vom russischen Joch auftrat, sondern als Eroberer. Drittens verursachten der ununterbrochene Einsatz des Materials sowie die Überwindung enormer Entfernungen inmitten von Staub und Schlamm einen ungeheuren Materialverschleiß und den Ausfall von Panzern und Fahrzeugen. Er war durch die Reserven nicht zu ersetzen. Ein übriges tat viertens die Nachschubproblematik, da die meist zerstörten Eisenbahnlinien durch die notwendige Umnagelung der russischen Spurweite für die Transporte der Wehrmacht zunächst weitgehend ausfielen.

An diesen Problemen konnten auch die großen Erfolge im August 1941 nichts ändern. Am 8. August ging die Kesselschlacht der »Heeresgruppe Süd« bei Uman zu Ende. Dabei wurden die 6. und 12. sowjetische Armee zerschlagen und an die 100 000 Gefangene, 300 Panzer und 850 Geschütze eingebracht. Von dort aus stieß die »Heeresgruppe Süd« in Richtung auf den Dnjeprbogen vor, den sie bis zum 26. August von Tscherkassy bis zur Mündung ins Schwarze Meer besetzte. Auch die »Heeresgruppe Mitte« konnte im August erfolgreiche Kesselschlachten schlagen. Am 5. August wurden bei Smolensk mehr als 310 000 Gefangene gemacht, 3 200 Panzer und fast eben so viele Geschütze erbeutet. Durch ihren Stoß nach Südosten auf Gomel zwang sie die Sowjets, den zwischen ihr und der »Heeresgruppe Süd« stehenden Keil aufzugeben, so dass die beiden bislang nördlich und südlich der Pripet-Sümpfe getrennt operierenden Heeresgruppen am Dnjepr eine zusammenhängende Front bilden konnten. Die »Heeresgruppe Nord« besetzte bis Ende August das Baltikum, nahm Reval und kesselte im September Leningrad, bis auf einen schmalen Versorgungskorridor über den Ladogasee, ein.

Mitte August klang die vorläufige Bilanz der Wehrmachtführung schon erheblich gedämpfter. »In der gesamten Lage«, so Halder, »hebt sich immer deutlicher ab, daß der Koloß Rußland [...] von uns unterschätzt worden ist. [...] Wir haben bei Kriegsbeginn mit etwa 200 feindlichen Divisionen gerechnet. Jetzt zählen wir bereits 360. [...] Und wenn ein Dutzend zerschlagen wird, dann stellt der Russe ein neues Dutzend hin.«[15]

Ende des Monats, als sich das Nachschubproblem in aller Schärfe stellte und absehbar war, dass die Rote Armee im ersten Anlauf nicht zu besiegen war, kam es zu einem Konflikt zwischen Hitler und dem OKH über die weitere Schwerpunktsetzung der deutschen Operationen. Brauchitsch und Halder traten für einen Angriff an der Frontmitte gegen Moskau ein. Sie wollten die dort zum Schutz der Hauptstadt konzentrierte Masse der Roten Armee schlagen und das Moskauer Industriezentrum und damit den zentralen Verkehrsknotenpunkt ausschalten. Strategisch argumentierten sie, dass die sowjetische Verteidigung in zwei Operationsräume aufgespalten würde. Hitler dagegen war ganz auf das kriegswirtschaftliche Potential der Sowjets konzentriert. Deshalb favorisierte er, die Entscheidung an den Flügeln der Front zu erzwingen. Im Norden sollte Leningrad, eine wichtige Produktionsstätte für Panzer, genommen werden, um eine direkte Land- und Eisenbahnverbindung zu Finnland herzustellen, die sowjetische Flotte ihres Stützpunktes zu berauben und sie in der Ostsee auszuschalten. Die kriegswichtigen schwedischen Erztransporte sollten damit gesichert werden. Die »Heeresgruppe Süd« sollte die Krim besetzen, um die rumänischen Ölfelder vor der Bedrohung aus der Luft zu schützen, die Getreidegebiete der Ukraine, das Industrie- und Kohlerevier im Donezbecken erobern und die sowjetische Ölzufuhr aus dem

Kaukasus abschnüren. Damit setzte er sich durch. Seine Weisung vom 21. August bestimmte, dass die »Heeresgruppe Mitte« vor Moskau so lange zur Verteidigung überzugehen und die anderen beiden Heeresgruppen mit ihren schnellen Panzerverbänden zu unterstützen habe, bis Leningrad eingeschlossen und die starken, im Raum Kiew stehenden Kräfte der Roten Armee vernichtet waren, um freie Bahn für ein Vorgehen auf Charkow und Rostow zu erhalten. Widerstrebend beugte sich das OKH diesem Befehl. Man befürchtete zu Recht, dass die Sowjets die Atempause nutzen würden, um die Verteidigung vor Moskau so stark auszubauen, dass die so genannte Operation »Taifun« vor dem Winteranbruch nicht mehr gelingen würde.

Ende September brachen die beiden Heeresgruppen »Mitte« und »Süd« durch eine gemeinsame Zangenbewegung östlich von Kiew die gesamte sowjetische Südwestfront auf und brachten 665 000 Gefangene, 884 Panzer und 3 700 Geschütze ein. Jetzt erst gab Hitler den Befehl, das Unternehmen »Taifun« zu starten, das am 2. Oktober aus dem Raum nordostwärts Smolensk bis Orel begann. In seiner Proklamation an die Soldaten sprach er von »der letzten großen Entscheidungsschlacht«, vom »letzten gewaltigen Hieb, der noch vor Einbruch des Winters diesen Gegner zerschmettern soll«.[16] Am nächsten Tag verkündete er im Berliner Sportpalast unter brausendem Jubel: »Ich spreche das erst heute aus, weil ich es heute sagen darf, daß dieser Gegner bereits gebrochen und sich nie mehr erheben wird.«[17] Die Offensive gegen Moskau begann wieder mit zwei erfolgreichen Umfassungsschlachten. Die Doppelschlacht bei Wjasma und Brjansk erbrachte bis zum 20. Oktober 673 000 Gefangene, 1 240 erbeutete Panzer und 5 400 Geschütze. Damit war die Zahl der sowjetischen Kriegsgefangenen auf über drei Millionen angestiegen, während sich die Verluste des deutschen Ostheeres (einschließlich Verwundeter und Vermisster) auf 561 727 Soldaten beliefen (16,6 Prozent von 3,4 Millionen Mann). Die Gefangenen wurden zum größten Teil dem Verhungern ausgeliefert. Entscheidend war die von der Wehrmachtführung angeordnete bewusste Dezimierungspolitik. Ihre Behandlung änderte sich erst, als ab 1942 ein Einsatz als Arbeitskräfte in der deutschen Kriegswirtschaft erforderlich wurde.

Während Hitler am 7. Oktober die Annahme einer Kapitulation Moskaus untersagte, blieb der deutsche Vormarsch in der einsetzenden Schlammperiode bald liegen. Die Sowjetregierung und das diplomatische Korps wurden derweil nach Kuibyschew an die Wolga ausgelagert. Der in Moskau verbliebene Stalin organisierte die Abwehrschlacht und ließ aus Sibirien für den Winterkampf ausgerüstete Truppen heranführen. Inmitten von Regen und Schlamm, was nur noch die Bewegung von Kettenfahrzeugen und Pferdegespannen zuließ, so dass Nachschub und Treibstoff knapp wurden und der Einsatz der Luftwaffe behindert war, kämpfte sich die »Heeresgruppe Mitte« bis Ende Oktober bis zur Linie Kalinin-Moshaisk-Kaluga-Tula an die sowjetische Hauptstadt heran. Von 31 Transportzügen, die Bocks Heeresgruppe täglich benötigte, trafen nur noch 16 ein.

Mitte November begann mit dem Einsetzen des Frostwetters die zweite, entscheidende Phase von »Taifun«. Die Panzerspitzen kamen von Westen bis auf 50 Kilometer, im Norden nach Überschreiten des Moskwa-Wolchow-Kanals bis auf 30 Kilometer an Moskau heran. Am 1. Dezember meldete Bock, dass nur noch kleine Erfolge zu erwarten seien. Der Zeitpunkt sei »nahe [ge]rückt, in dem die Kraft der Truppe erschöpft ist«.[18] Hinter dieser Meldung stand ein Kälteeinbruch mit Temperaturen von 30 bis 50 Grad minus. Die Motoren und Waffen versagten, die Erfrierungen der für den Winterkampf nicht ausgerüsteten Truppen überstiegen die Kampfverluste. »Taifun« war damit Anfang Dezember gescheitert.

Auch die beiden anderen Heeresgruppen hatten ihre Ziele nicht erreichen können. Im Norden gelang es nicht, Leningrad zu nehmen und damit eine Verbindung zur finnischen Front herzustellen. Im Süden hatte die Schlacht am Asowschen Meer Mitte Oktober wieder mehr als 100 000 Gefangene eingebracht, und im November konnten die Krim, bis auf die Festung Sewastopol, sowie die Ukraine bis zur Linie östlich Charkow-Rostow eingenommen werden. Aber damit waren die Kräfte durch Schlamm, Nachschub- und Treibstoffmangel zu erschöpft, um die Ziele – die Donlinie und Stalingrad – angehen zu können. Am 8. Dezember musste Hitler an der gesamten Ostfront den Übergang zur Verteidigung befehlen. Zwei Tage vorher war die sowjetische Winteroffensive angelaufen. Die bereits geschlagen geglaubte Rote Armee erzielte tiefe Einbrüche in die deutschen Linien und umzingelte mehrere Verbände, die aus der Luft versorgt werden mussten. Diese Einschließungen waren auch eine Folge der Weigerung Hitlers, die Truppe auf rückwärtige Stellungen zurückzunehmen. In seinem »Halte-Befehl« vom 16. Dezember ordnete er an, die erreichte Linie in »Igelstellungen« auf Biegen und Brechen zu verteidigen, um die Offensive im Frühjahr wieder aufzunehmen. »Das OKH ist kaum mehr Briefträger«, schrieb Halder resignierend in sein Tagebuch[19] – eine Anspielung darauf, dass Brauchitsch sein Amt niedergelegt und Hitler am 19. Dezember selbst den Oberbefehl über das Heer übernommen hatte. Am selben Tag wurde von Bock als Kommandeur der »Heeresgruppe Mitte« durch von Kluge ersetzt. Selbst die so erfolgreichen Panzergeneräle Guderian und Hoepner, die sich dem »Halte-Befehl« widersetzt hatten, wurden abberufen, Hoepner sogar aus der Wehrmacht ausgestoßen.

Anfang Dezember 1941 war damit folgende Lage eingetreten. Erstens war der »Blitzkrieg« auf der ganzen Linie gescheitert. Die Wehrmacht hatte zwar nicht ihre Fähigkeit zur Offensive verloren. Aber ihr bisheriges Siegesrezept, die Überraschung und Umzingelung des Gegners, war dahin. Zweitens war es nicht gelungen, das Wirtschaftspotential der Sowjetunion entscheidend zu treffen. Deren Gesamtindustrieproduktion ging zwar im folgenden Jahr im Vergleich zu 1940 um ein Viertel zurück. Aber die Verlagerung von mehr als 1500 Rüstungsbetrieben in den Osten führte dazu, dass im gleichen Zeitraum der Produktionsausstoß der Rüstungsindustrie um 86 Prozent nach oben schnellte. Drittens waren die personellen und materiellen

Verluste der Wehrmacht so gravierend, dass ihre geschrumpfte Kampfkraft für absehbare Zukunft nur noch eine Offensive an einem von drei Frontabschnitten zuließ. Das Beste, was zu erwarten stand, war ein langer, Kräfte zehrender Hinhaltekrieg, der für den in Aussicht genommenen Westkrieg keine hinlängliche Schlagkraft mehr übrig ließ.

Die Kriegserklärung an die USA

Im Morgengrauen des 7. Dezember 1941 überfielen die Japaner unter Admiral Isoroku Yamamoto die Pazifikflotte der USA in Pearl Harbor auf Hawaii. 2 403 amerikanische Soldaten wurden getötet, die Japaner verloren 55 Mann. Noch am Tag des Angriffs telefonierte Präsident Roosevelt mit Churchill. »Sie haben uns in Pearl Harbor überfallen. Jetzt sitzen wir alle im gleichen Boot.«[20] Das war der Satz, auf den Churchill seit seinem Amtsantritt gehofft hatte. »Kein Amerikaner wird es mir übel nehmen, wenn ich gestehe«, so schrieb er, »daß es mir zur größten Freude gereichte, die USA an unserer Seite zu wissen. [...] Ich wußte, die USA waren im Krieg, auf Leben und Tod engagiert. Damit hatten wir gesiegt! [...] Befriedigt und erfüllt von Aufregung und Gefühlsstürmen ging ich zu Bett und schlief den Schlaf des Geretteten und Dankbaren.«[21]

Ähnlich hätte auch Hitlers Reaktion ausfallen können. Er war von dem bevorstehenden Angriff nicht informiert worden, und dieser befreite ihn fürs erste von dem Dilemma, angesichts der fehlgeschlagenen Offensive im Osten, die deutschen Kräfte an zwei Fronten aufspalten zu müssen. Der neue Konfliktherd lenkte die USA und England vom Geschehen auf dem Kontinent ab und band deren Kräfte im Pazifikraum. Stattdessen fällte Hitler die rätselhafteste Entscheidung des ganzen Krieges: Er erklärte den USA den Krieg. Aus dem Dreimächtepakt ergab sich weder eine vertragliche noch eine moralische Verpflichtung, an der Seite der Japaner in den Krieg gegen die USA einzutreten, denn ein amerikanischer Angriff lag nicht vor. Die Quellen lassen keinen Rückschluss auf die Motive des Entschlusses zu. Will man sich nicht mit einer Erklärung abfinden, die Hitler »Größenwahn, selbstmörderischen Realitätsverlust und Spiel mit der Existenz des Deutschen Reiches«[22] unterstellt, so bleibt nur, aus dem situativen Umfeld der Entscheidung die Motive herauszupräparieren.

Demnach war das Kalkül vorherrschend, dass ein schneller Zusammenbruch Japans und damit die Konzentration der gesamten amerikanischen Kriegsmacht gegen Deutschland nur verhindert werden konnte, wenn man die USA in einen »Zwei-Ozean-Krieg« zwang, der sie nötigte, ihre Kräfte aufzuspalten. Hitler hatte die bisher verfolgte Politik gegenüber den USA aufgegeben. Dafür waren zwei Gründe maßgebend. Zum einen herrschte zwischen Deutschland und den USA längst ein unerklärter »Schießkrieg«. Am 7. Juli 1941 hatten amerikanische Marinetruppen Island besetzt und dort die seit Mai 1940 stationierte englische Besatzung abgelöst. Roosevelt begründete diese Maßnahme mit der Notwendigkeit, die Lieferungen von Kriegsmaterial nach England zu sichern, und befahl den Geleitschutz bis Island. Island lag im deutschen Operationsgebiet für den uneingeschränkten U-Bootkrieg, der am 25. März 1941 bis an die Ostküste Grönlands ausgedehnt worden war. Deshalb waren Zusammenstöße mit amerikanischen Geleitschiffen nur noch eine Frage der Zeit, obschon sich die U-Boote bemühten, Hitlers Weisung zur Vermeidung von Zwischenfällen mit amerikanischen Schiffen zu befolgen. Im September 1941 war die nächste Eskalationsstufe erreicht worden. Als Reaktion auf das Gefecht zwischen einem amerikanischen Zerstörer und einem deutschen U-Boot hatte Roosevelt am 11. September die so genannte *shoot-on-sight-order* verfügt. Die US-Marine konnte auf jedes Kriegsschiff der Achsenmächte in Seegebieten schießen, deren Schutz für die Verteidigung Amerikas notwendig war, ohne einen Angriff abzuwarten. Die USA waren damit vom Status der »Nichtkriegführung« zum unerklärten »de-facto-Kriegszustand« mit Deutschland übergegangen. Tatsächlich blieben die von

Roosevelt beabsichtigten Zusammenstöße mit deutschen Schiffen nicht aus. Der Kongress hatte daher im November Roosevelts Antrag auf Abänderung des Neutralitätsgesetzes von 1939 zugestimmt. Ab jetzt durften auch amerikanische Handelsschiffe die Häfen kriegführender Staaten anlaufen, um das zeitraubende Umladen auf britische Schiffe zu vermeiden. Damit war klar: Der offene Kriegszustand zwischen Deutschland und den USA war nur noch eine Frage der Zeit.

Der zweite Faktor von Gewicht war das Bestreben, Japan als aktiven Verbündeten gegen die USA zu gewinnen. Seit Anfang Dezember bemühte sich Tokio bei den Achsenmächten um die Zusage militärischer Unterstützung im Falle eines amerikanisch-japanischen Krieges. Dies bedeutete einen Paradigmenwechsel des Dreimächtepakts von der Defensive zur Offensive. Unter der Bedingung, dass sich auch die Japaner zum Kriegseintritt verpflichteten, falls zwischen den Achsenmächten und den USA der Kriegszustand eintrete, erklärte sich Hitler dazu bereit. Zwei Tage vor Pearl Harbor, am 5. Dezember 1941, lag der Vertragsentwurf fertig vor, konnte aber nicht unterzeichnet werden, da Hitler für drei Tage an die Ostfront geflogen war. Ribbentrop erfuhr am Abend des 7. Dezember aus dem englischen Rundfunk, was in Pearl Harbor geschehen war. Als Botschafter Hiroshi Oshima am nächsten Tag die Meldung bestätigte, teilte ihm der Reichsaußenminister mit, dass Hitler bereits am Morgen der Kriegsmarine den Angriff auf alle amerikanischen Schiffe freigegeben habe. Am Nachmittag des 11. Dezember wurde dem amerikanischen Geschäftsträger in Berlin die Kriegserklärung überreicht. Ohne Bezugnahme auf Verpflichtungen gegenüber Japan führte sie amerikanische Neutralitätsverletzungen und die militärischen Maßnahmen im Atlantik an. Hitler verkündete sie vor dem Reichstag, beschimpfte den US-Präsidenten als »Provokateur« und machte »die Absicht der Juden und ihres Franklin Roosevelt [...], einen Staat nach dem anderen allein zu vernichten«, verantwortlich für den Krieg.[23] Am selben Tag unterzeichneten die Dreierpaktmächte ein Abkommen, das die

Verpflichtung enthielt, den Krieg gemeinsam bis zum Ende zu führen und »ohne volles gegenseitiges Einverständnis« keinen Waffenstillstand oder Frieden zu schließen.[24]

Die Kriegserklärung an die USA war eine von der Situation erzwungene »Flucht nach vorn«. Sie sollte der Wirkung einer möglichen Kriegserklärung der USA an Deutschland zuvorkommen und den Eindruck erwecken, als habe Hitler auch diesen Schritt einkalkuliert. Damit war aus dem europäischen Krieg ein Weltkrieg geworden, und damit hatte sich Deutschlands Situation weiter verschlechtert. Schon Ende 1942 erreichte die Gesamtproduktion der USA die der Dreierpaktmächte. Zwei Jahre später betrug sie das Doppelte. War die deutsche Flugzeugproduktion im Jahre 1944 auf 40 000 Maschinen gestiegen, so produzierten allein die USA 96 000 Flugzeuge. Seit 1943 übertraf auch die jährliche amerikanische Panzerproduktion mit 29 000 Stück die deutsche, die trotz aller Anstrengungen von Albert Speer nie mehr als 22 000 erreichte. Bis Ende Mai 1945 lieferten die Amerikaner den Sowjets rund 13 000 Panzer, 15 000 Flugzeuge, 427 000 Lastwagen, 50 000 Jeeps, mehr als zwei Millionen Tonnen Stahl und 420 000 Tonnen Aluminium. Das Heer der USA, das 1939 nur 338 000 Mann zählte, wurde 1942 auf drei, 1943 auf sieben und bis Kriegsende auf 8,3 Millionen Mann vergrößert.

Die Entstehung der »Anti-Hitler-Koalition«

Die Geburtsstunde der »Großen Allianz« gegen Hitler, wie Churchill sie nannte, lag schon weit vor dem Angriff auf Pearl Harbor. Gut zwei Wochen nach dem Beginn von »Barbarossa« hatte die erste der so genannten »Kriegskonferenzen« stattgefunden: die »Atlantikkonferenz«. Vor der Bucht von Placentia in Neufundland trafen Roosevelt und Churchill vom 9. bis 12. August 1941 zusammen. Sie stellten die Weichen für die Zukunft. Dies betraf die Organisation der materiellen Hilfe an England und den so genannten *plan dog*. Im Falle einer Verwicklung der USA in einen Krieg gegen die Dreierpaktmächte sollte Deutschland als der gefährlichste Gegner zuerst besiegt werden. In der »Atlantik-Charta« vom 14. August 1941[25] wurden die Kriegs- und Friedensziele festgelegt: keine Erweiterung der eigenen Gebiete oder Einflusssphären; keine Gebietsänderungen, »die nicht mit den frei erklärten Wünschen der beteiligten Völker im Einklang stehen«; das Recht aller Völker, die »Regierungsform zu wählen, unter der sie leben wollen«, und die Wiederherstellung der »souveränen Rechte« der unterworfenen Länder; für alle Nationen gleichen Zugang zu den Rohstoffen und Märkten der Welt; die Zusammenarbeit aller Nationen auf wirtschaftlichem Gebiet und die Freiheit der Meere (*open door*); die Entwaffnung der Aggressorstaaten, eine allgemeine Abrüstung sowie die Schaffung eines »umfassenderen und festen Systems, das den Frieden der Völker sichert« (UNO). Zwei Tage zuvor hatten Roosevelt und Churchill eine Botschaft an Stalin gerichtet und ihm Verhandlungen über eine materielle Unterstützung der Sowjetunion vorgeschlagen. Damit hatten sich die USA, noch bevor sie in den Krieg eingetreten waren, der Koalition angeschlossen, die schon zwischen London und Moskau bestand.

Am Abend des deutschen Angriffs auf die Sowjetunion hatte Churchill in einer Rundfunkansprache den Willen zum Ausdruck gebracht, »Hitler und jede Spur des Nazi-Regimes zu vernichten«.[26] Er hatte von der Solidarität des Kampfes gesprochen, die England und die Sowjetunion zusammenbinde, und Stalin jede nur mögliche Hilfe angeboten. Erst am 9. Juli 1941 zeigte sich Stalin bereit, die ausgestreckte Hand zu ergreifen. Drei Tage später wurde zwischen Moskau und London ein Abkommen geschlossen. Auf Stalins ausdrücklichen Wunsch enthielt es die Verpflichtung, mit Deutschland weder Verhandlungen zu führen noch einen Waffenstillstand oder Friedensvertrag abzuschließen. Außerdem sagten sich die Partner Unterstützung jeder Art zu. Bis zum Oktober lieferte London kriegswichtiges Material, vor allem 450 Jagdflugzeuge, nach Russland. Auch die USA änderten ihre Russlandpolitik schlagartig. Am 24. Juni wurden die eingefrorenen sowjetischen Guthaben in den USA freigegeben, und Roosevelt verkündete, dass es nicht im Interesse der Sicherheit der USA liege, im deutsch-sowjetischen Krieg eine Neutralitätserklärung nach dem Muster von 1939 abzugeben. Am 7. November 1941 wurde die Sowjetunion offiziell in das amerikanische Leih- und Pachtprogramm einbezogen, durch das sie bis Kriegsende Lieferungen im Wert von elf Milliarden Dollar, rund ein Drittel der England gewährten Unterstützung, erhalten sollte.

Die militärische Zusammenarbeit innerhalb dieser von Hitler zusammengeführten Gemeinschaft war allerdings wenig konkret. Eine abgestimmte Koalitionskriegführung gab es nur zwischen England und den USA, nicht aber mit der Sowjetunion. Auf der ersten echten »Kriegskonferenz«, die vom 22. Dezember 1941 bis zum 14. Januar 1942 in Washington (»Arcadia«) stattfand, trafen Roosevelt und Churchill folgende Entscheidungen: Trotz Pearl Harbor hielt man an dem Grundsatz des »Europe and Germany First« fest; für die strategische Planung wurde ein gemeinsamer Generalstab, das *Combined Chiefs of Staff Committee* errichtet; und es wurde vereinbart, für jeden Kriegsschauplatz einen gemeinsamen Oberbefehlshaber zu ernennen. Mit der Sowjetunion gab es keine vergleichbaren Regelungen. Außer der Mitteilung über Umfang und Zeitpunkt der geplanten Operationen kam es zu keinerlei Planung oder Abstimmung. Dafür waren zwei Gründe maßgebend. Zum einen verweigerten die Sowjets Angaben über ihre Produktion und die Stärke ihrer Streitkräfte. Zum anderen verhinderte ihr tief sitzendes Misstrauen über die wahren Absichten der neuen Partner eine echte militärische Koordination. Eine große Rolle spielte hier der Komplex der Eröffnung einer Entlastungsfront im Westen des Kontinents.

Dieses Problem der zweiten Front wurde zum wichtigsten Spaltpilz innerhalb der Koalition mit politisch-territorialen Rückwirkungen. Am 18. Juli 1941 war die erste Anregung von Stalin an Churchill ergangen, in Nordfrankreich und im Nordmeer eine Front gegen Hitler zu eröffnen. Erst nach knapp drei Jahren erfolgte am 6. Juni 1944 dann die Durchführung von »Overlord«, der Landung in der Normandie. Ausschlaggebend für diese Verschiebung waren zwei Faktoren: die objektiven logistischen und materiellen Schwierigkeiten, die der Errichtung einer zweiten Front entgegenstanden, sowie die zwischen Amerikanern und Briten umstrittene Schwerpunktsetzung.

Die schon Ende Mai 1942 an Molotow gegebene Zusage Roosevelts, noch in diesem Jahr eine zweite Front auf dem Kontinent zu errichten, scheiterte am Zögern Londons. Die Amerikaner traten schon 1942 für die Erkämpfung von Brückenköpfen um Brest und Cherbourg ein, während Churchill eine Landung in Französisch-Nordwestafrika und in Nordnorwegen favorisierte. Im Herbst 1942 wurde daraus die so genannte Operation »Torch«, die Invasion in Marokko und Algerien, wo im Januar 1943 die Konferenz von Casablanca stattfand. In Casablanca trat der US-Generalstab für eine Landung in Nordfrankreich im Frühjahr oder Sommer 1943 ein. Die Briten optierten stattdessen für einen Abnutzungskrieg gegen die Achsenmächte im Mittelmeerraum, um damit den Erfolg einer Invasion in Frankreich sicherzustellen. Dies führte zu der im Mai 1943 auf einer Konferenz in Washington (»Trident«) gefällten Entscheidung, zunächst in Süditalien eine Front zu errichten, die freilich für die Sowjets wenig Entlastungswert hatte. Die Operation »Husky« begann am 10. Juli 1943.

Seit Casablanca trug sich Churchill mit dem Gedanken einer Front auf dem Balkan. Damit hoffte er mehrere Ziele zu erreichen: von Südosten aus die »Festung Europa« aufzurollen, die Donau- und Balkanländer zum Frontenwechsel zu veranlassen und einem Vorstoß der Sowjets über Polen bis zur Ostsee einen Riegel vorzuschieben. Erst der Widerstand der Türkei, die Stützpunkte verweigerte, und die von Stalin geäußerten Bedenken, die von Roosevelt unterstützt wurden, brachten Churchill davon ab. Er entschied sich schließlich für eine Luftoffensive gegen deutsche Großstädte, die als Alternative zur Invasion im Westen geplant wurde und als Palliativ für die Sowjets gedacht war. Erst auf der Konferenz von Quebec (»Quadrant«) vom 14. bis 28. August 1943 setzte man somit den Beginn von »Overlord« auf den 1. Mai 1944 fest, und dies wurde mit Stalin Ende des Jahres in Teheran auch so vereinbart.

Die Tatsache, dass das Molotow gegebene Versprechen mehr als zwei Jahre uneingelöst blieb, während die Sowjetunion die Hauptlast des Krieges gegen Deutschland tragen musste, hatte weitreichende politisch-strategische Rückwirkungen. Mehrfach streckte Stalin Friedensfühler zu Hitler aus und bot Separatfriedensverhandlungen an. Ob dies nur ein taktisches Mittel war, um den Druck auf die Westmächte zu verschärfen, wie die Zeitpunkte dieser Initiativen nahe legen, oder ob es sich um echte Versuche handelte, mit den Deutschen konkret ins Geschäft zu kommen, ist bis heute eine offene Frage. In jedem Falle leitete Stalin aus der Verzögerung der Entlastungsfront das Recht ab, sich als alleiniger Sieger über Hitler zu fühlen. Dies gab ihm die Berechtigung, den osteuropäischen Raum nach eigenen Vorstellungen ohne Einmischung des Westens zu ordnen. Umgekehrt galt, dass auf den »Kriegskonferenzen« von Teheran, Jalta und Potsdam der Anspruch der Westmächte auf ein Mitspracherecht in Osteuropa nur am Verhandlungstisch vorgebracht, nicht jedoch machtpolitisch untermauert werden konnte. Bereits im August 1943 ging ein Memorandum des US-Generalstabs davon aus, dass die Sowjetunion nach dem Krieg eine beherrschende Stellung auf dem Kontinent einnehmen werde. Russland müsse, so die Folgerung, jeglichen Beistand erhalten, und es müsse alles aufgeboten werden, um es zum Alliierten und Freund zu gewinnen. Dies war der Hintergrund für Roosevelts zuvorkommende Haltung gegenüber Stalin. Aber die Verschiebung der zweiten Front unterminierte Roosevelts Goodwill-Signale an Stalin, der sich, statt den amerikanischen Versprechungen zu glauben, lieber auf die Macht der Roten Armee verließ.

Auch mit der politischen Zusammenarbeit der Koalition war es nicht weit her. Es gab weder einen gemeinsamen Vertrag, der alle drei Partner band, noch konnte jemals das gegenseitige Misstrauen überwunden werden, das sich einerseits aus den gegensätzlichen, global definierten Ideologien, andererseits aus der Vorgeschichte dieser heterogenen Koalition ergab. Sowohl London wie Moskau hatten in den 1930er Jahren bei Hitler antichambriert, und erst Hitlers Aggression hatte sie zusammengeführt. Was es gab, das waren Separatverträge zwischen den Mächten und Gipfelkonferenzen der »Großen Drei«, die allesamt im sowjetischen Machtbereich stattfanden: Ende 1943 in der sowjetischen Botschaft in Teheran; im Februar 1945 in Jalta auf der Krim im Zarenpalast von Livadia und schließlich im Juli / August 1945 im Potsdamer Schloss Cecilienhof.

Die Etappen der politischen Vereinbarungen begannen im Jahre 1942. Am 1. Januar unterzeichnete die Sowjetführung gemeinsam mit den anderen kriegführenden alliierten Staaten die »Deklaration der Vereinten Nationen« und bekannte sich damit zu den Grundsätzen der »Atlantik-Charta«. Ende Juli 1941 hatte sie in einem Abkommen mit der polnischen Exilregierung die mit Deutschland geschlossenen Verträge über Polen für ungültig erklärt. Dies bedeutete keineswegs, dass Stalin auf Territorialgewinne und die weiträumige Absicherung des sowjetischen Vorfeldes verzichten wollte. Ein erstes Indiz hierfür war, dass das polnisch-sowjetische Abkommen vom Juli 1941 die Grenzen eines wiederzuerrichtenden polnischen Staates offenließ. Ein zweites Indiz kam im Mai 1942 hinzu, als Molotow in London über einen Bündnisvertrag mit England verhandelte. Churchill war bereit, Stalin aus der Beute der mit Hitler geschlossenen Verträge zumindest die baltischen Staaten zuzugestehen. Aber die Amerikaner warnten, dass sie keinen Vertrag anerkennen würden, der durch territoriale Abmachungen die »Atlantik-Charta« verletzte. Sie wollten alle territorialen Fragen einer Friedenskonferenz überantworten. Der englisch-sowjetische Bündnisvertrag vom 26. Mai 1942 enthielt daher keine territorialen Abmachungen. Er sollte für 20 Jahre gelten und sah neben dem Verzicht auf einen Separatfrieden den gegenseitigen militärischen Beistand bei einem deutschen Angriff »in der Nachkriegszeit« vor. Ferner verpflichteten sich die Partner zur freundschaftlichen Zusammenarbeit nach dem Krieg und versprachen, »weder nach territorialen Erweiterungen für sich selbst zu streben noch sich in die inneren Angelegenheiten anderer Staaten einzumischen«.[27] Dieses Abkommen wurde am 11. Juni 1942 durch einen amerikanisch-sowjetischen Vertrag ergänzt. Er enthielt so gut wie keine politischen Vereinbarungen. Lediglich die Fortsetzung der materiellen Hilfeleistung – unter Verschiebung einer Festlegung von sowjetischen Gegenleistungen – war vorgesehen. Dafür verpflichtete sich die Sowjetunion in ganz allgemeiner Form, zur Verteidigung der USA beizutragen, was nach Lage der Dinge nur die Unterstützung gegen Japan bedeuten konnte.

Ein Grundsatz, auf den sich alle drei Partner einigten, war die im Januar 1943 bei der Konferenz von Casablanca zwischen Roosevelt und Churchill aus der Taufe gehobene Forderung nach »bedingungsloser Kapitulation« der Feindmächte. Sie sollte den Sowjets, die der Formel am 1. Mai 1943 beitraten, die Gewähr geben, dass man entschlossen war, den Kampf bis zum Ende zu führen und zugleich eine neue »Dolchstoßlegende« verhindern helfen. Die »Anti-Hitler-Koalition« war also nicht mehr als ein kriegsbedingtes Zweckbündnis. Aber sie verfügte gegenüber den Achsenmächten und Japan über ein erdrückendes Potential. Schon 1941 übertraf ihre Rüstungsproduktion diejenige der Dreierpaktstaaten um das Doppelte. Zwei Jahre später betrug diese das Dreifache. Die Koalition hatte die Seeherrschaft im Atlantik und Pazifik inne, sie verfügte über gewaltige personelle Ressourcen, und Rohstoffe sowie Nahrungsmittel für einen modernen Krieg besaß sie im Überfluß.

Friedenskonzeptionen der »Anti-Hitler-Koalition«

Die in der »Anti-Hitler-Koalition« gehandelten Friedensvorstellungen konnten unterschiedlicher nicht sein. Dies galt auch für die Zielsetzungen Londons und Washingtons. Während die Briten ganz darauf setzten, dem sowjetischen Vordringen nach Mitteleuropa Zügel anzulegen, indem man rechtzeitig territoriale Absprachen traf, lehnten die Amerikaner eine solche vorzeitige Festlegung ab. Noch im Oktober 1944 eilte Churchill im Rahmen der »Operation Tolstoy« nach Moskau und versuchte, Stalin auf einen bizarren Prozentdeal festzulegen, indem er auf einen Zettel Einflusszonen und Einflussgewichte in Südosteuropa notierte und diesen mit Stalin paraphierte. Auch im Rahmen der in London tagenden *European Advisory Commission*, die Vorschläge für die Neuordnung Europas machen sollte, versuchten die Briten mehrmals, bindende territoriale Abmachungen zu treffen. All dies scheiterte an der starren amerikanischen Position. Washington wies seinen Vertreter an, lediglich die Kapitulationsurkunde, die Modalitäten des alliierten Kontrollrats sowie die als temporär verstandenen Besatzungszonen in Deutschland und Berlin auszuarbeiten.

Dahinter stand das, was man »Pax Americana« genannt hat. Ihr grundlegendes Element waren die *lessons of the past* – die Lehren aus der Vergangenheit. Man war bestrebt, die Fehler Wilsons nicht zu wiederholen und keinesfalls zum Isolationismus der Zwischenkriegszeit zurückzukehren. Zum einen betraf dies die so genannte *aggression past*. Nach dem Dafürhalten der US-Planungsstäbe im State Department hatten der Idealismus von Wilsons Friedensprogramm, die Schwächen des Versailler Vertrages, die Impotenz der Pariser Friedensordnung und der Rückzug der USA aus der politischen Verantwortung das Entstehen der autoritären und totalitären Regime der Zwischenkriegszeit befördert. Hier musste man den Hebel ansetzen, für »bedingungslose Kapitulation« der Aggressoren sorgen, dem Selbstbestimmungsrecht der Völker auf breiter Basis zum Durchbruch verhelfen und eine neue, verbesserte Weltorganisation schaffen.

Die zweite Lehre war die der »*depression past*«. Die Weltwirtschaftskrise mitsamt ihren sozialrevolutionären und politisch radikalen Implikationen sowie der nationale Hochprotektionismus hatten das Modell der Demokratie in Europa zum Einsturz gebracht. Deshalb musste man das Prinzip der globalen *open door* sowie die Idee der »*economic reconstruction*« auf breiter Front durchsetzen. Konkret hieß dies: Friedenssicherung durch weltwirtschaftliche Kooperation und Freihandel, gemäß der Formel, dass wirtschaftliche Prosperität politisches Wohlverhalten fördere und eine Barriere gegen politischen Radikalismus darstelle. Im Jahre 1944 erarbeitete die Konferenz von Bretton Woods unter amerikanischer Federführung die neuen Strukturen der Weltwirtschaft: ein Weltwährungssystem mit festen Wechselkursen und dem Dollar als Leitwährung sowie den *International Monetary Fund* und die Weltbank mit zwei Kassen, die Kredite zum Wiederaufbau vergeben konnten und Anleihen an Staaten, um diese instand zu setzen, die festen Paritäten einzuhalten.

Die dritte Lehre lautete: Die Geheimabsprachen der Alliierten während des Ersten Weltkrieges hatten das Prinzip des Selbstbestimmungsrechts der Völker unterminiert und Wilsons Friedensprogramm zu Fall gebracht. Dagegen setzte man die *policy of postponement*. Sie lief auf die Blockierung aller politischen und territorialen Absprachen über die Nachkriegsordnung schon während des Krieges hinaus und verpflichtete die Partner auf den Grundsatz des »unpolitischen Sieges«. Dahinter standen auch tagespolitische Erwägungen. Zum einen wollte man die amerikanische öffentliche Meinung – vor allem die für die Demokratische Partei wichtigen osteuropäischen Wählergruppen – nicht verprellen, indem man die sowjetische Dominanz vorzeitig anerkannte. Zum anderen wollte man das Wohlwollen des Senats, der den UNO-Beitritt ratifizieren musste, nicht verlieren. Der dritte Grund war, dass man sich über die Behandlung Nachkriegsdeutschlands keineswegs einig war.

Bis zum Frühjahr 1945 befehdeten sich die Befürworter eines »Karthagofriedens« und die Verfechter eines *reconstruction peace*. Zur ersten Gruppe gehörten der Präsident sowie vor allem Henry Morgenthau, der Finanzminister, der Deutschland als unwandelbares Erzübel der Weltgeschichte ansah. Zur zweiten Gruppe zählten Außenminister Cordell Hull, fast das gesamte State Department sowie Kriegsminister Henry Stimson. Im

Cabinet Committee on Germany legte Morgenthau im September 1944 als 14-Punkte-Programm seinen Deutschlandplan vor, der die Überschrift trug:»Programm, das Deutschland hindern soll, einen dritten Weltkrieg zu entfesseln«.[28] Dieser »Morgenthau-Plan« sah die vollständige Entmilitarisierung Deutschlands in Form einer kompletten Zerstörung der Rüstungsindustrie und aller Zulieferbetriebe vor, ein Verbot von Uniformen und Militärparaden sowie die Beschlagnahmung allen Kriegsgerätes. Ein zweiter Punkt war die staatliche Zergliederung Deutschlands (»*dismemberment*«). Dies betraf die Westverschiebung Polens, die Abtretung des Saargebietes und der Gebiete zwischen Rhein und Mosel an Frankreich, die Internationalisierung der Ruhr, des Rheinlandes und des Raumes um Kiel, wobei alle Industrieanlagen zu demontieren und alle Bergwerke zu schließen waren, sowie die Errichtung von zwei selbständigen deutschen Staaten: einen süddeutschen Staat mit Bayern, Württemberg, Baden, verbunden in einer Zollunion mit Österreich, sowie einen norddeutschen Staat mit Preußen, Sachsen und Thüringen. Mit Blick auf die zu leistenden Reparationen waren keine jährlichen Zahlungen oder Sachlieferungen vorgesehen, sondern Industriedemontage, Zwangsarbeit und Beschlagnahmung des gesamten deutschen Eigentums außerhalb der Grenzen von 1937.

Morgenthau trat ferner für die Festschreibung eines niedrigen Bildungsniveaus ein. Bis auf weiteres sollten alle höheren Schulen sowie Universitäten geschlossen werden. Nur Volksschulen waren zugelassen. Massenmedien sollten erst nach der Erarbeitung geeigneter Kontrollmaßnahmen erlaubt werden. Hinzu trat eine politische Dezentralisation mit föderativ organisierten Länderregierungen und einem hohen Maß an lokaler Autonomie sowie die Kontrolle der deutschen Wirtschaft für die Dauer von 20 Jahren durch die UNO. Um die bestehenden Sozialstrukturen zu zerschlagen, votierte der Plan für eine Boden- und Agrarreform. Der Großgrundbesitz sollte zerschlagen und unter den Bauern aufgeteilt werden, Primogenitur (Unteilbarkeit des bäuerlichen Erbes) und der Fideikomiss (Unveräußerlichkeit des

Erbes) waren aufzuheben. Nach Bestrafung der Kriegsverbrecher sollte die Verantwortung für die Kontrolle Deutschlands bei anderen Staaten (Sowjetunion, Frankreich, Holland, Belgien, osteuropäische Staaten) liegen, so dass die US-Truppen nach kurzer Zeit abgezogen werden konnten und die Briten gar nicht tangiert waren.

Dagegen meldeten Stimson und Hull Widerspruch an. Der »Morgenthau-Plan« war nach ihrem Dafürhalten ein Verbrechen gegen die Zivilisation. Sie argumentierten, dass eine solche Entindustrialisierung Deutschlands schwerwiegende Folgen für die wirtschaftliche Prosperität Gesamteuropas haben werde. Die vorgesehene Autarkie auf dem Agrarsektor werde zu Massenverelendung und Auswanderung führen. Damit sei jeder Versuch einer Demokratisierung Deutschlands zum Scheitern verurteilt, und man führe die Prinzipien der »Atlantik-Charta« ad absurdum. Weil Roosevelt diese Kritik nicht teilte, nahm er zur anstehenden Konferenz mit Churchill in Quebec nicht etwa Hull, sondern dessen Gegenspieler Morgenthau mit. Dort wurde der Plan, der zunächst von Eden und Churchill abgelehnt worden war, am 15. September 1944 als Diskussionsgrundlage akzeptiert, nachdem Morgenthau die Briten mit einem Kredit in Höhe von 6,5 Milliarden Dollar geködert hatte. Allerdings verschwand der Plan bald wieder in der Versenkung. Durch eine Indiskretion aus dem Finanzministerium gelangte er im September in die Öffentlichkeit. Goebbels sprach vom »jüdischen Mordplan«, und die Reaktionen der US-Presse waren sechs Wochen vor den Präsidentschaftswahlen durchwegs negativ. Der Plan wurde deshalb nicht dem Senat zur Beratung zugeleitet und ad acta gelegt. Am 20. Oktober lehnte Roosevelt jede konkrete Deutschlandplanung ab, setzte in der Folge die Direktive »JCS 1067« durch, wonach Deutschland als besiegtes und nicht als befreites Land behandelt werden sollte, und unterband alle Instruktionen für die *European Advisory Commission* in London.

Die Planungen des State Department für die Behandlung Nachkriegsdeutschlands, die zwischen November 1944 und Januar

1945 vorgelegt wurden, blieben daher vorerst in der Schwebe. Erst unter dem neuen Präsidenten Harry Truman, der Morgenthau Anfang Juli 1945 zum Rücktritt zwang, gewannen sie an Bedeutung. Sie liefen auf die Wiedereingliederung eines demokratischen Deutschland in die Gemeinschaft der Nationen hinaus, um einen nationalen Revanchismus wie nach dem Ersten Weltkrieg zu verhindern. In einem Hauptgutachten wurde eine Besatzungspolitik der USA, Englands und der Sowjetunion vorgeschlagen. Die Aufgaben der Militärregierung umfassten die Entmilitarisierung, die Beseitigung des NS-Regimes, die Übernahme der Regierungsgewalt und die Kontrolle über die Massenmedien und die Kultur. Als Ziel auf lange Sicht wurden eine deutsche Selbstregierung und der Aufbau einer föderalistischen Struktur anvisiert. Es sollte keine Kriegsschuldklausel und keine Teilung geben. Die Grenzen von 1937 sollten wiederhergestellt werden. Für Polen war allerdings die Odergrenze vorgesehen. In einem Memorandum über die Wirtschaftspolitik gegenüber Deutschland waren die Demontage der Kriegsindustrie, die Einschränkung von Schlüsselindustrien sowie die Umstellung der Industrie auf Friedensproduktion geplant. Die Wirtschaftsautarkie sollte beseitigt werden und Deutschland in ein liberales System des Welthandels integriert werden. Ein drittes Gutachten beschäftigte sich mit der Reparationspolitik. Für eine begrenzte Zeit sollte den Deutschen ein niedriger Lebensstandard als Strafmaßnahme verordnet werden. Die Reparationen sollten materiell begrenzt und zeitlich eng befristet werden, was nach dem Ersten Weltkrieg nicht geschehen war. Die Wiedergutmachungsleistungen sollten aus dem Produktionsüberschuss und mit dem Einsatz deutscher Arbeitskräfte im Ausland erfolgen. Es war also kein Geldtransfer vorgesehen, sondern es sollte Sachleistungen für längstens fünf Jahre geben.

Der erste bekannte Entwurf einer »Pax Sovietica« wurde Ende November 1941 den Briten vorgelegt: ein Vertragsentwurf zur »Nachkriegsordnung der Welt«. Er lief auf eine Herrschaftsteilung auf dem Kontinent zwischen der Sowjetunion und England zu und war ein erster Fingerzeig auf Stalins Pläne, obschon zu diesem Zeitpunkt Moskau in höchster Gefahr schwebte. Im Einzelnen sah er vor: die Wiederherstellung Jugoslawiens, Österreichs, der Tschechoslowakei und Griechenlands in den Vorkriegsgrenzen; Ostpreußen sollte an Polen fallen und das Land nach Westen auf Kosten Deutschlands verschoben werden; ferner die Abtrennung des Rheingebiets und die Zergliederung Deutschlands. Die Sowjetunion reklamierte ihre Grenzen von 1941, das Memelland, Tilsit, Petsamo sowie Stützpunkte in Rumänien. Für England waren Militärbasen in Frankreich, Belgien, Holland, Dänemark und Norwegen vorgesehen.[29] Als Außenminister Eden im Dezember nach Moskau reiste, musste er auf amerikanischen Druck hin die Unterzeichnung des Vertragswerkes verweigern.

Anfang 1942 vollzog Stalin dann bis zur Jahresmitte 1943 einen taktischen Schwenk. Sein Tagesbefehl an die Truppen der Roten Armee vom 23. Februar 1942 markierte die Wende: »Die Hitler kommen und gehen, aber das deutsche Volk, der deutsche Staat bleibt.«[30] Diese Volte zur Wahrung der Einheit Deutschlands wurde begleitet von sowjetischen Friedensfühlern, die über Stockholm an die »Dienststelle Ribbentrop« liefen, jedoch auf Hitlers Veto stießen. Der Zweck bestand darin, die Westmächte zu einem stärkeren militärischen Engagement auf dem Kontinent zu veranlassen. Auch die Forcierung einer nationalen Sammlungsbewegung von Hitler-Gegnern nach der deutschen Niederlage von Stalingrad, die Gründung des »Nationalkomitees Freies Deutschland« am 12. / 13. Juli 1943, gehört hierher. Nachdem Stalin im Mai 1943 erfahren hatte, dass die Eröffnung der Normandiefront um ein Jahr verschoben wurde, berief er im Sommer sogar die Botschafter aus London und Washington ab.

Erst mit der Konferenz von Teheran begann Ende 1943 die Phase der interalliierten Solidarität. Stalins Taktik war jetzt von einer auffallenden Zurückhaltung gegenüber allen vorzeitigen konkreten Festlegungen gekennzeichnet. Die militärische Ausgangsposition wurde immer besser, die Zeit arbeitete für die

Sowjetunion, und er praktizierte eine Doppelstrategie: die Fortführung der Konsensgespräche mit den Westmächten bei gleich-
zeitiger Schaffung von vollendeten Tatsachen. Seit dem Frühjahr 1944 begannen die Führungsspitzen der kommunistischen
Parteien der Nachbarländer mit der Ausarbeitung von »Grund-
linien« für die politische Gestaltung der von der Roten Armee
besetzten Staaten. Im Oktober 1944 hatte die »Gruppe Ulbricht«
ein Aktionsprogramm für Deutschland fertig gestellt. Unter klarer Desavouierung der Arbeit der *European Advisory Commission*
sah es die revolutionäre Umgestaltung Deutschlands vor: eine
Bodenreform, die Sozialisierung der Schlüsselindustrien und
die Schaffung der Einheit der Arbeiterklasse mit einer Einheits-
partei. Um die Jahreswende 1944/45 erfolgte noch vor der Konferenz von Jalta die Bildung einer prosowjetischen provisorischen
Regierung in Polen, der bald »volksdemokratische Regimes« in
Albanien, Rumänien, Ungarn und Bulgarien folgten.

Die außenpolitische Zielprojektion Moskaus stand unter dem
Imperativ, die im Krieg errungene Stellung möglichst weiträu-
mig strategisch abzusichern und die angelsächsischen Mächte
vom Kontinent abzudrängen. Stalin stellte darauf ab, das sowjetische Kernland gegenüber der westlichen Vormacht, den USA,
in Form von drei Ringen abzuschotten. Der erste dieser Ringe
sah direkte Annexionen vor: das Baltikum, Ostpolen und einen
Teil von Ostpreußen. Der zweite bestand in der Errichtung eines »volksdemokratischen Gürtels« mit direkt abhängigen, das
heißt kommunistischen Satellitenregimen (Polen, Rumänien,
Bulgarien, Tschechoslowakei, Ungarn). Und der dritte war in
Form einer Pufferzone von Skandinavien über Mitteleuropa bis
Italien gedacht, wobei sich die hier befindlichen Staaten auf einer Zwischenstufe zwischen Kapitalismus und Kommunismus
bewegen sollten, um dem amerikanischen Einfluss zu entgehen.
Dem entsprach die nach Prioritäten abgestufte Deutschlandpoli-
tik Stalins. Als beste Lösung visierte er die Viermächtekontrolle,
die permanente Niederhaltung und die maximale Ausplünderung Deutschlands an. Mit dem »Morgenthau-Plan« hätte er gut

leben können. Die zweitbeste Lösung war die Neutralisierung Deutschlands unter strikten militärischen und ökonomischen Auflagen, wie dies dann im Jahre 1952, ein Jahr vor dem Tod des Diktators, mit den so genannten »Stalin-Noten« propagiert wurde. Die ungünstigste Lösung war die, wie sie dann tatsächlich Gestalt annahm: die Einbeziehung der sowjetischen Besatzungszone in den zweiten Ring, den volksdemokratischen Gürtel. Diese Lösung war die schlechteste aller Varianten, weil sie die unmittelbare machtpolitische Konfrontation mit den Westmächten bedeutete; weil sie ein dauerhaftes Engagement der USA auf dem Kontinent festschrieb; weil sie dem informellen Expansionismus der Sowjetunion und ihrer Machtprojektion nach Mitteleuropa hinein ein Ende setzte; und weil sie eine direkte Konkurrenzsituation zwischen den beiden gesellschaftspolitischen Systemen auf deutschem Boden schuf.

Die Kriegskonferenzen von Teheran und Jalta

Auf dem ersten Gipfeltreffen der »Großen Drei« in Teheran (28. November bis 1. Dezember 1943) wurden vor allem zwei Komplexe erörtert: die polnische und die deutsche Frage. Nach der Entdeckung des Massakers von Katyn war es im Frühjahr zum Abbruch der diplomatischen Beziehungen zwischen der polnischen Exilregierung und der Sowjetunion gekommen, die sich weigerte, eine Untersuchungskommission des Roten Kreuzes zuzulassen, und der Wehrmacht die Schuld an den Morden anlastete. Das Ziel der Westmächte war es, diesen Disput auszuräumen. Deshalb wurde die Westverschiebung Polens auf Kosten Deutschlands als Prinzip verankert. Stalin war im Gegenzug jedoch nicht bereit, die Unabhängigkeit Polens zu garantieren. De facto bedeutete dies die Anerkennung der sowjetischen Annexionen aus den Jahren 1939 bis 1941, ohne dass Stalin hierfür auf eine Gegenleistung verpflichtet worden wäre.

Mit Blick auf Deutschland wurden zwei Entscheidungen gefällt. Zum einen wurde die Oderlinie als Grenze zu Polen markiert, was eine große Umsiedlungsaktion der jenseits dieser Linie lebenden Deutschen in sich schloss. Zum anderen wurde die Aufteilung und staatliche Zersplitterung Deutschlands anvisiert.

Roosevelt legte einen Vorschlag vor, dem auch Stalin zuneigte: die Aufspaltung Deutschlands in fünf Staaten – in Preußen, in Hannover und Nordwestdeutschland, in Sachsen, in Hessen-Darmstadt, Hessen-Kassel und das Gebiet südlich des Rheins sowie in Bayern, Baden und Württemberg. Zwei weitere Gebiete sollten unter Kontrolle der UNO stehen: Kiel, der Kieler Kanal und Hamburg sowie das Ruhr- und das Saargebiet.

Churchill optierte aus historischen Gründen für eine Zweiteilung: Preußen sollte den einen Teil bilden, der andere war ein Südstaat, der Sachsen, Bayern, die Pfalz, Baden und Württemberg umfassen sollte. Schließlich wurde der ganze Komplex zur weiteren Beratung an die *European Advisory Commission* überwiesen.

Vier Wochen nach Teheran überschritt die Rote Armee am 4. Januar 1944 die russisch-polnische Vorkriegsgrenze. Churchills Anstrengungen, die polnische Exilregierung zur Anerkennung der Westverschiebung Polens zu bringen, waren ergebnislos geblieben. Man lehnte sowohl die vom gleichnamigen britischen Außenminister im Dezember 1919 vorgeschlagene »Curzon-Linie« als Ostgrenze wie auch die Oderlinie als Westgrenze ab. Stalin rief daraufhin das »Lubliner Komitee« aus polnischen Kommunisten ins Leben, das die Teheranformel akzeptierte. Als Churchill im Oktober in Moskau erschien, begleitete ihn der Chef der polnischen Exilregierung, Stanislaw Mikolajczyk. Dessen Gespräche mit dem »Lubliner Komitee« ergaben, dass die Kommunisten drei Viertel der zukünftigen Ministersitze beanspruchten. Am 24. November trat Mikolajczyk zurück. Aber auch sein Nachfolger lehnte die Teheranformel ab. Sechs Wochen später, noch vor Beginn der Jaltakonferenz, setzte Stalin das »Lubliner Komitee« als provisorische polnische Regierung ein. Alle Versuche, die polnische Unabhängigkeit zu retten, waren damit gescheitert.

Das war der Stand der Dinge, als vom 4. bis 11. Februar 1945 in Jalta die zweite Konferenz der »Großen Drei« stattfand. Die alliierten Armeen hatten zu dieser Zeit im Westen wie im Osten das Reichsgebiet erreicht, was die Herstellung einer Kooperationsbasis der Streitkräfte notwendig machte.

Die Amerikaner waren daran interessiert, die Sowjets zum Aktivwerden gegen die japanischen Truppen auf dem asiatischen Festland zu veranlassen und Luftstützpunkte in Ostsibirien als Basen für eine Bomberoffensive gegen die japanischen Inseln zu erhalten. Eine Landung amerikanischer Verbände in Japan sollte unbedingt vermieden werden. Ob die Atombombe jemals einsatzbereit sein würde und wie sich deren Wirkungen bemessen würden, war zu diesem Zeitpunkt ungewiss. Die Westmächte strebten die Revidierung der bereits eingeleiteten Sowjetisierung Osteuropas an, denn Stalin hatte die Waffenstillstände mit Rumänien (September 1944), Bulgarien (Oktober 1944) und Ungarn (Januar 1945) dazu benutzt, die Weichen in diese Richtung zu stellen. Insbesondere die USA zielten darauf ab, in Jalta für die befreiten Länder ein gemeinsames und verpflichtendes politisches Programm zu verabschieden, das demokratische Verhältnisse etablierte.

In der polnischen Frage sollte eine Klärung der gegensätzlichen Positionen herbeigeführt werden. Die Sowjetunion hatte das »Lubliner Komitee« als alleinige polnische Vertretung anerkannt, während die Westmächte an der Exilregierung festhielten. Hinzu kam der Dissens in der Grenzfrage. Seit August 1944 forderten die Sowjetunion und das »Lubliner Komitee« die Oder-Neiße-Grenze, während das State Department eine andere Position vertrat. Wenn man bestrebt sei, die polnische Unabhängigkeit zu wahren und freie Wahlen durchzuführen, so die Argumentation, dann sei weder die Oder-Neiße-Grenze noch die Oderlinie akzeptabel. Denn die Annexion breiter deutscher Gebietsteile müsse Polen zwangsläufig in Abhängigkeit von der Sowjetunion bringen. Eden und der neue US-Außenminister Edward Stettinius hatten sich bei einem Treffen in Malta (30. Januar bis 2. Februar 1945) auf eine gemeinsame Marschroute festgelegt. Danach sollte keine Anerkennung des »Lubliner Komitees« als polnische provisorische Regierung erfolgen. Vielmehr sollte in Jalta eine neue Interimsregierung in Form eines Allparteienkabinetts installiert und die Abhaltung freier Wahlen garantiert werden. In der Grenzfrage war man sich einig, dass Polen Ost- und Westpreußen, den östlichen Zipfel Pommerns sowie Oberschlesien erhalten sollte. Mit Blick auf die »Curzon-Linie« sprach sich Eden dafür aus, Lemberg an die Sowjetunion zu geben, während dieses Stettinius zufolge bei Polen verbleiben sollte. Damit hatte man eine Abkehr von der in Teheran befürworteten Oderlinie als Westgrenze Polens vollzogen. Die polnische Exilregierung hatte in einem Memorandum an die Westmächte vom 22. Januar angeboten, ein Bündnis mit Moskau abzuschließen, um auf diese Weise dem sowjetischen Sicherheitsbedürfnis Rechnung zu tragen.

Auch für Deutschland musste ein gemeinsames Programm entwickelt werden, denn die Neuregelung der Grenze zu Polen warf schwerwiegende ökonomische sowie durch die zu erwartende Vertreibung auch soziale Probleme auf. Hier hatte die *European Advisory Commission* (EAC) bereits vorgearbeitet. Sie hatte einen Entwurf der Kapitulationsurkunde erstellt, der Entwaffnung und Demokratisierung sowie die Stationierung alliierter Streitkräfte und die Kontrolle der zivilen Dienststellen in Deutschland vorsah. Die EAC hatte außerdem die künftigen Besatzungszonen in Deutschland und in Groß-Berlin abgesteckt. Demnach sollte Deutschland in den Grenzen vom 31. Dezember 1937 in drei Zonen aufgeteilt werden. Die Sowjetunion erhielt das gesamte deutsche Gebiet östlich der späteren DDR-Grenze, das heißt, auch die Gebiete jenseits von Oder und Neiße, zugeteilt. Schließlich hatte die EAC auch die Einsetzung einer interalliierten Regierungsbehörde in Groß-Berlin in Form des so genannten »Kontrollrates« vorgeschlagen, um eine gemeinsame Beschlussfassung der Militärbefehlshaber und eine einheitliche Besatzungspolitik zu gewährleisten.

Auch das Problem Frankreich sollte auf die Tagesordnung kommen. Seit September 1944 gab es in Paris eine provisorische Regierung unter General de Gaulle, und Churchill war es im November 1944 gelungen, einen französischen Vertreter in die EAC aufzunehmen. Im Dezember war de Gaulle nach Moskau gereist, um mit Stalin einen Beistandspakt gegen Deutschland abzuschließen und im Gegenzug die Anerkennung der sowjetischen Gebietsansprüche in Osteuropa zu vollziehen. In Jalta musste die zukünftige Rolle Frankreichs zwischen den Alliierten bestimmt werden.

Von all diesen Problemkomplexen kam der polnischen und der deutschen Frage die größte Bedeutung zu. Die polnische Frage wurde in sechs von acht Plenarsitzungen verhandelt. Stalin bestand auf der »Curzon-Linie« als sowjetische Westgrenze. Er hatte das starke Argument, dass diese Regelung 1919 von den Westmächten selbst vorgeschlagen worden war. Molotow legte ein 6-Punkte Programm vor, das die Grundlage der Diskussionen bildete. Es umfasste die »Curzon-Linie« sowie die Oder-Neiße-Grenze als Westgrenze Polens. Daneben sah es die Aufnahme von Emigrantenpolitikern in die bestehende polnische provisorische Regierung vor, die im Gegenzug durch die Westmächte sofort anerkannt werden sollte. Danach waren freie Wahlen vorgesehen. Nach den Gegenvorschlägen der Westmächte sollte Polen die Oderlinie, jedoch nicht die Oder-Neiße-Grenze erhalten, die sowjetische Westgrenze sollte die »Curzon-Linie« unter Einschluss Lembergs sein. Was die Frage einer Reorganisation der provisorischen Regierung anging, so sprach sich Roosevelt für die Einsetzung eines Dreierkomitees aus, das eine repräsentative polnische Regierung ernennen sollte. Anschließend sollten freie, geheime und allgemeine Wahlen für eine Nationalversammlung durchgeführt werden, die von den Botschaftern der Alliierten zu überwachen seien. Erst dann werde eine Anerkennung durch die Westmächte erfolgen.

Stalin beharrte dagegen darauf, dass nur eine Erweiterung der bestehenden polnischen Regierung durch zwei Exilpolen in

Frage komme, um Polen unter sowjetischer Kontrolle zu halten. Dieser Dissens konnte erst durch das Nachgeben der Westmächte überwunden werden. Sie akzeptierten das Prinzip, dass es keine Neubildung der polnischen provisorischen Regierung geben sollte, sondern nur eine Erweiterung des »Lubliner Komitees«. Schließlich ließen sie auch die Überwachungsformel fallen und zeigten sich bereit, die reorganisierte polnische Regierung noch vor Abhaltung freier Wahlen anzuerkennen. Die Botschafter der Westmächte hatten bei diesen Wahlen lediglich eine Berichtspflicht, keine Überwachungskompetenz. In der gleichen Sitzung warf Churchill noch einmal die Territorialfrage im Westen Polens auf. Hier war die Frage Oderlinie oder Oder-Neiße-Linie ungeklärt geblieben. Es wurde der Beschluss gefasst, dass Polen »im Norden und Westen einen beträchtlichen territorialen Zuwachs« erhalten sollte. Eine genaue Festlegung der Grenze blieb der Friedenskonferenz vorbehalten.

Damit hatte sich der sowjetische Standpunkt nahezu vollkommen durchgesetzt. Die einzig offene Frage war der Verlauf der polnischen Westgrenze geblieben. Aber hier galt: Entscheidend war die reale Machtposition in diesem Raum, und die sprach eindeutig für Stalin. Die Kompromisslösung in der Frage der Regierung änderte an dem kommunistischen Übergewicht in Polen nichts. Faktisch hatte man die polnische Exilregierung preisgegeben. Das nur notdürftig erweiterte »Lubliner Komitee« war von den Westmächten anerkannt worden, und das Prinzip der Durchführung freier Wahlen war nichts als ein Formelkompromiss, der beliebig auslegbar war und der der sowjetischen Seite alle Chancen ließ, den Wahlausgang in ihrem Sinne zu steuern. Die Westmächte hatten nur einen Erfolg erzielen können, der auf dem Papier stand: die *Declaration on Liberated Europe*. Sie verpflichtete die Alliierten auf die Achtung des Selbstbestimmungsrechts und der Demokratie gemäß der »Atlantik-Charta« und sah eine gegenseitige Beratungspflicht zur Einhaltung dieser Forderungen vor. Eine Politik vollendeter Tatsachen gegen den Willen der Bevölkerungen und gegen den der Mitglieder

der Siegerkoalition war demnach ausgeschlossen. Faktisch war diese Erklärung zwar von geringem Wert, aber im anlaufenden Kalten Krieg kam ihr eine beträchtliche propagandistische Bedeutung zu.

Die deutsche Frage kam in Jalta vor allem in der zweiten Sitzung zur Sprache, über den Reparationskomplex wurde in der sechsten und siebten Sitzung verhandelt. Gegen den Widerstand Roosevelts und Stalins, die mit Verweis auf Teheran für eine sofortige Entscheidung bezüglich einer Aufteilung Deutschlands eintraten, konnte Churchill durchsetzen, dass zur weiteren Beratung in London ein sog. *Dismemberment Committee* eingesetzt wurde. Die Frage einer Zerschlagung des Reiches war somit vom Tisch und sollte der Friedenskonferenz vorbehalten werden. Auf Churchills Antrag hin wurde aus der britischen und amerikanischen Zone eine französische Besatzungszone herausgeschnitten. Dahinter stand Roosevelts Ankündigung, dass sich die US-Truppen spätestens nach zwei Jahren aus Deutschland zurückziehen würden. Frankreich erhielt auch einen Sitz im Kontrollrat, wie Churchill dies wünschte. Hier gaben der widerstrebende Roosevelt sowie Stalin nach, der jedoch das Prinzip der Einstimmigkeit im Kontrollrat durchsetzte, was die sowjetische Vetoposition festschrieb.

Am längsten wurde über die Frage der deutschen Wiedergutmachungsleistungen verhandelt. Der von den Sowjets vorgelegte Reparationsplan sah folgendes vor. Statt in Form von Geldüberweisungen wie nach dem Ersten Weltkrieg, was das Problem der Transferierung und Konvertierung gewaltiger Zahlungen aufgeworfen und die deutsche Seite dazu veranlasst hatte, die Reparationen durch die Notenpresse zu finanzieren, sollte es jetzt »Naturalreparationen« geben. Gedacht war an zwei Formen: für die Dauer von zwei Jahren die Entnahme aus dem deutschen Nationaleigentum in Form einer Demontage von Industrieanlagen (80 Prozent der deutschen Schwerindustrie, 100 Prozent der militärischen Industrie) sowie in Form von Warenlieferungen für die Dauer von zehn Jahren. Über diese Frist hinaus sollte die gesamte deutsche Wirtschaft einer strengen Dreimächtekontrolle unterliegen. Ferner schlug der Plan die Etablierung einer Reparationskommission in Moskau vor, die ein Prioritätensystem für die reparationswürdigen Länder beschließen sollte. Die Verteilung der Reparationen sollte so geregelt werden, dass sie dem Beitrag des jeweiligen Landes zum Sieg sowie den erlittenen materiellen Verlusten entsprach. Die sowjetische Forderung wurde auf zehn Milliarden Dollar beziffert.

Über diesen Plan entspann sich ein Disput mit den Westmächten, die an die Reparationsillusionen nach dem Ersten Weltkrieg erinnerten. Es müsse unbedingt vermieden werden, so das eine Argument, dass man wieder in die Lage komme, die deutschen Reparationen zu kreditieren. Zum anderen gelte es, darauf zu achten, dass die deutsche Bevölkerung nicht verelende und man gezwungen sei, mit Steuergeldern der eigenen Bevölkerung eine Hungerkatastrophe in Deutschland zu verhindern. »Wenn man ein Pferd reiten wolle«, so Churchill, »müsse man es mit Heu und Hafer füttern«.[31] Im Ergebnis wurde in Jalta vereinbart, mit Blick auf die zweijährigen Demontagen und die jährlichen Warenlieferungen den sowjetischen Plan zu akzeptieren, wobei allerdings der Zeitraum der Entnahmen aus der laufenden Produktion offen blieb. Als Prinzip wurde der Einsatz von deutschen Arbeitskräften als Fremdarbeiter und Arbeitssklaven angenommen. Die Alliierten akzeptierten als Gesprächsgrundlage eine Gesamtsumme der deutschen Reparationen in Höhe von 20 Milliarden Dollar, wovon die Hälfte an die Sowjetunion gehen sollte.

Auf der Konferenz von Potsdam (17. Juli bis 2. August 1945) sollte sich hierüber ein heftiger Streit entwickeln. Der Anlass waren zwei Faktoren. Zum einen hatten die Sowjets den Begriff »Kriegsbeute« extensiv ausgelegt. Nach ihrer Lesart fielen nicht nur alle im Besitz der Wehrmacht befindlichen Güter darunter, sondern alle Güter mit einem militärischen Zweck, die folglich nicht auf das Reparationskonto anzurechnen waren. Der andere Konfliktpunkt betraf die eigenmächtige Abtrennung der deut-

schen Ostgebiete bis zur Oder-Neiße-Grenze durch die Sowjetunion und die Übergabe dieser Gebiete an Polen. Die Westmächte argumentierten, dass dies die Geschäftsgrundlage von Jalta
torpediert habe. Der Verlust dieser landwirtschaftlich wertvollen
Gebiete – Churchill sprach von einem Viertel des anbaufähigen
deutschen Territoriums von 1937 – werde, zusammen mit dem
Problem von mehr als acht Millionen Flüchtlingen, in den Westzonen zu der Situation führen, dass man die deutsche Bevölkerung aus eigenen Mitteln ernähren müsse. Als Ergebnis kam in
der 11. Plenarsitzung ein Paket heraus, das der amerikanische
Außenminister James F. Byrnes geschnürt hatte. Demnach sollte jede Macht ihre Reparationswünsche aus ihrer eigenen Zone
befriedigen – eine Regelung, die den Potsdamer Grundsatz der
Behandlung Deutschlands als wirtschaftliche Einheit unterlief.
Zweitens vereinbarte man die so genannte »Imports-First-Klau-
sel«: die Produktion der deutschen Wirtschaft sollte vorrangig
zur Bezahlung der lebensnotwendigen Importe verwendet werden und erst in zweiter Linie für Reparationszwecke. Dies dreh-
te den sowjetischen Standpunkt, dass die Reparationen vor der
Sicherung der deutschen Ernährungsgrundlage rangierten, um.
Drittens wurde ein Austausch der Demontage von Industriegütern im Ruhrgebiet mit Nahrungsmittellieferungen aus den
deutschen Ostgebieten vereinbart. Demnach sollten fünf Jahre
lang 15 Prozent der Industriegüter aus dem Ruhrgebiet an die
Sowjetunion und an Polen für die Gegenleistung der Lieferung
von Nahrungsmitteln und Rohstoffen gehen; weitere zehn Prozent sollten ohne Gegenleistung geliefert werden. Damit stand
der Sowjetunion zwar ein Viertel der Demontage im Ruhrgebiet
zu, ein sich daraus ergebender Anspruch war jedoch insofern
abgewehrt worden, als die letzte Entscheidung über die Demontage dem Zonenkommandeur oblag. Ein Teil des Byrnesschen
Paketes war es schließlich auch, dass die endgültige Festlegung
der polnisch-deutschen Grenze einer Friedenskonferenz vorbehalten werden sollte. Tatsächlich bestand allerdings nur Dissens
darüber, ob sich Polen von der Ostsee über die Oderlinie nach

Süden verlaufend bis zur östlichen Neiße (Glatzer Neiße) oder bis zur westlichen Neiße (Görlitzer Neiße) erstrecken sollte. Nur der britische Außenminister, Ernest Bevin, sprach sich für die Glatzer Neiße aus, während Byrnes, um die sowjetische Zustimmung zur Reparationsregelung zu erhalten, der Grenze an der Görlitzer Neiße zustimmte.

In den Vereinbarungen von Jalta hatte sich überall dort, wo reale Machtpositionen zur Entscheidung anstanden, Stalin durchgesetzt. Das galt auch für Königsberg und das nördliche Ostpreußen, das er als eisfreien Hafen für die Sowjetunion reklamierte. Aber dies hatte mit blauäugigem Nachgeben der Westmächte nichts zu tun. Auch hatte man sich nicht durch Unkenntnis der geographischen Verhältnisse in der Frage der beiden Neiße-Flüsse übertölpeln lassen. Entscheidend war das Präjudiz der tatsächlichen russischen Machtstellung in Osteuropa. Die Verschiebung der zweiten Front bis in den Juni 1944 war maßgebend. Was auf dem Schlachtfeld verloren war, konnte am Verhandlungstisch nicht rückgängig gemacht werden, zumal sich Stalin das Recht des Eroberers herausnahm: Jeder Staat, so ließ er sich intern vernehmen, führte sein System ein, soweit die Waffengewalt seiner Armeen reicht. Die Erfolge der Westmächte waren, gemessen an der dürftigen machtpolitischen Ausgangssituation und an den eigenen Interessen, die nicht deckungsgleich waren mit denjenigen der Deutschen, nicht gering: der Eintritt der Sowjetunion in den Krieg gegen Japan, die *Declaration on Liberated Europe*, die Vereinbarung über die Umbildung der polnischen Regierung und die Abhaltung freier Wahlen sowie die Offenhaltung der Frage der polnischen Westgrenze. All dies war freilich durchweg vom russischen Wohlverhalten abhängig und hätte nur um den Preis eines neuerlichen Krieges, der der eigenen Bevölkerung politisch nicht vermittelbar war, durchgesetzt werden können. Jalta war demnach nicht der »Ausverkauf Europas«. Den hatte Hitler besorgt. Jalta war die präzise Widerspiegelung der realen Machtverhältnisse auf dem Kontinent; und diese sprachen eindeutig für die Sowjetunion.

6 Von der Besetzung Europas zum totalen Zusammenbruch

Der von den Nationalsozialisten entfesselte Krieg
zerstörte weite Teile Europas und zuletzt auch das
eigene Land – hier der Reichstag in Berlin im Mai 1945.

»Wir werden also wieder betonen, daß wir gezwungen
waren, ein Gebiet zu besetzen, zu ordnen und zu sichern [...].
Es soll also nicht erkennbar sein, daß sich damit eine endgültige Regelung anbahnt! Alle notwendigen Maßnahmen – Erschießen, Aussiedeln etc. – tun wir trotzdem und können wir
trotzdem tun. [...] Grundsätzlich kommt es also darauf an, den
riesenhaften Kuchen handgerecht zu zerlegen, damit wir ihn
erstens beherrschen, zweitens verwalten und drittens ausbeuten können.«[1] So hatte sich Hitler am 16. Juli 1941 auf einer Füh-
rerbesprechung über das Herrschaftskonzept in Russland vernehmen lassen. Wie nahe er diesen Zielen kam, lässt sich daran
ermessen, dass die Verhältnisse, die während des Krieges hinter
der Front herrschten, wesentlich mehr Menschenleben kosteten
als die Kampfhandlungen an der Front selbst. Der bei weitem

überwiegende Anteil ging dabei auf das Konto der deutschen Besatzungsherrschaft im Osten. Im Westen und Norden des Kontinents zeigte das Okkupationsregime, entsprechend der unterschiedlichen Intention der Kriegführung, ein anderes Antlitz.[2]

Hier gab es kein Rassendogma, hier lagen die Dinge im Scheinwerferlicht der Öffentlichkeit und hier galt es, einen möglichen modus vivendi mit England nicht zu verderben. Während in Norwegen und in den Niederlanden jeweils ein Hitler persönlich verantwortlicher »Reichskommissar« eine Zivilverwaltung errichtete und – gestützt auf ein Kollaborationsregime – vergeblich eine »Selbstnazifierung« des Landes versuchte, begnügte man sich in Dänemark mit einer Kontrolle der Regierung durch den deutschen Gesandten.

Ganz anders verfuhr man mit Belgien und Frankreich. Belgien wurde unter einem Militärbefehlshaber mit den beiden französischen Kanaldepartements als Sprungbrett für eine Landung in England zusammengefasst und verlor die im Versailler Friedensvertrag von Deutschland abgetrennten Gebiete (Eupen-Malmedy und Moresnet). Frankreich wurde zusätzlich amputiert durch die Abtretung von Elsass und Lothringen. Hier wurden die Gauleiter von Baden bzw. der Saarpfalz zu Chefs der Zivilverwaltung und betrieben mit Hilfe einer rigiden Germanisierungspolitik die Verschmelzung dieser Gebiete mit ihren Gauen. Das Großherzogtum Luxemburg wurde dem Gau Koblenz-Trier-Birkenfeld zugeschlagen. Abgesehen von dem Kollaborationsregime in Vichy im unbesetzten Süden Frankreichs unterstand der Rest des Landes einem Militärbefehlshaber.

Obschon in diesem Gebiet, im Gegensatz zu Osteuropa, keine ideologisch motivierte Besatzung herrschte und der Kampf im Hinterland gegen die französischen Partisanen erst im Umfeld der Normandieinvasion im Sommer 1944 mit insgesamt 16 000 Toten seinen Höhepunkt erreichte, agierte das deutsche Okkupationsregime nicht völkerrechtskonform.[3] Auch hier gab es Geiselnahmen, Erschießungen von Kriegsgefangenen, Requisitionen und Plünderungen, Zwangsrekrutierungen von Arbeitskräften, Massaker an der Zivilbevölkerung und die Deportation von circa 75000 Juden. Insgesamt entsprangen diese Maßnahmen jedoch keiner systematischen Terrorstrategie. Anders als im Osten gingen diese Gräueltaten meist auf das Konto von Sicherheitspolizei, SD und Waffen-SS oder entsprangen militärischen Zwängen. Die Wehrmacht trat häufig die Verantwortung an Himmlers Schergen ab und protestierte nur vereinzelt.

Die sechs deutsch besetzten nordfranzösischen Départements durchzog die »Nordostlinie«, die sich in auffallender Weise mit der mittelalterlichen Westgrenze Deutschlands deckte, so dass der Verdacht naheliegt, dass große Teile des französischen und belgischen Territoriums in ein zukünftiges »Großgermanisches Reich« eingeschmolzen werden sollten.

Belgien und vor allem Frankreich waren auch die bevorzugten Objekte deutscher Beutepolitik im Westen. Die Reichsbahn beschlagnahmte rund die Hälfte des Eisenbahnmaterials. In Erwartung eines langen Krieges hatte man dort große Mengen von Rohstoffen gehortet, darunter mehr als zwei Millionen Tonnen Erdöl, die fürs erste die ärgsten Engpässe in der deutschen Rohstoffversorgung beseitigten. Auf Grund der britischen Blockade war aber unübersehbar, dass man, allein gestützt auf die Ressourcen der Volkswirtschaften im Westen und Norden des Kontinents, nicht in der Lage war, einen langen Krieg gegen die gewaltige Produktionskraft der angloamerikanischen Volkswirtschaften zu bestehen.

Um so dringender gestaltete sich das Bestreben, auf dem eroberten Territorium der Sowjetunion ein Besatzungsregiment zu installieren, das diesen Raum zu einem »Garten Eden« für Deutschland machen sollte, wie Hitler sagte. Dort gab es für ihn jenseits der Ausplünderung und Indienstnahme der gigantischen Rohstoffressourcen »nur eine Aufgabe: eine Germanisierung durch Hereinnahme der Deutschen [...] und die Ureinwohner als Indianer zu betrachten.«[4] Mit der Durchführung dieses Auftrages betraute er vier konkurrierende Instanzen: die »Vierjahresplanbehörde« Görings in Gestalt des »Wirtschaftsführungsstabes Ost«, den »Reichsführer SS« Himmler, die Wehrmacht sowie Alfred Rosenberg als »Reichsminister für die besetzten Ostgebiete«. Damit trat neben die menschenverachtende Komponente des Ostkrieges eine von Kompetenzchaos, ungezügeltem Machtstreben und kumulativer Radikalisierung geprägte Besatzungsherrschaft, die von vornherein jeden Ansatz verstellte, die dortige Bevölkerung, die – etwa in der Ukraine – die Deutschen als Befreier begrüßte, auf die eigene Seite zu ziehen.

In diesem Dauerkonflikt zwischen brutaler Kolonisierung und »Aufnordung« des Ostraums einerseits und dem Versuch eines differenzierten Vorgehens in der Behandlung der Bevölkerung andererseits war Rosenberg das schwächste Glied. Mit seinem Vorschlag, die Funktionäre der Roten Armee auf der mittleren und unteren Ebene vom »Kommissarbefehl« auszunehmen, drang er nicht durch. Vor allem scheiterte er mit seinem Konzept, die nationalen Autonomiebestrebungen im sowjetischen Vielvölkergebilde gegen die Moskauer Zentralgewalt auszuspielen, damit auf eine moderate Besatzungspolitik umzuschwenken und den zahlreichen Partisanengruppen den Nährboden zu entziehen.

Dies zeigte sich, als es um die personelle Besetzung der geplanten vier »Reichskommissariate« ging: »Ukraine«, »Baltenland« (einschließlich Weißrussland), »Kaukasien« und »Moskowien« (Zentralrussland), von denen nur die beiden ersten eingerichtet wurden. Zwar wurde für das »Baltenland«, jetzt »Ostland« geheißen, wie Rosenberg wünschte, der Gauleiter von Schleswig-Holstein, Hinrich Lohse, nominiert. Bormann und Göring installierten jedoch gegen Rosenbergs Widerstand in der »Ukraine« den Gauleiter von Ostpreußen, Erich Koch. Gegen die »Ostland-Idiotie« Rosenbergs steuerte Koch mit dem Gebrauch der Peitsche einen rigiden Ausplünderungs- und Germanisierungskurs, der auf die Kolonisierung der »Ukraine« mit deutschen Siedlern hinauslief.

Am 15. Juli 1941 hatte Himmler mit dem ersten Entwurf eines »Generalplans Ost« hierfür die Weichen gestellt. Vorgesehen war die Besiedlung der gesamten polnischen Gebiete, des Baltikums, Weißrusslands und Teilen der Ukraine durch Deutsche innerhalb von 30 Jahren. 31 Millionen Menschen sollten nach Westsibirien vertrieben werden, nur 14 Millionen »Gutrassige« in ihren Wohnsitzen bleiben dürfen. In der zweiten Fassung vom Juni 1942 wurden drei neu zu besiedelnde Gebiete ausgewiesen: »Ingermanland« (Petersburger Gebiet), »Gotengau« (Krim und Chersongebiet, früher Taurien) sowie das Memel-Narew-Gebiet (Bezirk Bialystok und Westlitauen).[5] Als Siedlerbesatz ging man von 3,5 Millionen Deutschen in diesen Räumen aus. Weitere rund 5,5 Millionen Siedler sollten neu herangeschafft werden.

Gleichzeitig wurde die »Endlösung der Judenfrage« in Angriff genommen. Am 21. Juli enthüllte Hitler gegenüber dem kroatischen Verteidigungsminister Kvaternik seinen Plan, die von den »Einsatzgruppen« durchgeführte Vernichtung der Juden in den eroberten sowjetischen Gebieten auf ganz Europa auszuweiten. »Wenn auch nur ein Staat aus irgendwelchen Gründen eine jüdische Familie bei sich dulde, so würde diese der Bazillenherd für eine neue Zersetzung werden.«[6] Zehn Tage später, am 31. Juli, beauftragte Göring in einem Brief Heydrich, »alle erforderlichen Vorbereitungen [...] für eine Gesamtlösung der Judenfrage im deutschen Einflußgebiet in Europa« zu treffen.[7] Damit war die Entscheidung gefallen, die Juden im ganzen deutschen Machtbereich auszurotten. Die nun beginnenden Planungen mündeten Ende 1941 in den Entschluss, diese Ausrottung in den Gaskammern der Vernichtungslager vorzunehmen.

Zur Entlastung des Nachschubs und mit Rücksicht auf die Ernährungslage im Reich wurde die Wehrmacht von Göring im Oktober 1941 angehalten, sich gänzlich aus dem eroberten Territorium zu versorgen. Damit entfiel der Grundsatz, keine Pferde und Traktoren zu beschlagnahmen und den Besitzstand der Zivilbevölkerung zu schonen. Im Zuge der immer kritischer werdenden Versorgungslage wurde seit Jahresende 1941 zunehmend geplündert und rücksichtslos requiriert, so dass »Kahlfraßzonen« entstanden, die die Einwohner der Verelendung aussetzten und zu großer Verbitterung führten. Das war ein Faktor, der zur Radikalisierung des Krieges und zur Verrohung der Besatzungsherrschaft beitrug. Hinzu kamen zwei weitere: zum einen die Erschießungen und oft bestialischen Verstümmelungen von gefangenen Wehrmachtsoldaten durch die Rote Armee; zum anderen Stalins Aufruf vom 3. Juli 1941 zur »Entfachung des Partisanenkrieges überall und allerorts«.[8] Für die Bekämpfung dieser Front hinter der Front, die immer mehr deutsche Kräfte band, war die Wehrmacht weder ausgebildet noch konnte sie das Partisanenproblem unter den obwaltenden Umständen jemals in den Griff bekommen. Angesichts der Terrorwalze der »Einsatzgruppen«, die den Truppen folgte, und der sich anschließenden erbarmungslosen Kolonialherrschaft im Osten fand Stalins Appell breiten Widerhall. Hinzu kamen die Unzulänglichkeit der Sicherungsverbände und die geringe Besatzungsdichte von lediglich 36 deutschen Soldaten auf 1 000 Quadratkilometern im rückwärtigen Kommandogebiet. Bereits im Oktober 1941 waren nicht weniger als sechs deutsche Divisionen im Bereich der »Heeresgruppe Mitte« durch den Partisanenkampf gebunden; im darauffolgenden Frühjahr musste man große Teile des Heeresgebiets den Partisanen überlassen. Nach und nach brachten die Partisanen, die in den Pripet-Sümpfen eine ideale Operationsbasis hatten, knapp die Hälfte des gesamten besetzten Hinterlandes unter ihre Kontrolle. Im Jahre 1944 registrierte man in einer einzigen Nacht allein 9 600 Schienensprengungen.

Das Partisanenproblem beschleunigte die Brutalisierung des Krieges. Das galt zum einen für den Kampf der Partisanen selbst. Sie waren allgegenwärtig und unsichtbar, sie machten meist keine Gefangenen, quälten und verstümmelten ihre Opfer grausam und verfolgten die Taktik, die deutschen Sicherheitskräfte zu Vergeltungsmaßnahmen zu provozieren. Zum anderen galt es auch für die Wehrmachtführung, die auf den Guerillakrieg nie eine adäquate Antwort fand. Säuberungsaktionen, brutale Gewaltanwendung und Vergeltungsmaßnahmen, wie das Abbrennen von

Dörfern und Massenerschießungen, dienten nicht der »brutalen Ausrottung«, wie Hitler sie wünschte, sondern waren ein Kampf gegen eine unbezwingbare Hydra. Die »gesäuberten« Landesteile gingen nach Abzug der Truppen schnell wieder verloren; und je härter man zugriff, desto zahlreicher wurden die Untergrundkämpfer. Auch die Methoden von Himmlers Terrorapparat, der Anfang 1943 in großem Stil so genannte »Bandenkampfgebiete« zugewiesen bekam, verfingen nicht. Vor allem aber verwischten sich in der Praxis der »Bandenbekämpfung« alle Unterschiede zwischen friedlichen Bürgern und aktiven Partisanen. Nichts zeigt dies deutlicher als das Missverhältnis zwischen der Zahl getöteter angeblicher Partisanen und den relativ geringen eigenen Verlusten. So meldete die »Heeresgruppe Mitte« zwischen Juli 1941 und Mai 1942 circa 80 000 getötete Partisanen, aber nur 3284 Mann eigene Verluste. Ein analoges Phänomen ergab sich bei den Aktionen der SS: Auch hier standen der großen Zahl getöteter »Banditen« geringe eigene Verluste und eine kärgliche Waffenbeute gegenüber.

Obschon in den Jahren 1943/44 mehr als 147 000 tote und über 90 000 gefangene Partisanen gezählt wurden, mussten sich die Experten des »Wirtschaftsführungsstabes Ost« bereits im Frühjahr 1943 eingestehen, »daß die Leistungen der besetzten Ostgebiete durch die Partisanenkämpfe stark beeinträchtigt und weitgehend unmöglich gemacht sind.«[9] Wenn der faktische Ertrag der Besatzungsherrschaft im Osten weit hinter den Erwartungen zurück blieb, dann gab es hierfür mannigfaltige Gründe: das ungelöste Nebeneinander von pragmatischer Planung und ideologischer Zielsetzung, der programmwidrige Verlauf des Feldzuges und die chaotische, von Zuständigkeitswirrwarr geprägte Wirtschaftsverwaltung. Das Potential der Sowjetunion, mitsamt den Fertigungszentren Moskau und Leningrad, konnte man weder entscheidend treffen noch ausbeuten, so dass es nur zu einem geringen Teil gelang, die in den früheren deutschsowjetischen Handelsvereinbarungen festgelegten Lieferungen zu übertreffen.

Die Entwicklung an der Ostfront nach 1942

Die Winterkatastrophe im Osten hatte die Wehrmacht schwer getroffen. Bis März 1942 waren die Verluste im Heer auf mehr als eine Million Mann gestiegen. Mit dem um ein Drittel zusammengeschmolzenen Personalstand war an einen erneuten Angriff auf der knapp 5000 Kilometer breiten Front zwischen dem Schwarzen Meer und der Ostsee nicht zu denken. Die bis zum Frühjahr mobilisierten Reserven – die Geburtsjahrgänge von 1921 bis 1923 sowie die »Osttruppen« mit Kriegsgefangenen und »Hiwis« aus den eroberten sowjetischen Gebieten – konnten die Verluste nicht einmal im Ansatz ausgleichen. Hinzu kam der gravierende Materialmangel. Die Panzerproduktion hinkte pro Monat um 600 Stück hinter dem 1940 veranschlagten Planziel zurück. Die Zahl der einsatzbereiten Flugzeuge war fast auf die Hälfte gesunken; und die Reserven an Munition und Mineralöl gingen zur Neige. Ein Memorandum des OKW zur »Wehrkraft der Wehrmacht im Frühjahr 1942« stellte fest, dass »eine lücken-lose Auffrischung des gesamten Ostheeres zu voller Kampfkraft und Beweglichkeit weder personell noch materiell möglich« sei.[10]

Hitler zog zwar Konsequenzen aus dieser Lage, aber er war keinesfalls bereit, an seiner Ostkonzeption Abstriche zu machen. Stattdessen unternahm er im Frühjahr 1942 einen neuerlichen Anlauf, den Krieg im Osten zu entscheiden, bevor die amerikanische Aufrüstung es den angelsächsischen Mächten ermöglichte, auf dem europäischen Festland aktiv zu werden. Seine »Weisung Nr. 41« für die Sommeroffensive vom 5. April 1942 sah als Ziel vor, »die den Sowjets noch verbliebene lebendige Wehrkraft endgültig zu vernichten und ihnen die wichtigsten kriegswirtschaftlichen Kraftquellen so weit als möglich zu entziehen«. Dazu war geplant, »den Feind vorwärts des Don zu vernichten, um sodann die Ölgebiete im kaukasischen Raum und den Übergang über den Kaukasus selbst zu gewinnen«.[11] Alle schnellen Verbände sollten für diesen Angriff am südlichen Frontabschnitt konzentriert werden.

Der Verlauf der Ostfront 1941 bis 1942.

Von der Besetzung Europas zum totalen Zusammenbruch **151**

Tatsächlich begann die deutsche Offensive verheißungsvoll. Die 11. Armee Mansteins eroberte die Halbinsel Kertsch (Unternehmen »Trappenjagd«) sowie Sewastopol (Unternehmen »Störfang«) auf der Krim, was Manstein die Beförderung zum Feldmarschall einbrachte. Am 28. Mai endete die Kesselschlacht südlich von Charkow mit knapp 240 000 sowjetischen Gefangenen und 1 249 bzw. 2 026 zerstörten oder erbeuteten Panzern und Geschützen. Nach diesen Auftakterfolgen begann einen Monat später, am 28. Juni, die Operation »Blau« (ab 30. Juni »Braunschweig«). Aus dem Raum Kursk stieß die »Armeegruppe von Weichs«, unterstützt von der 2. ungarischen Armee, zum Angriff gegen die Brjansker Front vor. Zwei Tage später griff die 6. Armee von General Paulus südöstlich von Bjelgorod den Südflügel der sowjetischen Südwestfront an. Auf ihrem Marsch nach Süden erreichten die deutschen Panzerarmeen Mitte Juli den Don zwischen Rostow und Zymlianskaja. Weichs und Paulus hatten zwar mehr als 77 000 Gefangene gemacht und knapp 1 400 Panzer vernichtet. Aber es war ihnen nicht gelungen, den Gegner zu stellen und in einer Kesselschlacht zu umfassen. Die Rote Armee hatte sich hinter die Wolga und in Richtung auf den Kaukasus zurückgezogen. Dort wurden mit neu herangeführten Kräften und der Weisung des Oberkommandos »Keinen Schritt zurück!« zwei Abwehrriegel gebildet, die »Stalingradfront« sowie die »Nordkaukasusfront«.

Hitler, der wie gebannt auf die Ölfelder Kaukasiens starrte, erließ am 23. Juli, dem Tage, als Rostow am Don eingenommen wurde, die »Weisung Nr. 45« für die Fortsetzung der Operation »Braunschweig«. Sie sah zwei gleichzeitig erfolgende, exzentrisch auseinanderlaufende Offensiven vor. Die »Heeresgruppe B« (Weichs) sollte Stalingrad besetzen, die Wolga sperren und dann bis an ihre Mündung ins Kaspische Meer nach Astrachan vorstoßen (Operation »Fischreiher«). Die »Heeresgruppe A« (List) erhielt den Auftrag, die über den Don entwichenen sowjetischen Kräfte südlich von Rostow zu vernichten, anschließend über den Westteil des Kaukasus vorzugehen, die gesamte Ostküste des Schwar-

zen Meeres zu nehmen und mit schnellen Verbänden auf das Ölgebiet von Grosny vorzustoßen sowie, entlang dem Kaspischen
Meer vorrückend, Baku zu besetzen (Operation »Edelweiß«). Das
bedeutete, dass die Kräfte, die zu Beginn der Offensive eine Front
von 800 Kilometern Länge gehalten hatten, nun die Linie Woro-
nesch – Stalingrad – Astrachan – Baku – Batum in einer Ausdehnung von 4 100 Kilometern Länge gegen einen Gegner nehmen
sollten, der bislang nicht entscheidend geschlagen worden war.
Für diese Aufgabe standen nicht nur keinerlei nennenswerte Reserven zur Verfügung. Den riesigen Raum konnte die Luftflotte 4
(Richthofen) auch gar nicht abdecken. Generalstabschef Halder
kommentierte dies mit der Bemerkung: »Die immer schon vor-
handene Unterschätzung der feindlichen Möglichkeiten nimmt
allmählich groteske Formen an [...]. Krankhaftes Reagieren auf
Augenblickseindrücke und völliger Mangel in der Beurteilung
des Führungsapparates und seiner Möglichkeiten geben dieser
sog. ›Führung‹ das Gepräge.«[12] Tatsächlich sollte die durch Hitlers Weisung hervorgerufene Überdehnung der Fronten die Katastrophe bei Stalingrad einläuten.

Der Vormarsch der »Heeresgruppe A« gegen den Kaukasus
ging zunächst zügig voran. In den ersten Augusttagen wurde
das Ölgebiet von Maikop besetzt; am 25. August erreichte man
Mosdok, konnte aber das Ölgebiet von Grosny und die Kauka-
suspässe nicht besetzen. Batum, Tiflis und Baku, die wichtigsten
Ziele, blieben außer Reichweite. Die Offensive gegen Stalingrad
war am 19. August so weit vorangeschritten, dass General Paulus
mit seiner 6. Armee, unterstützt von Teilen der 4. Panzerarmee
(Hoth), die vom Süden her kam, den Befehl zum Angriff auf die
Stadt erteilen konnte. In der ersten Septemberhälfte drangen
die beiden Armeen in Stalingrad ein. Da Halder ständig vor der
ungenügenden Flankensicherung warnte, wurde er am 24. September als Chef des Generalstabs des Heeres durch General Kurt
Zeitzler ersetzt. Sowohl dieser wie Paulus traten bald für die Einstellung des Angriffs ein, aber Hitler blieb bei seinem Entschluss.
Von Mitte September bis Mitte November entwickelte sich ein er-

bitterter Häuserkampf, der Stalingrad in einen Trümmerhaufen verwandelte und die Kampfstärke der deutschen Verbände auf ein Viertel absinken ließ. Zwar gelang es, den größten Teil der Stadt zu erobern, doch behaupteten die Sowjets im Stadtkern einen langgestreckten Brückenkopf am westlichen Wolgaufer und hielten die Verbindung über den Fluss durch Pontonbrücken und Fähren aufrecht.

Nach Eintritt der Frostperiode begann die Rote Armee am 19. November ihre Gegenoffensive und schloss am 22. November die Masse der 6. Armee nebst einigen rumänischen Verbänden – zusammen mehr als 250 000 Mann – ein. Obschon die Sommeroffensive wiederum ohne kriegsentscheidendes Ergebnis geblieben war, die Fronten überdehnt, die Divisionen ausgebrannt und die Nachschubprobleme unbewältigt waren, lehnte Hitler alle Ausbruchsversuche ab und versprach Entsatz. Zunächst erwies sich die Zusage Görings als Trugschluss, die Luftwaffe könne die Versorgung des Kessels übernehmen. Dann scheiterte der am 12. Dezember beginnende Angriff unter Generaloberst Hoth (Unternehmen »Wintergewitter«), weil die Panzer 50 Kilometer vor der Stadt liegen blieben. Als Hitler am 23. Dezember den Ausbruch der 6. Armee unter Preisgabe Stalingrads (Unternehmen »Donnerschlag«) abermals ablehnte, war das Schicksal der eingeschlossenen Kräfte besiegelt. Die durch Hunger, Kälte und Munitionsmangel erschöpften Soldaten mussten am 31. Januar (letzter Teilkessel am 2. Februar) 1943 kapitulieren.

Die Bilanz war schrecklich. Von den 20 deutschen und zwei rumänischen eingeschlossenen Divisionen gingen mehr als 200 000 Mann in sowjetische Gefangenschaft, die nur ein Bruchteil überlebte.[13] Stalingrad war der psychologische Wendepunkt des Krieges, der Nimbus der Unbesiegbarkeit war dahin. Ungeachtet der militärischen Katastrophe aber hatte die Wehrmacht ihr Offensivpotential noch nicht eingebüßt. Die 6. Armee hatte durch ihr Aushalten beträchtliche feindliche Kräfte gebunden, die den Sowjets bei dem Versuch fehlten, die gesamte deutsche Südfront zum Einsturz zu bringen. Der Flaschenhals bei Rostow konnte so lange offengehalten werden, bis Teile der »Heeresgruppe A« – deren Rückzug aus dem Kaukasus Hitler Ende Dezember genehmigt hatte – nach Norden über den unteren Don zurückgenommen waren. Bei Eintritt der Frühjahrsschlammperiode 1943 standen die deutschen Truppen damit im Süden der Ostfront – nach Aufgabe Rostows, Charkows und Bjelgorods – ungefähr wieder auf der Linie, von der sie vor einem Jahr zur Sommeroffensive aufgebrochen waren. Die Gesamtkriegslage hatte sich allerdings nachhaltig zuungunsten Deutschlands verändert. Die Wehrmacht stand einem Gegner gegenüber, dessen unerschöpfliche Menschenreserven durch eine seit 1942 ansteigende Rüstungsproduktion mit großen Mengen an Material ausgestattet werden konnten. Während Deutschland in diesem Jahr 14 100 Panzer und gepanzerte Fahrzeuge herstellte, betrug die sowjetische Produktion 24 400 Panzer. Hinzu kam, dass die Führung der Roten Armee aus den Erfahrungen der Niederlagen gelernt und eine beweglichere Operationsführung entwickelt hatte. Unter diesen Umständen war an eine Niederwerfung der Sowjetunion durch eine entscheidende Offensive nicht mehr zu denken. Bei Lichte besehen konnte es von jetzt ab nur noch darum gehen, im Rahmen einer defensiven »Haltestrategie« offensive Teilschläge zu führen, um den Sowjets möglichst hohe Verluste zuzufügen und damit ein militärisches Patt als Basis für einen politischen Ausgleich zu schaffen. Aber diese Möglichkeit wurde von Hitler nicht einmal im Ansatz erwogen.

Seine Operationsbefehle vom März/April 1943 ordneten das Unternehmen »Zitadelle« an: die letzte Offensive der Wehrmacht an der Ostfront im Juli 1943. Sie sollte in einem der zahlreichen Frontbögen, einem 200 Kilometer breiten und 120 Kilometer nach Westen vorspringenden Abschnitt bei Kursk stattfinden. Vom geplanten Zangenangriff aus dem Raum von Bjelgorod und Orel gegen den sowjetischen Frontbogen versprach sich Hitler einen durchschlagenden Erfolg. Anfang Juli standen für »Zitadelle« 3 032 Panzer und 900 000 Mann bereit. Die Luftwaffe setzte 1 800 Maschinen ein. Der größte Panzerangriff des Weltkrieges, der am 5. Juli gegen 1,9 Millionen Rotarmisten mit mehr als 20 000 Geschützen und über 5 100 Panzern begann, stieß auf ein 250 Kilometer tief gegliedertes Stellungssystem mit Minenfeldern, Panzergräben und Abwehrgeschützen und lief sich schon nach einigen Tagen fest. Seit Ende April besaßen die Sowjets durch ihre Funkaufklärung sowie durch Informationen aus London präzise Hinweise über die deutschen Absichten, so dass »Zitadelle« am 13. Juli 1943 abgebrochen werden musste. Die Initiative an der Ostfront war damit endgültig verloren gegangen. »Zitadelle« war der militärische Wendepunkt des Ostkrieges. Die Kampfkraft der deutschen Infanteriedivisionen war im Herbst 1943 fast auf ein Drittel gesunken; die Panzerverbände konnten 8 400 feindlichen Panzern nur noch 2 300 eigene entgegensetzen. Der Bestand der drei an der Ostfront eingesetzten Luftflotten war auf 840 einsatzbereite Flugzeuge gesunken. Beim nun folgenden Rückzug wandten die Deutschen die Taktik der »verbrannten Erde« an. Sie zerstörten alle Verkehrs- und Versorgungseinrichtungen sowie Unterkünfte und zwangsevakuierten den arbeits- und wehrfähigen Teil der Bevölkerung. Obwohl die deutsche Rüstungsindustrie 1943 ihre bisher höchsten Produktionszahlen aufwies – allein die Herstellung von Panzern war auf 22 000 gestiegen – konnte der Bedarf für alle Fronten nicht mehr gedeckt werden. Hitler zog daraus die Konsequenz, indem er zur Abwehr der 1944 erwarteten Invasion in Westeuropa durch seine »Weisung Nr. 51« vom 3. November das Schwergewicht der Kriegsführung vom Osten in den Westen verlagerte.[14]

Zu diesem Zeitpunkt standen an der Ostfront rund zwei Millionen deutsche Soldaten, dazu 137 000 Verbündete und gut 53 000 »Hiwis«, mit 48 000 Geschützen und Granatwerfern, 2 300 Panzern und 2 800 Flugzeugen. Die Rote Armee dagegen verfügte über 6,4 Millionen Mann mit 92 560 Geschützen und Werfern, 9 500 Panzern und weit mehr als 8 000 Flugzeugen. Beginnend mit dem Weihnachtsabend des Jahres 1943 brach die sowjetische Winteroffensive überall die Stellungen der Wehrmacht auf. An den bis ins »Generalgouvernement« hinauf reichenden so genannten »ukrainischen Fronten« überschritten die Russen am 4. Januar 1944 bei Sarny die Grenze zu Polen, nahmen Ende Juli Lemberg und Brest-Litowsk ein und griffen im August/September Rumänien und Bulgarien an. An der Leningrader und der Wolchow-Front wurde mit einer Zangenoperation gegen die »Heeresgruppe Nord« ab dem 13. Juli 1944 nördlich von Leningrad die karelische Front aufgerissen, und am 5. Oktober wurde durch einen Vorstoß bis an die Ostsee südlich von Riga die Wehrmacht von ihren rückwärtigen Landverbindungen abgeschnitten. Sechs Tage später überschritt die Rote Armee erstmals die deutsche Reichsgrenze in Ostpreußen.

Die am 22. Juni 1944 beginnende Offensive gegen die »Heeresgruppe Mitte« (Model) drückte deren 1 000 Kilometer lange Frontlinie in Weißrussland ein. Die Verluste, die die Wehrmacht in diesem Abschnitt hinnehmen musste, überstiegen diejenigen von Stalingrad bei weitem: das OKW schätzte sie auf rund 350 000 Mann. Von den 34 Divisionen der »Heeresgruppe Mitte« blieb so gut wie keine mehr übrig. Reihenweise fielen nun in schneller Folge die Verbündeten von Deutschland ab: bis Mitte September Rumänien, Bulgarien und Finnland; am 15. Oktober Ungarn, wo das neu installierte Regime der »Pfeilkreuzler« unter Ferenc Szalasi freilich den Kampf an der Seite Deutschlands weiterführte. Vor dem letzten Kriegswinter zog sich damit der Ring um Deutschland immer enger zusammen. Die Ostfront verlief von Tilsit in Ostpreußen entlang des Flusses Narew nach Warschau, und von dort weichselaufwärts über Kaschau und entlang des Plattensees bis nach Jugoslawien im Süden.

Die Wende im Luftkrieg

Auch die Lage im Luftkrieg wandelte sich ab der Jahreswende 1941/42 in so dramatischem Ausmaß, dass sich die Verantwortlichen auf deutscher Seite entweder in den Selbstmord flüchteten oder in eine Traumwelt abglitten. Für den kompletten Verlust der deutschen Luftüberlegenheit waren mehrere

Faktoren ursächlich. An erster Stelle sind gravierende Fehlentscheidungen bei der Luftrüstung zu nennen. Göring hatte im Februar 1940 Befehl gegeben, alle technischen Neuentwicklungen zurückzustellen, die nicht bis Ende des Jahres 1941 zum Einsatz kommen würden. In der Praxis hieß das: Nur bei den vorhandenen Flugzeugtypen sollten Produktionssteigerungen und Leistungsverbesserungen vorgenommen werden. Dies hatte zur Folge, dass Neuentwicklungen verspätet begonnen und unter Zeitdruck unausgereift in die Serienproduktion gegeben wurden, was beim Kampfeinsatz Ausfälle und Verzögerungen verursachte. Die deutsche Luftwaffenführung war ganz von der »Blitzkriegskonzeption« beherrscht. Demnach hatte die Luftwaffe primär der Offensive zu dienen. Die Gefährdung der Heimat durch feindliche Luftangriffe hatte man nicht ausreichend in Erwägung gezogen. Die Luftrüstung wurde viel zu spät auf die Defensive umgestellt, so dass die Jagdwaffe, die einzig wirksame Abwehr gegen die feindlichen Bomberverbände, in der Produktion erst im Sommer 1944 den absoluten Vorrang vor den Bomben- und Kampfflugzeugen erhielt. Wie sehr man den Offensivgedanken kultivierte, zeigte sich in Hitlers Weisung, den mit Überschallgeschwindigkeit fliegenden Jäger mit Strahltriebwerk, die »Me 262«, zum »Blitzbomber« weiterzuentwickeln, statt dem Luftkrieg durch eine zügige Serienproduktion dieses allen gegnerischen Maschinen überlegenen Flugzeugs eine Wende zu geben. Die Serienerzeugung der »Me 262« verzögerte sich um Monate, ohne dass der gewünschte »Blitzbomber« zu Beginn der alliierten Invasion verfügbar war. Die Erfolge der in den letzten Kriegsmonaten in geringer Zahl doch noch als Jäger eingesetzten und mit Raketengeschossen ausgestatteten »Me 262«, gegen die die feindliche Abwehr nahezu machtlos war, legen nahe, dass ein rechtzeitiger Fronteinsatz die Fortführung der alliierten Luftoffensive zumindest behindert hätte. Erst ab dem Frühjahr 1944 wurde die Produktion von Jagdflugzeugen durch Speers Rüstungsministerium auf Rekordhöhe gebracht. Von den 1944 fast 40 000 fertig gestellten Flugzeugen waren nun rund 25 000 Jagdmaschinen. Diese Produktionsleistung wirkte sich aber auf die Luftverteidigung kaum aus, weil die Jagdverbände immer wieder unter hohen Verlusten für offensive Aufgaben zur Unterstützung des Heeres eingesetzt wurden und unter Treibstoffmangel litten.

Ebensowenig wie die »Vergeltungsangriffe« der Luftwaffe vermochten die Vergeltungswaffen, die so genannten »V-Waffen«, die als »Wunderwaffen« angekündigt worden waren, die Entwicklung des Bombenkrieges zu beeinflussen. Die ab Herbst 1944 eingesetzte rückstoßgetriebene Flugbombe »V 1« und die mit Überschallgeschwindigkeit fliegende Flüssigkeitsrakete »V 2« waren wegen ihrer starken Streuung zur Bekämpfung militärischer Objekte ungeeignet und konnten nur auf große Flächenziele ausgerichtet werden. Obwohl sie in London und Umgebung, später in Antwerpen, Lüttich und Brüssel, erhebliche Schäden anrichteten, stand der Aufwand für die Fertigung dieser offensiven Fernwaffen in keinem Verhältnis zu ihrer Auswirkung auf das militärische Geschehen. Von den insgesamt 32 600 produzierten Flugbomben konnten nur 68 Prozent verschossen werden. 40 Prozent davon schlugen tatsächlich auf feindlichem Gebiet ein.

Am 14. Februar 1942 beschloss das englische Kabinett die so genannte *Area Bombing Directive*. Sie legte als Aufgabe des *Bomber Command* fest, durch nächtliche Flächenbombardements (*target area bombing*) »die Moral der gegnerischen Zivilbevölkerung, insbesondere die der Industriearbeiterschaft« zu brechen. Der Zielpunkt, so hieß es, sollten »die Siedlungsgebiete sein [...] und nicht Werften oder Luftfahrtindustrien.«[15] Exekutiert wurde diese Luftoffensive von dem eine Woche später zum Oberbefehlshaber des Bomberkommandos der RAF ernannten Luftmarschall Arthur Harris, der seit November 1941 unter dem Deckwort »Unison« an einer Liste arbeitete, die die Zielobjekte penibel nach ihrer Brandanfälligkeit katalogisierte. Mehr als 100 Städte standen auf dieser Todesliste. Bis Kriegsende erhöhte sich die Zahl dann auf 161 Städte und 850 kleinere Orte.

Lübeck wurde am 29. März zur Fackel dieses Feuersturms. Der Hansestadt folgten in den kommenden Monaten Rostock, Köln – das am 30. Mai den ersten »1 000-Bomber-Angriff« erlebte –, Essen, Bremen und viele andere Großstädte. Neben diesen nächtlichen Angriffen führte die RAF auch einige verlustreiche Tagesangriffe ohne Jagdschutz durch, so am 17. April gegen die MAN-Werke in Augsburg, die U-Boot-Motoren herstellten, und am 11. Juli gegen die U-Boot-Werften in Danzig. Die deutschen Bomberverbände im Westen konnten diesen Luftangriffen nichts entgegensetzen. Vom April bis Oktober 1942 unternahmen sie mit 25 bis 90 Flugzeugen nächtliche Vergeltungsschläge: die sog. »Baedekerangriffe« auf kaum verteidigte, kulturhistorisch wertvolle englische Städte ohne militärische Bedeutung wie Exeter, Bath, Norwich, Canterbury und York.

Die nächste Eskalationsstufe begann mit der Casablanca-Konferenz im Januar 1943. Dort verabredete man eine *combined bomber offensive*. Die nächtlichen Flächenbombardements der RAF sollten mit den Tagesangriffen der amerikanischen Luftwaffe (USAAF) zum *round-the-clock-bombing* zusammengefasst werden. Drei Ziele standen im Fokus: das Ruhrgebiet mit seiner kriegswichtigen Produktion und seinen Arbeitervierteln, die Großstädte im Innern Deutschlands und die Reichshauptstadt Berlin. Bis Ende Juni 1943 wurden in der »*Battle of the Ruhr*« 25 schwere Angriffe auf Dortmund, Duisburg, Bochum und vor allem die Krupp-Stadt Essen geflogen, ohne dass diese viermonatige Luftoffensive trotz gewaltiger Zerstörungen die deutsche Rüstungsproduktion ernsthaft beeinträchtigen konnte. Gleichzeitig führten die Engländer auch nächtliche Präzisionsangriffe durch: auf die Eder- und Möhnetalsperren, um die Energie- und Wasserversorgung des Ruhrgebiets zu beeinträchtigen, und auf die Raketen-Versuchsstation in Peenemünde, um die Produktion der V-Waffen zu verzögern.

Ende Juli brach das Inferno über Hamburg herein. Der alttestamentarische Codename »Operation Gomorrha« wurde in vier Nächten in die Tat umgesetzt. 9 000 Tonnen Spreng- und Brandbomben zerstörten fast die Hälfte des gesamten Hamburger Wohnraums. Mehr als 40 000 Zivilisten starben oder verbrannten bis zur Unkenntlichkeit. Der Abwurf von Millionen von Stanniolstreifen (*windows*) hatte die Ortungs- und Feuerleitgeräte der deutschen Flak mattgesetzt und den Jägerleitstellen das Heranführen der Nachtjäger unmöglich gemacht, so dass Harris bei diesem Angriff nicht einmal jede 40. Maschine einbüßte. Die Amerikaner, die sich auf Tagesangriffe gegen Häfen, Rüstungswerke und Schlüsselindustrien konzentrierten, mussten dagegen wegen der mangelnden Reichweite ihrer Jagdflugzeuge erhebliche Verluste hinnehmen. Beim Angriff auf die Schweinfurter Kugellagerfabriken und die Regensburger Messerschmitt-Werke im August 1943 gingen 60 der 376 eingesetzten Bomber verloren. Bei einem zweiten Angriff auf Schweinfurt am 14. Oktober sogar mehr als jede fünfte Maschine.

Zwischen Mitte November 1943 und Frühjahr 1944 tobte die »*Battle of Berlin*«. Anderthalb Millionen Berliner waren obdachlos, und ein Viertel des Zentrums war dem Erdboden gleichgemacht, als die Luftangriffe Ende März zur Vorbereitung der Normandie-Invasion ausgesetzt wurden. Die Hauptstadt blieb aber bis zum Kriegsende im Visier. 363 Angriffe machten Berlin zu der am meisten mit Bomben belegten deutschen Stadt – vor Essen, Köln, Duisburg, Hamburg, Dortmund und Stuttgart.

Auch in den letzten 18 Monaten des Krieges ging die Vernichtung weiter. Anfang August 1944, 14 Tage nach dem Attentat auf Hitler in der Wolfsschanze, unterbreitete Churchill dem US-Präsidenten den Plan für die Operation »Thunderclap«. Dieser »Donnerschlag« richtete sich gegen Berlin, Leipzig und Dresden, das am 13. Februar in zwei Wellen angegriffen wurde. Mit der Bombardierung von Dresden waren alle Dämme gebrochen. Von Januar bis Mai 1945 wurden im Tagesschnitt mehr als 1000 Zivilisten getötet. Die historischen Stadtkerne von Chemnitz, Freiburg, Halberstadt, Heilbronn, Hildesheim, Magdeburg, Mainz, Nürnberg, Paderborn, Pforzheim, Potsdam, Trier und Worms wurden zerstört. Erst Ende März, nach dem Angriff auf Würzburg, der unter dem Decknamen »Bleak« eine Zerstörungsquote von 89 Prozent erreichte und an die 5 000 Menschenleben forderte, ging Churchill auf Distanz. Aber der Befehl, die Angriffe auf die Städte einzustellen, blieb aus. Die Vernichtungsmaschinerie hatte sich verselbständigt.

Gemessen an seiner Zielsetzung, die Bevölkerung zu demoralisieren und zum Aufstand gegen das Regime zu bewegen, war das »*moral bombing*« ein Fehlschlag. An die 400 000 Zivilisten, darunter fast 80 000 Kinder, fielen dem Feuersturm zum Opfer. Die Bombardierten reagierten nicht mit Rebellion, sondern mit Abstumpfung und Hass auf die alliierten »Mörderbanden« und »Terrorflieger«. Es war ein grundlegender Denkfehler, zu glauben, mit Bomben die Moral der Bevölkerung treffen zu können. Im Gegensatz zu den Amerikanern nahmen die Briten dies nicht zur Kenntnis, obschon sie am eigenen Beispiel hätten studieren können, dass der Trutzigkeit nicht durch Gewalt und Qual beizukommen war. Die Angriffe der USAAF richteten sich vorwiegend gegen materielle Ziele; nicht die Kampfmoral, sondern die Kampfkraft war im Visier der amerikanischen Piloten. Der von der USAAF durchgeführten so genannten »*big week*« vom 20. bis 25. Februar 1944, die sich auf die Zerstörung von Flugzeug- und Motorenwerken in Mittel- und Süddeutschland sowie in Österreich konzentrierte, folgte eine ganze Kette ähnlicher Aktionen. Die Angriffe galten der deutschen Flugzeugindustrie, richteten sich ab April 1944 auf Eisenbahnknotenpunkte und ab Mai auf Ölraffinerien und Hydrierwerke. Das Ergebnis war einschneidend, sowohl strategisch für die Invasion auf dem Kontinent wie ökonomisch für die deutsche Wirtschaftskraft.

Hitlers Kriegsmaschine wurde lahmgelegt, weil nur noch die Hälfte des benötigten Materials die Truppe erreichte. So fiel die monatliche Produktion an Vergaser-Treibstoff von 125 000 Tonnen im April auf 56 000 Tonnen im August, an Dieselkraftstoff von 88 900 auf 62 000 Tonnen. Bei der Flugbenzinerzeugung war der Rückgang so markant, dass im Zeitraum vom Juni 1944 bis zum Kriegsende insgesamt nur noch 197 000 Tonnen erzeugt werden konnten – etwas mehr als eine Monatsproduktion vor Beginn der Angriffe. Das hatte eine unmittelbare Rückwirkung auf die Kampfkraft von Görings Luftwaffe, deren Gegenwehr praktisch ausfiel. Der Bombenkrieg drosselte auch Versorgung und Kampfkraft der deutschen Bodentruppen. Ein Drittel der Artillerie wurde für die Luftverteidigung benötigt, ebenso ein Fünftel aller Granaten sowie die Hälfte der elektrotechnischen Produktion. Hinzu kam 1944 der Verlust von etwa einem Drittel der Produktion von Panzern und Lastwagen.

Das oft gehörte Argument, dass die deutsche Kriegsproduktion bis 1944 trotz des Bombenkrieges gestiegen sei, ist nur eine statistische Illusion. Im letzten Kriegsjahr stützte sich die Industrie auf Improvisation, auf die Plünderung von Lagerbeständen und Reserven sowie auf die immer grausamere Ausbeutung von Zwangsarbeitern und KZ-Häftlingen. Ohne den alliierten Bombenkrieg wäre die deutsche Produktion noch größer gewesen, hätte Deutschland noch stärkeren Widerstand leisten können und wäre die Atombombe vielleicht nicht auf Japan, sondern auf München oder Berlin gefallen.

Waffenstillstand in Italien und Widerstand in Deutschland

Auf der Washingtoner Konferenz waren Roosevelt und Churchill im Mai 1943 übereingekommen, die Frankreich-Invasion auf den Mai 1944 festzusetzen und zunächst eine Landung in Süditalien vorzunehmen. Die Operation »Husky« begann am 10. Juli 1943 mit einem Stoß gegen Sizilien. 14 Tage später kam es in Rom zum Staatsstreich, bei dem Mussolini gestürzt wurde. Zum neuen Regierungschef wurde Marschall Pietro Badoglio bestimmt. Am 19. August brachte dieser über einen Unterhändler in Lissabon die Waffenstillstandsbedingungen der Alliierten in Erfahrung. Sie sahen die sofortige Einstellung der Kampfhandlungen vor, die Übergabe des italienischen Territoriums an die Alliierten sowie die Auslieferung der Flotte, der Luftstreitkräfte und der gefangenen alliierten Soldaten.

Mit der Annahme des Waffenstillstandes am 3. September und dessen Verkündung über den italienischen Rundfunk fünf Tage später begann die deutsche Besetzung Italiens. Mussolini wurde am 12. September durch ein Luftlandeunternehmen aus seiner Gefangenschaft am Gran Sasso befreit und errichtete eine faschistische Republik von Hitlers Gnaden am Ufer des Gardasees in Saló. Noch am Tage des Waffenstillstandes hatten die Operationen »Baytown« und »Avalanche« begonnen, die Landung der Briten von Sizilien aus über die Straße von Messina sowie die Landung der Amerikaner in der Bucht von Salerno. Die deutschen Besatzungskräfte unter Generalfeldmarschall Albert Kesselring bezogen bald darauf die »Gustav-Stellung«, die von der Mündung des Garigliano am Tyrrhenischen Meer bis zur Sangromündung an der Adria verlief. Dies war der Grund für eine weitere alliierte Landung im Rücken der Deutschen, um Rom unter Kontrolle zu bringen. Am 22. Januar 1944 fand die Operation »Shingle« statt, die Invasion der italienischen Westküste bei Anzio und Nettuno. Von hier aus gelang es im Mai, nach der Bombardierung des Klosters Monte Cassino, die »Gustav-Stellung« zu durchstoßen und den gesamten Südflügel der deutschen Italienfront aufzureißen. Am 4. Juni wurde Rom eingenommen. Bis Ende August zogen sich die Deutschen zur »grünen Linie«, einer alten etruskischen Apenninstellung von La Spezia am Ligurischen Meer bis südlich von Rimini an der Adria, zurück.

Was in Italien mit dem Sturz des »Duce« möglich war, das gelang in Deutschland nicht. Zwar wurden mehr als 40 Attentate auf Hitler geplant und verübt, zuletzt der Bombenanschlag durch Claus Schenk Graf von Stauffenberg am 20. Juli in der »Wolfsschanze« bei Rastenburg in Ostpreußen. Aber ungeachtet der Erfolglosigkeit dieser Bemühungen, die oft nur an Zufällen und um Haaresbreite scheiterten, gilt es festzuhalten, dass sich in Deutschland die Rahmenbedingungen für einen Staatsstreich diffiziler und komplexer darstellten als im Reich des »Duce«. Die vielköpfige Hydra des polykratischen NS-Systems hatte die Instanzen des traditionellen Staatsapparates ausgehöhlt und fast gänzlich funktionslos gemacht. In Deutschland gab es keinen »faschistischen Großrat«, kein kollektives Regierungsgremium, das in der Lage gewesen wäre, die Interessen der Nation zu artikulieren und dem Staatswohl gegenüber dem Katastrophenkurs, den Hitler verfolgte, Geltung zu verschaffen. Es existierte, anders als in Italien mit dem Königshaus, auch keine vom Nationalsozialismus unabhängige Autorität, die die staatliche Kontinuität wahren und nach einem Umsturz die Kontrolle hätte übernehmen können. Hier hatten der ungleich dichtere und das ganze Volk erfassende »Führermythos«, die totalitäre Durchformung von Staat und Gesellschaft, der Terrorapparat der SS und eine im Volk fest verankerte breite NS-Unterführerriege schwer überwindbare Strukturen geschaffen, die jeder Form von Widerstand enge Grenzen setzten. Hinzu kam, dass die Opposition gegen Hitler und sein Regime bis zuletzt kaum eine Basis in Öffentlichkeit und Gesellschaft fand. Weder bot die Rückkehr zum Weimarer System eine Zukunftsperspektive, noch war die Versorgungslage wie 1918 so dramatisch, dass sich hieraus breiter Unmut ergab oder gar Sprengstoff für eine Revolution konstruieren ließ.

In diesem Koordinatensystem waren alle Widerstandsgruppen angesiedelt. Sie operierten separat, isoliert, unorganisiert, im Geheimen und ohne zentrale Führung: der Widerstand von KPD und SPD, der Widerstand von bürgerlicher Seite – wie der »Kreisauer Kreis« und die Gruppe um Carl Goerdeler – und der Widerstand der Militärs. Gerade bei der Wehrmacht aber, die eine Leitungsfunktion hätte übernehmen können, traten noch besondere Probleme hinzu. Anders als in Italien, wo die Soldaten auf den König vereidigt worden waren, hatten sie in Deutschland Hitler persönlich die Treue geschworen, was bei einem Umsturzversuch schwere Loyalitätskonflikte auslöste. Anders als in Italien war es Hitler durch seine Erfolge immer wieder gelungen, alle Skeptiker und Zweifler mundtot zu machen, hatte er sich die Wehrmacht seit 1938 mehr und mehr unterworfen, hatte er ihre Offiziere seit 1934 sukzessive korrumpiert und gab es nach dem Ausscheiden Ludwig Becks als Generalstabschef im Offizierskorps keine moralisch-politische Instanz mehr, die zum Kristallisationspunkt einer Offiziersfronde hätte werden können. Anders als in Italien lähmte auch der verbrecherische Charakter des Ostkrieges, beginnend in Polen und gipfelnd in der Sowjetunion, die Motivation zum Handeln, zumal die Wehrmacht als Organisation die Mordaktionen stillschweigend hinnahm oder sich daran beteiligte und jedem Offizier klar sein musste, dass die Rote Armee Vergeltung für die Untaten einfordern würde. Und anders als in Italien paralysierte die Forderung der Alliierten nach bedingungsloser Kapitulation die Aktionsbereitschaft der militärischen Elite, denn damit war für das Reich der Großmachtanspruch, wie ihn die Militärs kultivierten, gefährdet – man fürchtete das »Finis Germaniae«, den Untergang Deutschlands.

Vor diesem Hintergrund sah sich das Offizierskorps lange Zeit vor der Alternative von »Blindheit oder Bürgerkrieg«, die – abgesehen von Einzelaktionen – die Wehrmacht als Kollektiv handlungsunfähig machte. Erst nach den Niederlagen von Stalingrad und El Alamein, also im Angesicht der unabwendbaren Katastrophe, trat eine Wende ein. Jetzt galt das, was Henning von Tresckow, der Chef des Stabes der 2. Armee der »Heeresgruppe Mitte«, im Sommer 1944 auf die Formel brachte: »Das Attentat muß erfolgen, coûte que coûte. Sollte es nicht gelingen, so muß trotzdem in Berlin gehandelt werden. Denn es kommt nicht mehr auf den praktischen Zweck an, sondern darauf, daß die deutsche Widerstandsbewegung vor der Welt und vor der Geschichte den entscheidenden Wurf gewagt hat. Alles andere ist daneben gleichgültig.«[16]

Die Operation »Walküre« vom 20. Juli 1944 war damit nicht nur die erste konzertierte Widerstandsaktion der Wehrmacht, die auf die Beseitigung Hitlers und des Regimes zielte. Vor allem war sie ein »Aufstand des Gewissens«, eine Art von Ehrenrettung und Lossagung von den Untaten, und nicht ein verzweifelter

Versuch, in letzter Minute noch die Zerstörung Deutschlands zu verhindern.

Invasion in der Normandie und Ardennenoffensive

Am 6. Juni 1944 fand die Invasion der Alliierten in Frankreich, die Operation »Overlord«, statt. Die deutsche Seite rechnete sich gute Chancen aus, eine alliierte Landung abzuwehren, zumal Hitler am 25. August 1942 den Bau des »Atlantikwalls« befohlen hatte. Er bestand aus Vorstrandhindernissen und Minenfeldern, vor allem aber aus einem Befestigungsgürtel, der an den Küsten von Atlantik und Kanal angelegt wurde. Ein zwei Jahre zuvor misslungenes alliiertes Kommandounternehmen bei Dieppe bestätigte die Ansicht der britischen Militärs, dass für eine erfolgreiche Invasion ein erhebliches materielles und personelles Aufgebot im ersten Anlauf notwendig war. Es waren neue Landungsfahrzeuge zu konstruieren und Ablenkungs- und Tarnmanöver zu planen. Dafür, dass eine Landung am offenen Strand weit erfolgsträchtiger war als das Eindringen in Häfen, sprach auch, dass der Küstenstreifen der Normandie zwischen der Halbinsel Cotentin und der Ornemündung, den der alliierte Planungsstab *Chief of Staff to the Supreme Allied Commander* (COSSAC) vorgesehen hatte, nur schwach befestigt worden war. Weil es hier keine großen Häfen gab, rechnete man auf deutscher Seite nicht mit einer feindlichen Großlandung. Hitler und der Oberbefehlshaber West, von Rundstedt, erwarteten den Hauptschlag am Pas-de-Calais, wo der »Atlantikwall« am besten ausgebaut und von wo aus der Weg ins Ruhrgebiet am kürzesten war. Bestärkt wurden sie in ihrer Auffassung durch die »Geisterarmee« von Generalleutnant George Patton. Sie war im Rahmen der Operation »Fortitude South« in Südostengland gegenüber von Calais aufgestellt worden. Im Grunde wiederholte man das Täuschungsmanöver, das die Briten im Herbst 1940 gegen »Seelöwe« und in der Luftschlacht um England inszeniert hatten. Pattons Armee bestand aus aufblasbaren Panzern und Kanonen aus Pappmaché. Ein simulierter Funkverkehr spiegelte rege Generalstabsaktivitäten vor.

Die eigentliche Invasionsarmee unter General Eisenhower hatte sich im Südwesten zwischen Portsmouth, Southampton und Torquay versammelt und umfasste 37 Divisionen. Weitere 40 sollten aus den USA nachgeführt werden. Nach einer mehrwöchigen Luftoffensive gegen das nordfranzösische Eisenbahnnetz und die Brücken über die Seine und die Loire setzte sich in der Nacht zum 6. Juni die erste Welle mit 30 100 Landungsfahrzeugen, geschützt von über 1 200 Kriegsschiffen, in Bewegung. An den beiden Flanken durch Luftlandungen gesichert, gingen die Amerikaner hinter einem dichten Feuerschirm von Bomben und Schiffsgranaten an der Ostküste der Cotentin-Halbinsel und bei Vierville an Land, während die Briten und Kanadier an drei Stellen östlich davon bis zur Orne-Mündung anlandeten.

Die deutsche Kriegsmarine, die im Landungsraum nur einige Zerstörer, Torpedoboote und Schnellbootflottillen besaß, sowie die U-Boote konnten der stark gedeckten Invasionsflotte nur Nadelstiche versetzen. Auch die unterlegene Luftwaffe wurde meist schon in Luftkämpfe verwickelt, ehe sie ihre Zielräume erreichte. Diese lokale Überlegenheit der Kräfte war der eine Faktor von Gewicht. Der andere war, dass die Wehrmacht nicht in der Lage war, mobile Verbände schnell heranzuführen. Hitler und von Rundstedt waren dem Vorschlag Rommels, dessen »Heeresgruppe B« die Verteidigung der Küste von Nordholland bis zur Loire-Mündung oblag, nicht gefolgt, alle verfügbaren Panzerdivisionen und Reserven in Küstennähe aufzustellen, wo sie sofort eingreifen und den Gegner in seiner taktisch schwächsten Phase beim Anlanden am Strand bekämpfen konnten. Von Rundstedt hatte diese Zersplitterung der Reserven abgelehnt, um den Gegner durch eine Operation mit zentral bereitgestellten mobilen Kräften zurückzuwerfen. Aus diesem Grund mussten die deutschen Verbände aus großer Entfernung und wegen des Treibstoffmangels mit der Bahn herangebracht werden. Wegen der alliierten Luftherrschaft konnten diese Transporte nur in

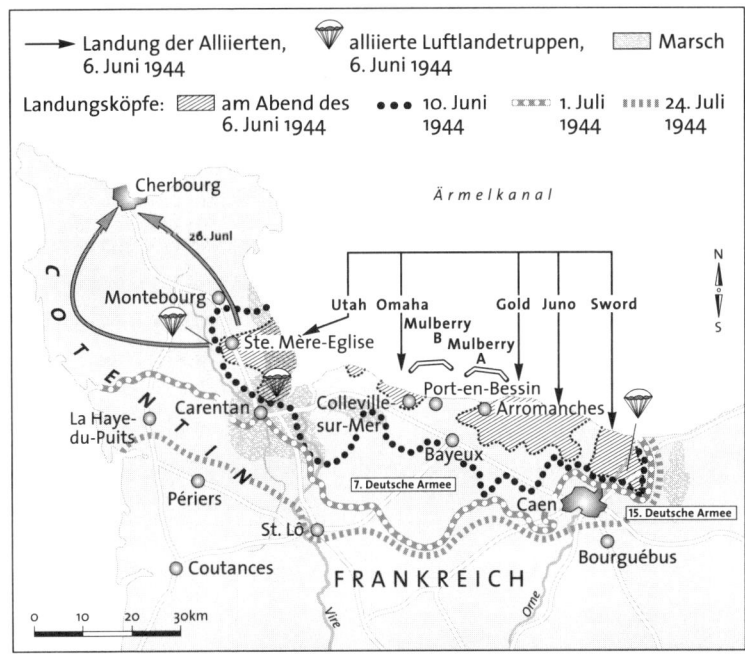

Schlacht in der Normandie (6. Juni bis 24. Juli 1944).

der Nacht erfolgen, und wegen der Zerstörung der Verkehrswege war man auf zeitraubende Umwege angewiesen. Auch wurden die Reserven vom OKW nur mit Verzögerung freigegeben, da Hitler noch bis in den Juli hinein die Auffassung vertrat, dass eine zweite alliierte Landung an der Kanalküste bevorstehe.

Die Folge war, dass die nur tropfenweise und verspätet eintreffenden motorisierten Verbände nicht für einen entscheidenden Offensivschlag zusammengefasst werden konnten. Über ihre künstlich angelegten beiden Häfen brachten die Alliierten bis zum 12. Juni 326 000 Soldaten, 54 000 Fahrzeuge und 104 000 Tonnen Material an Land und errichteten einen zusammenhängenden Landekopf von 100 Kilometern Länge und 30 Kilometern Tiefe. Aus ihm stießen die Amerikaner am 14. Juni nach Westen vor, durchbrachen Ende Juli westlich von St. Lô die deutsche

Front (Operation »Cobra«) und gingen zum Bewegungskrieg über. Ende September erreichten die alliierten Verbände dann erstmals deutschen Boden.

In dieser Lage wurden sie von Hitlers Gegenoffensive in den Ardennen überrascht (Unternehmen »Herbstnebel«). Nach dem Attentat vom 20. Juli hatte Himmler, der neue Befehlshaber des Ersatzheeres, »Volksgrenadierdivisionen« aufgestellt. Sie bestanden aus frisch Einberufenen und fronterfahrenen Kadern. Zusätzlich wurden alle waffenfähigen Männer zwischen 16 und 60 Jahren zur Verteidigung ihres unmittelbaren Heimatgebiets zum »Volkssturm« herangezogen. Mit diesem aus dem Boden gestampften Kräfteaufgebot sowie einer neu aufgestellten SS-Panzerarmee unter SS-Oberstgruppenführer Sepp Dietrich beabsichtigte Hitler, dem Krieg im Westen eine Wende zu geben. Sein Plan sah vor, aus dem Raum zwischen Monschau und Echternach, also dem Gebiet, aus dem 1940 der entscheidende »Sichelschnitt« geführt worden war, eine Offensive zu starten. Durch das schlechte Herbstwetter vor der überlegenen alliierten Luftwaffe geschützt, sollten die Panzerverbände durch die von den Amerikanern nur schwach besetzten Ardennen vorstoßen, die Maas überqueren und bei Antwerpen die Küste erreichen. Alle nördlich dieses Stoßkeiles stehenden alliierten Streitkräfte sollten abgeschnitten und vernichtet werden.

Die Ardennenoffensive begann am 16. Dezember. Die drei aus dem Raum zwischen Monschau und Echternach angreifenden deutschen Armeen trafen auf einen völlig überraschten Gegner. Dennoch kam die 6. SS-Panzerarmee, die den Stoß auf Antwerpen zu führen hatte, nur bis vor Malmedy. Die in der Mitte angesetzte 5. Panzerarmee konnte zwar die alliierten Linien durchbrechen, blieb aber an der Maas stecken. Ab dem 24. Dezember griff, nachdem sich das Wetter gebessert hatte, die alliierte Luftwaffe in die Kämpfe ein. Das war einer der beiden ausschlaggebenden Faktoren für das Scheitern der Offensive. Der andere war, dass die deutsche Treibstoffversorgung so knapp wurde, dass man am 27. Dezember nicht weiter vorrücken konnte, sondern überall zur Verteidigung übergehen musste. Da das Unternehmen gescheitert war, beschworen die Frontbefehlshaber Hitler vergebens, Truppen und Material durch rechtzeitige Rückführung zu retten. Als die Alliierten am 3. Januar 1945 die Frontausbuchtung von Norden und Süden angriffen und sich die Zange am 16. Januar schloss, musste die Wehrmacht beim Rückzug mehr Panzer und Sturmgeschütze zurücklassen als die Angriffsschlacht gekostet hatte. Der einzige Erfolg bestand darin, dass die Westmächte ihren Vorstoß ins Rhein- und Ruhrgebiet um einige Wochen verschieben mussten.

Der militärische Zusammenbruch

Während der Ardennenoffensive hatte die Rote Armee die Brückenköpfe über die Weichsel und den Narew eingenommen und sich die Ausgangsposition verschafft, um zum Sprung an die Oder und nach Berlin anzusetzen. Vor der Front zwischen Ostsee und Karpaten zeichnete sich eine Großoffensive ab, die mit Eintritt des Frostwetters zu erwarten war. Der neue Generalstabschef des Heeres, Generaloberst Heinz Guderian, unternahm alle Anstrengungen, um Reserven aufzutreiben, mit denen er der Roten Armee im Bewegungskampf entgegentreten konnte. Aber weder mit seinem Vorschlag, Kurland und Norwegen zu räumen und durch Frontverkürzungen in Norditalien und Jugoslawien neue Kräfte zu gewinnen, noch mit seinem Appell, die steckengebliebene Ardennenoffensive abzubrechen und alle entbehrlichen Kräfte an die Weichsel zu verlegen, drang er bei Hitler durch. Hitler bezeichnete den sowjetischen Aufmarsch als »den größten Bluff seit Dschingis Khan«[17] und spielte wieder mit dem Gedanken einer Offensive im Elsass.

Unter diesen Umständen erzielte die sowjetische Winteroffensive, die am 12. Januar 1945 aus den Brückenköpfen an der Weichsel begann, tiefe Einbrüche in die deutschen Stellungen. Hitler, der sein Hauptquartier am 16. Januar in die Reichskanzlei nach Berlin verlegt hatte, reagierte in der gewohnten Weise.

Er entließ fähige Befehlshaber und befahl, dass ihm von nun an jede operative Bewegung vom Divisionsverband aufwärts und jede Aufgabe einer Stellung so rechtzeitig zu melden sei, dass er persönlich eingreifen könne. Damit war der sowjetische Vormarsch nicht aufzuhalten.

Die Rote Armee überschritt Mitte Januar die schlesische Grenze und erreichte am 23. südlich von Breslau die Oder. Unter schweren Kämpfen ging nun bis Ende Januar 1945 das oberschlesische Industriegebiet verloren, das nach der Bombardierung des Ruhrgebiets das einzige intakte Rüstungszentrum im Reich war. Rüstungsminister Speer richtete am 30. Januar eine Denkschrift an Hitler, deren Tenor darin bestand, dass die Fortsetzung des Krieges in wenigen Wochen unmöglich sein werde. Hitler überging sie mit Schweigen.

Gleichzeitig mit dem Angriff an der Weichsel hatte die sowjetische Offensive gegen Ostpreußen begonnen. Ende Januar erreichte die Rote Armee östlich von Elbing bei Tolkemit das Frische Haff und schnitt damit die Landverbindung nach Ostpreußen ab. Durch die Abschnürung wandte sich der Strom der Flüchtlinge, der sich nach Westen in Bewegung gesetzt hatte, nunmehr nach Norden mit dem Ziel, das Reich über die Frische Nehrung oder über See zu erreichen. Um die Lücke zu schließen, die die Fronten zwischen der Oder und der unteren Weichsel aufgerissen hatten, befahl Hitler, aus Garnisonstruppen, Polizei- und Volkssturmeinheiten eine »Heeresgruppe Weichsel« aufzustellen. Den Oberbefehl übertrug er dem militärischen Laien Himmler, dem er die besten Chancen einräumte, letzte personelle Reserven aufzutreiben. Himmlers Debüt als kommandierender Feldherr missglückte vollkommen. Die Streitkräfte Schukows durchbrachen die Front der »Heeresgruppe Weichsel« in Pommern und stießen durch das mit Flüchtlingstrecks gefüllte Land zur Ostseeküste vor. Immerhin konnte sich die am 7. März eingeschlossene Küstenstadt Kolberg elf Tage lang verteidigen, bis die Massen von Verwundeten und Flüchtlingen durch die Kriegsmarine evakuiert waren. Nach Westen eindrehend, erreichten Schukows Truppen dann den Unterlauf der Oder und das Stettiner Haff.

Während sich die Sowjets Mitte März für den tödlichen Stoß ins Herz Deutschlands vorbereiteten, überschritten die Westmächte den Rhein und schlossen das Ruhrgebiet ein. Hitler gab nun jenen Befehl heraus, der als »Nerobefehl« bekannt wurde. Am 19. März ordnete er die Taktik der »verbrannten Erde« mitten in Deutschland an.[18] Bei einem Rückzug seien alle Industrie-, Verkehrs- und Versorgungsanlagen zu zerstören. Speers Einwand, dass damit dem eigenen Volk die Existenzgrundlage entzogen werde, schob er beiseite. »Wenn der Krieg verloren geht, wird auch das Volk verloren sein. Es ist nicht notwendig, auf die Grundlagen, die das deutsche Volk zu seinem primitivsten Weiterleben braucht, Rücksicht zu nehmen. Im Gegenteil ist es besser, diese Dinge zu zerstören. Denn das Volk hat sich als das schwächere erwiesen, und dem stärkeren Ostvolk gehört ausschließlich die Zukunft. Was nach diesem Kampf übrigbleibt, sind ohnehin nur die Minderwertigen, denn die Guten sind gefallen.«[19] Im Einvernehmen mit den Frontbefehlshabern gelang es Speer allerdings, die Auswirkungen dieses »Nero-Befehls« zu sabotieren und durch Ausführungsbestimmungen abzuschwächen.

Unter den Westmächten kam es Ende März zu einer Kontroverse über die Schwerpunktsetzung beim weiteren Vorstoß ins Reichsgebiet. Eisenhowers Pläne als alliierter Oberbefehlshaber sahen drei Schwerpunkte vor: ein Vordringen amerikanischer Kräfte aus dem Raum Kassel durch Mitteldeutschland in Richtung Leipzig-Dresden, um sich mit den Sowjets an der Elbe zu vereinigen; ein Abdrehen der Briten unter Montgomery in Richtung Norden auf Hamburg und Lübeck, um den deutschen Kräften in Dänemark und Norwegen den Weg ins Reich zu verlegen; und einen Vorstoß der Einheiten Pattons nach Süden in den Donauraum, um bei Linz auf die Rote Armee zu treffen und die Gebirgsgebiete Südbayerns und Österreichs zu besetzen. Dahinter steckte die von den amerikanischen Aufklärungsstäben genährte Vorstellung von der Existenz einer »Alpenfestung«, in die sich Hitler und die deutsche Führung zurückziehen könnten. Auf die Existenz eines solchen »national reduit« deutete der zähe Widerstand hin, den die Deutschen im Donauraum und in Norditalien leisteten. Der Zerstörung dieser schwer einnehmbaren »Alpenfestung« maß Eisenhower vom militärischen Standpunkt aus weit größere Bedeutung bei als der schnellen Besetzung Berlins.

Während Roosevelt und Stalin diesen Plan begrüßten, wurde er von Churchill abgelehnt. Nach Churchills Dafürhalten sollte der Hauptstoß durch Montgomery in Norddeutschland über die Elbe und nach Berlin geführt werden, um die Sowjets vom Atlantik fernzuhalten und ihnen die Eroberung der Reichshauptstadt nicht allein zu überlassen. Dahinter stand das Bestreben, möglichst weit über die im Februar in Jalta endgültig vereinbarten Besatzungsgrenzen vorzustoßen, um gegenüber der Sowjetunion Pfänder für die Bereinigung der schwebenden Fragen in die Hand zu bekommen: die innere Ordnung in Polen und den Balkanstaaten sowie die künftige Besetzung Österreichs. Da sich die amerikanischen Stabschefs geschlossen hinter Eisenhowers Operationsplan stellten und dieser auch für Roosevelt als der sicherste Weg zum Sieg erschien, konnte sich Churchill nicht durchsetzen.

Am 13. April erreichten die Amerikaner die Elbe auf der Breite zwischen Wittenberge und Barby sowie die Saale zwischen Halle und Jena. Dort stießen sie auf den starken Widerstand einer neuen Armee unter General Walther Wenck, die seit Anfang April aus letzten personellen Reserven, vor allem jungen Soldaten aus Fahnenjunkerschulen, dem Reichsarbeitsdienst und HJ-Führerkorps, aufgestellt worden war und deren Divisionen patriotische Namen wie »Theodor Körner«, »Scharnhorst« und »Schill« trugen. Diese »Armee Wenck« bekam am 23. April überraschend den Befehl, kehrtzumachen und zur »Befreiung« Berlins anzusetzen, das kurz vor der Einschließung durch die Sowjets stand. Der andere Schwerpunkt des amerikanischen

Vorgehens wies in Richtung Süden. Ende März hatte Pattons Armee die Mainbrücken bei Aschaffenburg erobert, am 29. März Frankfurt eingenommen, erreichte am 18. April die Mulde bei Zwickau und schwenkte dann, gemäß Eisenhowers Plan, über Hof nach Süden ein, um gegen die Donau und die »Alpenfestung« vorzugehen. Eine zweite Armee war von Bamberg aus nach Süden eingedreht und nahm nach viertägigen Kämpfen am 20. April Nürnberg ein. Nach Überquerung der Donau wurde am 28. April Augsburg besetzt, zwei Tage später rückten die Truppen auf ihrem Weg in die Alpen kampflos in München ein. Am 4. Mai vereinigten sich die von Norden vorrückenden amerikanischen Verbände dann am Brenner mit den Truppen, die von Süden aus der norditalienischen Tiefebene kamen. In Italien hatte Generaloberst Heinrich-Gottfried von Vietinghoff am 29. April die einzige Teilkapitulation der deutschen Verbände vorgenommen, die vor Hitlers Tod riskiert wurde. Pattons Armee war nach der Einnahme von Regensburg am 27. April in Österreich einmarschiert und, gemäß Eisenhowers Planung, am 5. Mai in Linz stehengeblieben. Erst nachdem sich die vermutete »Alpenfestung« als Phantom erwiesen hatte, ließ Eisenhower diese Armee über das Erzgebirge und den Böhmerwald in die Tschechoslowakei bis zur Linie »Karlsbad-Pilsen-Budweis« vorrücken. Ein weiteres Vorgehen bis zur »Elbe-Moldau-Linie«, um Prag einzunehmen, wo sich die Tschechen gegen die Deutschen erhoben hatten, unterblieb jedoch nach Stalins Protest.

Zeitgleich mit der Einnahme Wiens durch die Rote Armee begann am 16. April durch die »Erste Weißrussische Front« unter Schukow aus den Oderbrückenköpfen bei Küstrin und durch die »Erste Ukrainische Front« unter Konjew an der Neiße zwischen Görlitz und Forst der Umfassungsangriff gegen Berlin. Konjews Armeen durchbrachen die deutsche Front im ersten Anlauf, trafen am 25. April bei Torgau an der Elbe auf die Amerikaner und fielen der 9. Armee unter General Theodor Busse, die durch Hitlers Befehl an der Oder festgehalten wurde, in den Rücken. Schukows Armeen gelang es erst nach dreitägigen harten Käm-

fen, über die Seelower Höhen nach Westen gegen Berlin vorzurücken und den Ring um die Armee Busses im Raum südwestlich von Frankfurt an der Oder zu schließen.

Hitlers Ende und Kapitulation

Nach dem Scheitern der Ardennenoffensive hatte sich
Hitler in den »Führerbunker« der Reichskanzlei zurückgezogen.
Dort verfolgte er in einer Mischung aus Hoffnung und Verzweif-
lung das Herannahen der Roten Armee. Hier fanden in einem
etwa 14 Quadratmeter großen Konferenzraum die letzten Lage-
besprechungen statt.

Inmitten dieser düsteren Atmosphäre keimte Mitte April
noch einmal Hoffnung auf. Am Freitagabend, dem 13. April,
teilte Goebbels triumphierend mit, dass Roosevelt gestorben sei.
Hitler berief umgehend eine Zusammenkunft ein und verwies
beschwörend auf das »Mirakel des Hauses Brandenburg«, jene
unerwartete Wendung des Kriegsgeschehens, die 1762 Friedrich
den Großen gerettet hatte. Er klammerte sich daran, dass das
Wunder wiederkehren werde und der Krieg nicht verloren sei.
Tatsächlich herrschte im Bunker für ein paar Stunden Siegeszuversicht. Hitler entwickelte einen Plan zur Befreiung Berlins. Er
schob die geschlagenen deutschen Verbände wie Geisterarmeen
auf der Landkarte hin und her. Busses Armee sollte nach Westen
angreifen, um den von Süden her auf Berlin vorgehenden Kräften Konjews in Flanke und Rücken zu fallen. Die an der Elbe den
Amerikanern gegenüberstehende »Armee Wenck« sollte kehrt-
machen und der Armee Busses nach Osten bis Luckenwalde
entgegenstoßen. Anschließend sollten beide vereinigten Armeen
Berlin entsetzen. Im Norden der Reichshauptstadt sollte die »Armeegruppe Steiner«, die unter dem General der Waffen-SS aus
Reserven, Volkssturm und Alarmeinheiten gebildet worden war,
einen Befreiungsangriff gegen Berlin führen und den nördlichen sowjetischen Umfassungsarm abschneiden. Am 15. April,
einen Tag vor Beginn der sowjetischen Großoffensive gegen Ber-

lin, erließ Hitler dann seine Proklamation an die »Soldaten der deutschen Ostfront«, in der er prophezeite, dass die Rote Armee vor den Mauern der Hauptstadt »das alte Schicksal Asiens« erleiden werde und der »bolschewistische Ansturm in einem Blutbad erstickt«.[20]

Auch am 20. April, Hitlers 56. Geburtstag, war die Siegesstimmung noch spürbar. Zum letzten Mal war die Führungsriege zusammengekommen: Goebbels, Himmler, Bormann, Speer, Ley, Ribbentrop, einige Gauleiter sowie die Spitzen der Wehrmacht. Von seinem Jagdsitz Karinhall war Göring angereist. Die Gratulationscour war in die Räume der Neuen Reichskanzlei verlegt worden, wo Hitler die Glückwünsche entgegennahm. Während draußen die Leibstandarte mit Paradeschritt vorbeizog, verbreitete Hitler Siegeszuversicht. Dann gab er seinen Beschluss bekannt, Berlin nicht zu verlassen. Als »Führer« dürfe er sein Leben nicht in einem »Sommerhaus« beschließen. Am Nachmittag betrat er ein letztes Mal den Garten der Reichskanzlei. Auf dem kraterübersäten Gelände hatte eine Gratulantenschar Aufstellung genommen: eine Abordnung der SS-Division »Frundsberg« und der »Kurland-Armee« sowie eine Anzahl von Hitlerjungen. In der Ferne, kaum 30 Kilometer entfernt, hörte man das Grollen der Front, als Hitler die Reihen abschritt und jedem die Hand gab. Den Knabensoldaten tätschelte er die Wangen, forderte sie zum Durchhalten auf und beendete seinen Appell mit dem Ruf: »Heil Euch«.[21]

Als Hitler in den Bunker zurückkehrte, begann der Exodus der Minister und Parteibonzen. Nur Goebbels hatte sich entschlossen, mit seiner gesamten Familie zu bleiben und im Bunker das Ende abzuwarten. Am 26. April verlangte Göring in einem Funkspruch vom Obersalzberg aus, dass Hitler ihm die Führung des Reiches gemäß dem Stellvertreter-Erlass vom 29. Juni 1941 mit allen Verhandlungsvollmachten übertrage. Falls er bis 24 Uhr keine Antwort erhalte, sehe er Hitler als seiner Handlungsfreiheit beraubt an und werde zum Wohl von Volk und Vaterland handeln. Hitler tobte ob dieses »Ultimatums«, enthob Göring sämtlicher Ämter und ließ ihn durch die SS festsetzen. Einen Tag später bot Himmler von Lübeck aus den Westmächten über den Vizepräsidenten des Schwedischen Roten Kreuzes, Folke Graf Bernadotte, die einseitige Kapitulation an der Westfront an, um deren rasches Vorrücken nach Osten zu ermöglichen. Auch er wurde von Hitler wegen Treulosigkeit aus der Partei ausgestoßen und aller Ämter enthoben.

Als die Alliierten am 28. April den Grundsatz der bedingungslosen Kapitulation an allen Fronten vor der Weltpresse bekräftigten, erlosch im Bunker der letzte Hoffnungsfunken. Die Illusion von der Entzweiung der »perversen Koalition zwischen Plutokratie und Bolschewismus«, wie Goebbels in seiner Rundfunkrede zu Hitlers Geburtstag noch vorhergesagt hatte,[22] war endgültig zerstoben. Am nächsten Tag gab Hitler auf. An diesem 29. April diktierte er sein privates und sein politisches Testament. Er bestimmte Dönitz zum Reichspräsidenten und Oberbefehlshaber der Wehrmacht, Goebbels zum Reichskanzler, Bormann zum Parteiminister und entwarf eine komplette Kabinettsliste. Die neue Regierung, so hieß es, habe »den Krieg mit allen Mitteln weiter fortzusetzen«. Die Verantwortung für die Katastrophe schob Hitler dem »internationalen Judentum und seinen Helfern« zu. Im Schlusssatz verpflichtete er die neue Regierung »zur peinlichen Einhaltung der Rassegesetze und zum unbarmherzigen Widerstand gegen den Weltvergifter aller Völker, das internationale Judentum.«[23] Im privaten Testament wurde Hitlers Eheschließung mit seiner langjährigen Geliebten Eva Braun erklärt und die sofortige Verbrennung seiner Leiche verfügt. Die nächtliche Trauung war schon vor dem Diktat erfolgt.

Als feststand, dass die Rote Armee in den nächsten 24 Stunden den Bunker der Reichskanzlei erreichen würde, nahm sich Hitler am Nachmittag des 30. April das Leben. Gegen 15.30 Uhr erschoss er sich; Eva Braun nahm Gift. Ihre Leichen wurden vor dem Bunkereingang im Garten mit Benzin übergossen und verbrannt, die Überreste am Abend in einem Bombenkrater vergraben, wo sie von den Sowjets gefunden und anhand von Zahnersatzteilen identifiziert wurden. Hitler überlebte damit seinen Bundesgenossen Mussolini, der bei einem Fluchtversuch in die Schweiz am Comer See von italienischen Partisanen erschossen wurde, um zwei Tage. Am 1. Mai schied auch Goebbels mit seiner Familie aus dem Leben. Am nächsten Tag kapitulierte die Besatzung der Reichshauptstadt. Zu diesem Zeitpunkt hatten sich die Armeen Wenck und Busse schon an die Elbe östlich von Stendal zurückgezogen, wo sie sich nach Verhandlungen mit den Amerikanern ab dem 4. Mai gefangen nehmen ließen. Die Reste der »Heeresgruppe Weichsel« gingen ebenfalls in westliche Kriegsgefangenschaft.

Das OKW und sein Chef Keitel hatten Berlin kurz vor der Einschließung durch die sowjetischen Verbände verlassen und sich in das Hauptquartier von Dönitz nach Plön in Schleswig-Holstein begeben. Nach dem Tode Hitlers zog sich Dönitz nach Mürwik bei Flensburg zurück und ernannte eine »geschäftsführende Reichsregierung« unter dem bisherigen Reichsfinanzminister Graf Schwerin von Krosigk. Sein Ziel war es, durch Teilkapitulationen an der Westfront möglichst viele Wehrmachtsangehörige und Flüchtlinge dem sowjetischen Zugriff zu entziehen. Am 3. Mai wurde eine deutsche Delegation unter Generaladmiral Hans-Georg von Friedeburg in Montgomerys Hauptquartier in der Lüneburger Heide geschickt, um Möglichkeiten zu sondieren, die Absetzbewegungen aus dem Osten zu Lande und zur See weiterlaufen zu lassen. Dort wurde für Schleswig-Holstein, Nordwestdeutschland, Dänemark und Holland ein Waffenstillstand unterzeichnet, der den Übertritt von Soldaten der Ostfront über die englischen und amerikanischen Linien ermöglichte. Einen Tag später wurde in Haar bei München die bedingungslose Übergabe der »Heeresgruppe G« (Nordalpen) an die Amerikaner unterzeichnet. Als von Friedeburg jedoch in Eisenhowers Hauptquartier nach Reims flog, um weitere Teilkapitulationen auszuhandeln, musste er erfahren, dass die Sowjets inzwischen – gegen den Einspruch Churchills – forderten, dass es an allen Fronten gleichzeitig zur bedingungslosen Kapitulation kommen müsse. Auch der von Dönitz nach Reims entsandte Chef des Wehrmachtführungsstabes, Generaloberst Jodl, konnte nicht erreichen, dass nach Unterzeichnung einer Gesamtkapitulation wenigstens noch vier Tage lang Truppenbewegungen gestattet sein sollten, um möglichst viele Soldaten im Osten vor der sowjetischen Gefangenschaft zu bewahren. Unter der Drohung der Westmächte, die Luftangriffe wieder aufzunehmen, unterschrieb Jodl in den frühen Morgenstunden des 7. Mai um 2.41 Uhr unter Teilnahme eines sowjetischen Vertreters in Reims dann die Gesamtkapitulation. Sie trat am 8. Mai um 23.01 Uhr in Kraft. Auf Wunsch Stalins wurde die Unterzeichnung am 9. Mai um 0.16 Uhr im sowjetischen Hauptquartier in Berlin-Karlshorst durch Marschall Schukow und General Eisenhower wiederholt. Auf deutscher Seite unterschrieben Keitel als Chef des OKW, von Friedeburg als Oberbefehlshaber der Kriegsmarine und Generaloberst Stumpff in Vertretung des verwundeten Oberbefehlshabers der Luftwaffe, Feldmarschall Ritter von Greim.

Durch Dönitz' Politik der Teilkapitulationen gelang es der »Heeresgruppe Süd« in Österreich, der »Heeresgruppe Weichsel« und der »Armee Wenck« an der Elbe, mit der Mehrzahl ihrer Kräfte die Linien der Amerikaner zu erreichen und sich gefangen zu geben. Von der »Heeresgruppe Mitte« unter Feldmarschall Ferdinand Schörner, die in den Sudeten sowie in Böhmen und Mähren stand, konnten sich dagegen nur 200000 Soldaten hinter die amerikanische Demarkationslinie retten. Rund eine Million Mann geriet in sowjetische Hand, da nach Inkrafttreten der Kapitulationsbestimmungen ein Übertritt nach dem Westen untersagt wurde. Die abgeschnittene »Heeresgruppe Kurland« ergab sich der Roten Armee mit rund 200000, die »Armee Ostpreußen« an der Frischen Nehrung mit 150000 Mann. Insgesamt konnten von den 3,34 Millionen an der Ostfront stehenden Soldaten 1,85 Millionen in westliche Gefangenschaft gehen.

Am 23. Mai wurde die Regierung Dönitz für aufgelöst erklärt und samt dem OKW von den Engländern in die Kriegsgefangenschaft abgeführt. Damit war die zentrale deutsche Regierung beseitigt und die Regierungsgewalt in die Hände der Siegermächte übergegangen. In den ersten Julitagen wurden die mecklenburgischen, brandenburgischen, sächsischen und thüringischen Gebiete gemäß den vereinbarten Besatzungszonen von den Westalliierten geräumt und die vorgesehenen Sektoren in Berlin bezogen. Der Alliierte Kontrollrat, der für alle Angelegenheiten zuständig war, die Deutschland als Ganzes betrafen, nahm Ende Juli seine Arbeit auf. Da er nur einstimmig beschließen konnte, blieb die eigentliche Besatzungsgewalt bei den vier Oberbefehlshabern der Besatzungsstreitkräfte, die jeweils in ihrer Zone die oberste Gewalt ausübten.

7 Bilanz und Folgen des Zweiten Weltkriegs

Nach der Kapitulation im Mai 1945 lag das Schicksal der Deutschen in der Hand der alliierten Siegermächte.

Als sich Amerikaner und Sowjets am 25. April 1945 in Torgau an der Elbe die Hände reichten, war dies ein Akt mit doppeltem Symbolgehalt. Das Zusammentreffen mitten in Deutschland markierte zum einen das Ende des nationalsozialistischen Regimes und des von seinen Exponenten entfesselten weltumspannenden Krieges, der den Kontinent in eine Leichen- und Trümmerlandschaft verwandelt hatte. Mit rund 55 Millionen Opfern, darunter mehr als sieben Millionen Deutsche, sechs Millionen Polen und an die 20 Millionen Sowjets, hatte der Blutzoll dieses sechsjährigen Ringens den Ersten Weltkrieg um mehr als das Vierfache übertroffen. Der »totale Krieg« hatte die Zivilgesellschaft stärker denn je tangiert. Auf dem Gebiet der Sowjetunion waren mehr als 1 700 Städte und 70 000 Dörfer zerstört worden, in Japan 3,7 Millionen Wohnungen und in Deutschland

1,63 Millionen Gebäude mit 5 Millionen Behausungen. Ein Jahr nach Kriegsende standen hier für 14 Millionen Haushalte nur acht Millionen Wohnungen zur Verfügung. Manche Städte waren zu über 90 Prozent zerstört, die Skelette und Silhouetten der Bauwerke ragten wie grausige Kulissen der deutschen Hybris in den Himmel. Das 1919 in Versailles konstituierte deutsche Reichsgebiet war um ein Viertel geschrumpft und vollständig in der Hand der alliierten Besatzungstruppen. In dieses Territorium ergoss sich in Form einer neuen Völkerwanderung ein Flüchtlingsstrom von mehr als zehn Millionen Menschen. Jeder achte Einwohner der Westzonen hatte im Osten Heimat, Besitz und Boden verloren. Unermesslich waren die Verbrechen, die von deutscher Hand begangen worden waren. Von den im Jahre 1939 in Europa lebenden 9,2 Millionen Juden waren bei Kriegsende noch 3,1 Millionen am Leben; zwei Drittel hatten den nationalsozialistischen Rassen- und Vernichtungswahn nicht überlebt. Von den 5,3 Millionen sowjetischen Kriegsgefangenen waren mehr als die Hälfte verhungert, gestorben oder elend zugrunde gegangen.

Der symbolische Handschlag an der Elbe markierte zum anderen aber auch das Ende der europäischen Dominanz über die Welt, die 450 Jahre zuvor mit dem Zeitalter der Entdeckungen ihren Ausgang genommen hatte. Hitlers Gewaltpolitik hatte nicht nur die Nachkriegsordnung von 1919 zerstört, sondern, indem sie die USA und Stalins Sowjetunion nach Europa zurückholte, auch die Vorrangstellung des alten Kontinents in der Welt beendet. Die agonale Struktur der europäischen Mächtebeziehungen hatte sich seit Beginn der Neuzeit immer wieder in Verheerungen und Kriegen Bahn gebrochen: im Dreißigjährigen Krieg, im Spanischen Erbfolgekrieg, im Siebenjährigen Krieg, in den ein Vierteljahrhundert dauernden Nachfolgekriegen der Französischen Revolution und zuletzt in der »Urkatastrophe« des 20. Jahrhunderts, im Ersten Weltkrieg. Für das europäische Mächtesystem und seine globale Machtprojektion waren diese Zäsuren gravierend, aber nicht zerstörerisch gewesen. Münster und Osnabrück 1648, Utrecht 1713, Hubertusburg 1763, Wien 1815, Paris 1856, Berlin 1878 und wieder Paris 1919 – jedesmal waren die europäischen Mächte in der Lage gewesen, selbständig und autonom eine neue Friedensordnung zu entwerfen und die Kriege kraft eigener Potenz zu beenden, wenn auch zuletzt nur mit Hilfe der USA.

Jetzt war alles anders. Jetzt hatten sich die europäischen Mächte zu Tode bekriegt. Nicht nur, dass es nach 1945 keine Friedenskonferenz, keinen Friedensvertrag gab. Hitler hatte auch dafür gesorgt, dass nun mit der Sowjetunion und den USA außereuropäische Mächte über das Schicksal des alten Kontinents bestimmten. Europa hatte aufgehört, der Welt seinen Stempel aufzudrücken. Eine Jahrhunderte lange Epoche war zu Ende gegangen.

Das galt für England und sein Empire, dessen globale Machtstellung unwiderruflich dahin und dessen außenpolitischer Grundsatz, die Steuerung der Machtrivalitäten auf dem Kontinent von außen her, zerbrochen war. Das galt für Frankreich, dessen Versuch, auf den Trümmern der Dritten Republik sein Kolonialreich und seine verlorene Großmachtglorie zu restaurieren, zum Scheitern verurteilt war. Und es galt vor allem für Deutschland, dessen erneuter Anlauf, sich eine Weltmachtposition zu erobern, im Finis Germaniae geendet hatte. Das Bismarckreich war ausgelöscht, der Großmachttraum dahin, das imperiale Selbstverständnis der Deutschen auf Dauer diskreditiert. Durch seine verbrecherische Dimension, die Versklavung und Ermordung ganzer ethnischer Gruppen hatte der von Deutschland ausgehende Krieg das Ende deutscher Staatlichkeit heraufgeführt.

So hoffnungslos und festgezimmert sich die Lage darstellte, in der weltpolitischen Zäsur von 1945 lag auch eine Chance für die Zukunft der Deutschen. Ähnlich wie 1919 fiel die Abwehrkoalition gegen Deutschland mit dem Kriegsende auseinander, brachen sich die unterschiedlichen Ziel- und Wertvorstellungen in der Anti-Hitler-Koalition Bahn, sobald das Objekt dieser Allianz nicht mehr vorhanden war. Das Ergebnis war jedoch anders als in der Zwischenkriegszeit kein machtpolitisches Vakuum, sondern die globale Machtprojektion und Machtkonkurrenz der beiden, unterschiedliche Gesellschaftsmodelle vertretenden Supermächte: der USA und der Sowjetunion. Dieser »Kalte Krieg«, geprägt vom Rüstungswettlauf bis zum »overkill«, von antagonistischer Blockbildung bis zur todbringenden Abriegelung und von Destabilisierung und Unterminierung des Gegners bis an den Rand des Atomkrieges, war die beherrschende Struktur in den Mächtebeziehungen der kommenden Jahrzehnte. Er degradierte die anderen Mitglieder der einstigen Allianz zu Juniorpartnern, riss den Kontinent in der Mitte auseinander und stellte darauf ab, dem Gegner Positionsvorteile und Einflusszonen abzujagen. In diesem Streit der Sieger über die deutsche Beute, dem mikroskopierten Stellvertreterschauplatz des globalen Ringens, lag für die Deutschen die Chance, als Musterknaben des jeweiligen Lagers wieder auf die Beine zu kommen.

Von einer »deutschen Gefahr«, wie sie seit 1871 virulent war und wie sie die Zwischenkriegszeit dominiert hatte, ließ sich ab 1945 nicht mehr sprechen. Hier bewiesen die Beschlüsse der Kriegskonferenzen, der *European Advisory Commission* und des Alliierten Kontrollrats Kontinuität. Frankreich wie England wappneten sich mit ihren jeweils für 20 Jahre abgeschlossenen Allianzen mit der Sowjetunion gegen ein deutsches Wiedererstarken. Die Sowjetunion schuf sich in ihrem westlichen Vorfeld durch Stalinisierung und Truppenpräsenz ein Sicherheitsglacis, das bis ins Herz des Kontinents reichte und die Satellitenstaaten im »Warschauer Pakt« unter Kuratel stellte. Die USA kehrten, anders als Roosevelt dies anvisiert hatte, unter Truman und dessen Nachfolgern Europa nie mehr den Rücken. Marshall-Plan, NATO, Truppenstationierung, Demokratie und freie Marktwirtschaft sorgten dafür, dass Resteuropa zunehmend amerikanisiert wurde. Und beide Supermächte kontrollierten das deutsche Potential, indem sie die Teile Deutschlands in ihre waffenstarrenden Militärblöcke eingliederten.

Vor allem aber bedeutete, anders als 1918, das Ende des Zweiten Weltkrieges für die Deutschen einen fundamentalen Neuanfang. Die alten Muster deutscher Identität waren durch ihre hypertrophe Übersteigerung, durch die Offenlegung der im Krieg begangenen Untaten, durch *reeducation* und durch die aus dem Verlauf der jüngeren deutschen Geschichte resultierende, gravierende Traditionsbelastung zerbrochen. Jetzt bekehrten sich die Deutschen, in West wie in Ost, zu einem Neuanfang. Jetzt fanden sie sich bereit, ihre Identität und damit ihre Staatsräson neu zu definieren. Das Grundgesetz von 1949, das die Wiedervereinigung von 1990 unbeschadet überlebt hat, ist der sichtbare Ausdruck dieses Traditionsbruches. Es machte die Idee der Föderalität zur Handlungsmaxime künftiger Außenpolitik. Man grenzte sich explizit vom hergebrachten Nationalismus, von Großmachtdenken und vom imperialistischen Traditionsbestand der deutschen Geschichte ab. In Artikel 24, Absatz 2, bestimmt es, dass sich die Bundesrepublik Deutschland »zur Wahrung des Friedens einem System gegenseitiger kollektiver Sicherheit einordnen« soll.[1] Damit war auf den Trümmern des untergegangenen Reiches und inmitten der antagonistischen Struktur des »Kalten Krieges« eine klare außenpolitische Richtungsentscheidung getroffen: der Weg einer Kooperation mit den westlichen Demokratien bis hin zur Integration in deren Allianzsysteme. Zum ersten Mal war die deutsche Staatsräson nicht mehr nationalstaatlich, sondern international einjustiert worden.

Das Grundgesetz legte noch eine zweite Maxime deutscher Staatsräson fest: »in freier Selbstbestimmung die Einheit und Freiheit Deutschlands zu vollenden«.[2] Dieses Verfassungsgebot der Wiedervereinigung konditionierte und begrenzte alle außenpolitischen Aktionen der Bundesregierungen gleich welcher Couleur und unabhängig davon, welche Konzeptionen sie verfolgten. Diesen gesamtdeutschen Anspruch gab es auch im anderen deutschen Teilstaat, in der DDR. Deren erste Verfassung legte in Artikel 1 fest: »Deutschland ist eine unteilbare demokratische Republik. Die Republik entscheidet alle Angelegenheiten, die für den Bestand und die Entwicklung des deutschen Volkes in seiner Gesamtheit notwendig sind.«[3] Beide deutsche Staaten erhoben also einen konkurrierenden Anspruch auf das Ganze; beide vertraten die völkerrechtliche Theorie von der prinzipiellen Fortexistenz des Deutschen Reiches. Erst nach den »Stalin-Noten« von 1952, in denen der sowjetische Diktator die Neutralisierung Gesamtdeutschlands anbot, trat hier eine Veränderung ein. Die Bundesrepublik hielt an der »Identitätstheorie« fest. In ihren Augen war die DDR eine nicht durch den Volkswillen legitimierte Sezession. Demgegenüber stellte sich die DDR auf den Boden der so genannten »Dismembrationstheorie«. Das Deutsche Reich, so ihr Kern, war 1949 mit der Gründung der beiden deutschen Staaten untergegangen. Folglich seien die DDR und die BRD von einander unabhängige, souveräne Staaten, die ihre Beziehungen als gleichberechtigte Partner unter sich regeln müssten.

Die Katastrophe von 1945 schuf noch zwei weitere Fundamente, die das Schicksal der Deutschen bis heute prägen: den Schlagschatten Hitlers und ein neues Selbstverständnis. Die Erblast des Nationalsozialismus und seiner Verbrechen, diese Bürde der Geschichte, wurde nicht abgeschüttelt, sondern geschultert. Sie beherrscht das öffentliche Bewusstsein und das Gepräge der Nachkriegsgesellschaft. Gedenkstätten, Museen, Lehrpläne, Medienereignisse, Gedächtnistage und Wahlergebnisse – sie alle weisen aus, dass das nationalsozialistische Gedankengut bis heute verfemt ist und dass die Untaten des Zweiten Weltkriegs den Deutschen eine Verantwortung aufgeladen haben, der sie sich nicht entziehen können und wollen.

Mehr als andere Länder ist die Bundesrepublik aufgerufen, für die Wahrung von Freiheit und Unabhängigkeit anderer Staaten einzutreten, denjenigen Ländern nicht die Machtinstrumente bereitzustellen, die der Unterdrückung anderer Völker und Nationen dienen, und – vor allem – für das Existenzrecht Israels einzutreten.

Schließlich sind auch die inneren Existenzbedingungen Deutschlands mit dem Kriegsende von Grund auf umgewälzt worden. Auf die deutsche Gesellschaft und die mentale Disposition der Deutschen wirkte die Katastrophe von 1945 wie eine Katharsis. Sie ließ die althergebrachten Werte obsolet werden und stellte den Anschluss an die Modernität der westlichen liberaldemokratischen Gesellschaftsformen her. Die Ideologie der Nationalsozialisten hatte ganz auf einer Indienstnahme tief verwurzelter Wertvorstellungen beruht: dem Kult des Militärischen, des Gehorsams, der Ehre und des Nationalismus. Der Missbrauch und die Übersteigerung dieser Normen führte zu deren Aushöhlung und Zerstörung und damit zu einem Bruch mit den alten Gruppenloyalitäten sowie zum Verschwinden der für Deutschland so charakteristischen wie einflussreichen Eliten in Militär, Beamtenschaft, Ostelbiertum und Adel. Die »preußischen« Traditionslinien sind heute obsolet: die kreuzzugsähnliche Ostorientierung, die militaristische Komponente mit dem starken Einfluss des Generalstabs auf die politische Führung und die Maxime von »Wachstum oder Untergang«, die sich im Wilhelminismus Bahn brach und mit Hitler ihre extremste Ausprägung erfuhr. Im Unterschied zur Situation nach dem Ersten Weltkrieg herrscht auch eine breite Übereinstimmung über die Unaufhebbarkeit der Gebietsabtretungen im Osten vor. Das Problem der geographischen Ausdehnung und der territorialen Definition Deutschlands, die alles beherrschende Frage des 19. und der ersten Hälfte des 20. Jahrhunderts, hat keine politische Brisanz mehr.

Der Zweite Weltkrieg war die größte Katastrophe des 20. Jahrhunderts. Für die Deutschen aber brachte er einen Neuanfang und die Befreiung von politischen Strukturen, Zielen und Mentalitäten, die ins Verhängnis und in die Irre führten.

8 Anhang

Anmerkungen

Ursachen und kriegstreibende Faktoren (S. 10 – 21)

1 Winston S. Churchill: The Second World War, Bd. 1. Boston o. J., S. 6.

2 Andreas Wirsching: »Man kann nur Boden germanisieren«. Eine neue Quelle zu Hitlers Rede vor den Spitzen der Reichswehr am 3. Februar 1933, in: VZG 49/2001, S. 517 ff.

3 Akten zur deutschen auswärtigen politik 1948–1945 (ADAP), D, Bd. 1, Nr. 19, S. 25–29.

4 Ulrich v. Hassell: Vom anderen Deutschland. Aus den nachgelassenen Tagebüchern 1938–1944. Zürich/Freiburg 1946, S. 84.

5 ADAP, D, Bd. 6, Nr. 433, S. 479.

6 Baumgart, Winfried: Zur Ansprache Hitlers vor den Führern der Wehrmacht am 22. August 1939. In: VZG 16/1968, S. 123.

7 Franz Halder: Kriegstagebuch. Tägliche Aufzeichnungen des Chefs des Generalstabes des Heeres 1939–1942. Hrsg. Arbeitskreis für Wehrforschung. Bd. 1, Stuttgart 1962, S. 38 (28. 8. 1939).

8 Rainer F. Schmidt: Die Außenpolitik des Dritten Reiches. Stuttgart 2002, S. 361 ff.

9 Hermann Graml: Das Versagen der internationalen Solidarität, in: Hildebrand, K. et al. (Hrsg.): 1939. An der Schwelle zum Weltkrieg. Berlin/New York 1990, S. 251 ff.

10 Joachim Wintzer: Deutschland und der Völkerbund 1918–1926. Paderborn 2005.

11 Günther Reichert: Das Scheitern der Kleinen Entente. Internationale Beziehungen im Donauraum von 1933 bis 1938. München 1971.

12 Schmidt: Außenpolitik, S.142 ff.

13 Marie-Luise Recker: Appeasement-Politik. Wissenschaftliche Karriere eines außenpolitischen Konzepts, in: U. Lehmkuhl et al. (Hrsg): Deutschland, Großbritannien, Amerika. Festschrift für Gustav Schmidt zum 65. Geburtstag. Stuttgart 2003, S. 9–25.

Blitzfeldzüge (S. 22–63)

1 Vgl. die einschlägigen Kapitel in: Das Deutsche Reich und der Zweite Weltkrieg, Bd. 9,1 u. 9,2 (Die deutsche Kriegsgesellschaft 1939–1945. München 2004/2005); Bd. 5,1 u. 5,2 (Kriegsverwaltung, Wirtschaft und personelle Ressourcen 1939–1941 u. 1942–1944/45. Stuttgart 1988/1999), hrsg. vom Militärgeschichtlichen Forschungsamt.

2 Heinz Boberach (Hrsg.): Meldungen aus dem Reich. Auswahl aus den geheimen Lageberichten des Sicherheitsdienstes der SS 1939–1945. Herrsching 1984, Bd. 9, S. 3504.

3 Klaus Jürgen Bade: Vom Auswanderungsland zum Einwanderungsland? Deutschland 1880–1980. Berlin 1983, S. 57.

4 Wolfgang Michalka (Hrsg): Das Dritte Reich. Bd. 2: Weltmachtanspruch und nationaler Zusammenbruch 1939–1945, München 1985, Nr. 5, S. 15–17.

5 Michael Salewski (Hrsg.): Deutsche Quellen zur Geschichte des Zweiten Weltkrieges. Darmstadt 1998, Nr. 17, S. 58.

6 Michalka (Hrsg): Drittes Reich, Bd. 1, Nr. 209, S. 279.

7 Nürnberger Prozesse. Der Prozeß gegen die Hauptkriegsverbrecher vor dem internationalen Militärgerichtshof (IMT). Nürnberg, 14.11.1945–1.10.1946, Nürnberg 1947–1949, Bd. 26, S. 382 f.; Halder: Kriegstagebuch, Bd. 1, S. 107.

8 IMT, Bd. 26, S. 255.

9 Gerd R. Ueberschär: Das Dilemma der deutschen Militäropposition. Berlin 1988, S. 40.

10 Helmut Krausnick/Hans-Heinrich Wilhelm: Die Truppen des Weltanschauungskrieges. Die Einsatzgruppen der Sicherheitspolizei und des SD 1938–1942. Stuttgart 1981, S. 36.

11 Ebenda, S. 44.

12 Ebenda, S. 63.

13 Ebenda, S. 73.

14 Ebenda, S. 73.

15 Denkschrift Himmlers: Einige Gedanken über die Behandlung der Fremdvölkischen im Osten, in: VZG 5/1957, S. 197 f.

16 Salewski (Hrsg.): Quellen Zweiter Weltkrieg, Nr. 22, S. 75f.

17 Ebenda, Nr. 26, S. 84.

18 IMT, Bd. 20, S. 573.

19 IMT, Bd. 20, S. 628.

20 Ebenda, Nr. 34, S. 98.

21 Ebenda, Nr. 35, S. 98.

22 Ebenda, Nr. 38, S. 101.

23 Andreas Hillgruber: Der Zweite Weltkrieg 1939–1945. Kriegsziele und Strategien der großen Mächte. Stuttgart 1982, S. 44.

Zeit der Weichenstellungen (S. 64–98)

1 Walter Ansel: Hitler confronts England. Durham N.C. 1960, S. 70/71; Hans-Adolf Jacobsen (Hrsg.): Dokumente zum Westfeldzug 1940, Göttingen/Berlin/Frankfurt 1960, Nr. 3, S. 53.

2 Churchill: Second World War, Bd. 2, S. 24.

3 Tagebuch Dalton, 22.7.1940, London School of Economics, Hugh Dalton Diary, Box 23.

4 Churchill an Beaverbrook, 8.7.1940, House of Lords Record Office, Beaverbrook Papers D 4/4/36.

5 Memorandum Churchills: The Munitions Situation, 3.9.1940, Public Record Office, WP (40) 352, CAB 66/11.

6 Charles De Gaulle: Memoiren, Bd. 1: Der Ruf, 1940–1942. Frankfurt 1955, S. 94/95.

7 David Irving: Churchill. Kampf um die Macht. München/Berlin 1990, S. 344/345.

8 John Colville: Downing Street Tagebücher 1939–1945. Berlin 1988, S. 168.

9 Max Domarus: Hitler, Reden und Proklamationen 1932–1945, Bd. 2. Würzburg 1963, S. 1580.

10 Lothar Kettenacker: Krieg zur Friedenssicherung. Die Deutschlandplanung der britischen Regierung während des Zweiten Weltkriegs. Stuttgart 1989, S. 105.

11 »British Strategy in a certain Eventuality«, PRO, WP (40) 168, CAB 66/7.

12 Churchill an Roosevelt, PRO, FO 371/24192.

13 Dirk Bavendamm: Roosevelts Krieg 1937–1945 und das Rätsel um Pearl Harbor. München/Berlin 1993, S. 155.

14 PRO, PREM, 3/469/350.

15 Dusko Popov: Superspion. Der Doppelagent im Zweiten Weltkrieg. München 1981, S. 90.

16 Vgl. Rainer F. Schmidt: Rudolf Heß. «Botengang eines Toren»?. Der Flug nach Großbritannien vom 10. Mai 1941. München 2000, S. 140 ff.

17 Tagebuch Dalton, 11.10.1910, London School of Economics, Hugh Dalton Diary, Box 23.

18 Heydrich an Ribbentrop, 8.3.1941/26.3.1941, Politisches Archiv des Auswärtigen Amtes, Berlin, Inland II, Nr. 2694, F. 235657-235658 u. 235663-235667.

19 Halder: Kriegstagebuch, Bd. 1, S. 375.

20 Das Deutsche Reich und der Zweite Weltkrieg, Bd. 2. Stuttgart 1979, S. 371.

21 Salewski (Hrsg.): Quellen Zweiter Weltkrieg, Nr. 42, S. 113.

22 Halder: Kriegstagebuch, Bd. 2, S. 21 u. S. 48 ff.

23 Werner Rahn / Gerhard Schreiber (Hrsg.): Kriegstagebuch der Seekriegslei-tung 1939–1945, Teil A, Bd. 12. Herford / Bonn 1990, S. 161 ff.

24 Andreas Hillgruber: Hitlers Strategie. Politik und Kriegführung 1940 / 41, München 1982, S. 218.

25 Halder: Kriegstagebuch, Bd. 2, S. 49.

26 Ebenda, S. 45 / 46.

27 Nikolaus von Below: Als Hitlers Adjutant 1937–1945. Mainz 1980, S. 217.

28 Donald, S. Detwiler: Hitler, Franco und Gibraltar. Die Frage des spanischen Eintritts in den Zweiten Weltkrieg. Wiesbaden 1962. S. 87.

29 Das Deutsche Reich und der Zweite Weltkrieg, Bd. 3: Der Mittelmeerraum und Südosteuropa. Stuttgart 1984. S. 224.

30 ADAP, Bd. 11 / 2, Nr. 369, S. 536 / 537 u. 538.

31 Ebenda, Nr. 541, S.764 / 765.

32 Ebenda, Nr. 176, S. 253.

33 Salewski (Hrsg.): Quellen Zweiter Weltkrieg, Nr. 57, S. 149.

34 ADAP, Bd. 11 / 1, Nr. 326, S. 455–461 u. Nr. 328, S. 462–472.

35 Ebenda, Nr. 329, S. 476.

36 Halder: Kriegstagebuch, Bd. 2, S. 165; Salewski (Hrsg.): Quellen Zweiter Welt-krieg, Nr. 55, S. 133.

37 Halder: Kriegstagebuch, Bd. 2, S. 45 / 46.

38 Hildegard von Kotze (Hrsg.): Heeresadjutant bei Hitler 1938–1942. Aufzeich-nungen des Majors Engel. Stuttgart 1974, S. 91.

39 Salewski (Hrsg.): Quellen Zweiter Weltkrieg, Nr. 61, S. 156.

40 Bernd Bonwetsch: Vom Hitler-Stalin Pakt zum Unternehmen »Barbarossa«. Die deutsch-russischen Beziehungen 1939–1941 in der Kontroverse, in: Osteuro-pa 41 / 1991, S. 576.

41 ADAP, Bd. 11 / 2, Nr. 404, S. 597.

42 Valentin Falin: Zweite Front. Interessenkonflikte in der Anti-Hitler Koali-tion. München 1995, S. 193.

43 Bundesarchiv Militärarchiv, Freiburg (BA / MA), RW 4 / 675, F. 24593 ff.

44 Iwan Christoforowitsch Bagramjan: So begann der Krieg. Berlin (Ost) 1972, S. 45–48.

45 Gerd R. Ueberschär / Lew Besymenskij (Hrsg.): Der deutsche Angriff auf die Sowjetunion 1941. Die Kontroverse um die Präventivkriegsthese. Darmstadt 1998, S. 177–182.

46 Michail Meltjuchov: Kanun Velikoj Otecestvennoj Vojny: diskussija prodel-zaetsja (Am Vorabend des Großen Vaterländischen Krieges: die Diskussion dau-ert an). Moskau 1999, S. 29/30; Machmut Gareev: Gotovil li Sovetskij Sojuz uprez-dajusee napadenie na Germaniju v 1941 godu? (Bereitete die Sowjetunion 1941 den Präventivangriff auf Deutschland vor?), in: Alexander Cubarjan (Hrsg.): Voj-na i poltika 1939–1941 (Krieg und Politik), S. 27.

47 Imperial War Museum, London (IWM), AL 1367, F. 32/33.

48 BA/MA, RW 4/675, F. 24596-24597.

49 Ueberschär/Besymenskij (Hrsg.): Angriff, S. 186–193.

50 IWM, AL 1367, F. 17 ff. u. F. 66/67.

51 Vgl. Rainer F. Schmidt: »Appeasement oder Angriff«? – Eine kritische Be-standsaufnahme der sog. ›Präventivkriegsdebatte‹ über den 22. Juni 1941, in: His-torische Debatten und Kontroversen im 20. Jahrhundert, hrsg. v. Jürgen Elvert und Michael Salewski. Stuttgart 2003, S. 220–233.

52 Elke Fröhlich (Hrsg.): Die Tagebücher von Joseph Goebbels. Sämtliche Frag-mente. Teil I: Aufzeichnungen 1924–1941, Bd. 4. München/New York/London/Paris 1987, S. 694.

53 ADAP, D, Bd. 12/2, Nr. 639, S. 869.

54 Goebbels Tagebuch, Bd. 4, S. 706.

55 Salewski (Hrsg.): Quellen Zweiter Weltkrieg, Nr. 60, S. 155.

56 Ebenda, Nr. 71, S. 172.

Vom Vernichtungskrieg gegen die Sowjetunion zum Weltkrieg (S. 99–142)

1 Walter Hubatsch (Hrsg.): Hitlers Weisungen für die Kriegsführung 1939–1945. Dokumente des Oberkommandos der Wehrmacht, Frankfurt a. M. 1962, S. 136 ff.

2 Halder: Kriegstagebuch, Bd. 2, S. 336/337.

3 Hubatsch (Hrsg.): Hitlers Weisungen, S. 89.

4 Gerd R. Ueberschär/Wolfgang Wette (Hrsg.): Der deutsche Überfall auf die Sowjetunion. Unternehmen »Barbarossa« 1941. Frankfurt 1984, Nr. 6, S. 305–308.

5 Helmut Krausnick: Kommissarbefehl und Gerichtsbarkeitserlaß Barbarossa in neuer Sicht. In: VZG 25/1977 S. 708.

6 Ebenda, S. 710.

7 Ebenda, S. 721.

8 IMT, Bd. 31, S. 84.

9 IMT, Bd. 36, S. 135 ff.

10 IMT, Bd. 4, S. 535f.

11 IMT, Bd. 15, S. 340.

12 Wolfgang Venohr: Preußen und Deutschland, in: Sebastian Haffner / Wolfgang Venohr: Preußische Profile. Frankfurt / Berlin / Wien 1982, S. 11.

13 Ursachen und Folgen, Bd. 17, S. 224.

14 Halder: Kriegstagebuch, Bd. 3. S. 38.

15 Ebenda, S. 170.

16 Max Domarus: Hitler – Reden und Proklamationen, Bd. 2. Würzburg 1963, S. 1757.

17 Ebenda, S. 1763.

18 Ursachen und Folgen, Bd. 17, S. 422.

19 Halder: Kriegstagebuch, Bd. 3, S. 332.

20 Churchill: Second World War, Bd. 3, S. 538.

21 Ebenda, S. 539 / 540.

22 Detlef Junker: Kampf um die Weltmacht. Die USA und das Dritte Reich 1933–1945. Düsseldorf 1988, S. 32.

23 Salewski (Hrsg.): Quellen Zweiter Weltkrieg, Nr. 109, S. 226.

24 Johannes Hohlfeld (Hrsg.): Dokumente der Deutschen Politik und Geschichte von 1848 bis zu Gegenwart, Bd. 5: Die Zeit der nationalsozialistischen Diktatur 1933–1945. Berlin / München 1951, Nr. 141, S. 354.

25 Hans Adolf Jacobsen (Hrsg.): Der Weg zur Teilung der Welt. Politik und Strategie 1939–1945. Koblenz / Bonn 1979, Nr. 83, S. 157.

26 Churchill: Second World War, Bd. 3, S. 332.

27 Jacobsen (Hrsg.): Teilung der Welt, Nr. 96, S. 170f.

28 Kurt Keppler: Tod über Deutschland. Der Morgenthauplan. Vorgeschichte – Geschichte – Wesen – Hintergründe. Tübingen 1971, S. 371.

29 Anthony Eden: The Eden Memoirs. London 1965, S. 289 ff.; Loth, Wilfried: Die Teilung der Welt 1941–1955, München 1980, S. 51.

30 Josif Vissarionovich Stalin: Werke, Bd. 14, Dortmund 1976, S. 266.

31 Alexander Fischer (Hrsg.): Teheran – Jalta – Potsdam. Die sowjetischen Protokolle von den Kriegskonferenzen der »Großen Drei«. Köln 1985, S. 118.

Von der Besetzung Europas zum totalen Zusammenbruch (S. 143–181)

1 IMT, Bd. 38, S. 88.

2 Vgl. Das Deutsche Reich und der Zweite Weltkrieg, Bd. 5,1 u. 5,2 (Organisation und Mobilisierung des deutschen Machtbereichs). Stuttgart 1988 / 1999.

3 Vgl. Peter Lieb: Konventioneller Krieg oder NS-Weltanschauungskrieg? Krieg-führung und Partisanenbekämpfung in Frankreich 1943/44. München 2007.

4 Werner Jochmann (Hrsg.): Adolf Hitler. Monologe im Führerhauptquartier 1941–1944. München 2000, S. 91.

5 Madajczyk, Czeslaw: Vom Generalplan Ost zum Generalsiedlungsplan, Nr. 23. München/New Providence/London/Paris 1994, S. 92 u. S. 123.

6 ADAP, D, Bd. 13, S. 838.

7 Salewski (Hrsg.): Quellen Zweiter Weltkrieg, Nr. 94, S. 197.

8 Das Deutsche Reich und der Zweite Weltkrieg, Bd. 4: Der Angriff auf die So-wjetunion, S. 1035.

9 Das Deutsche Reich und der Zweite Weltkrieg, Bd. 5,2, S. 169.

10 Salewski (Hrsg.): Quellen Zweiter Weltkrieg, Nr. 123, S. 246.

11 Ebenda, Nr. 119, S. 239 f.

12 Halder: Kriegstagebuch, Bd. 3, S. 489.

13 Manfred Kehrig: Stalingrad. Analyse und Dokumentation einer Schlacht. Stuttgart 1974, S. 671 f.

14 Hubatsch (Hrsg.): Hitlers Weisungen, S. 233 ff.

15 Charles Webster/Noble Frankland: The Strategic Air Offensive against Ger-many, Bd. 4, London 1961, S. 144.

16 Fabian von Schlabrendorff: Offiziere gegen Hitler. Frankfurt am Main 1959, S. 138.

17 Heinz Guderian: Erinnerungen eines Soldaten. Heidelberg 1951, S. 346.

18 Salewski (Hrsg.): Quellen Zweiter Weltkrieg, Nr. 170, S. 304/305.

19 Ebenda, Nr. 169, S. 304.

20 Ebenda, Nr. 172, S. 306.

21 Peter Gosztony (Hrsg.): Der Kampf um Berlin 1945 in Augenzeugenberichten. München 1985, S. 202.

22 Ebenda, S. 197.

23 Salewski (Hrsg.): Quellen Zweiter Weltkrieg, Nr. 173, S. 307 u. 310

Bilanz und Folgen des Zweiten Weltkriegs (S. 182–188)

1 Grundgesetz für die Bundesrepublik Deutschland. Bonn 1982, S. 32/33.

2 Ebenda, S. 21.

3 Siegfried Mampel. Die Entwicklung der Verfassungsordnung in der sowje tisch besetzten Zone Deutschlands von 1945 bis 1963, in: Jahrbuch des öffent-lichen Rechts 13 (1964), S. 511 ff.

Auswahlbibliografie

Die nachfolgende Auflistung enthält eine Auswahl wichtiger Werke, die zur vertiefenden Lektüre empfohlen werden. Weitere Literaturhinweise finden sich in den Anmerkungen.

Angrick, Andrej: Besatzungspolitik und Massenmord. Die Einsatzgruppe D in der südlichen Sowjetunion 1941–1943. Hamburg 2003.

Arnold, Klaus Jochen: Die Wehrmacht und die Besatzungspolitik in den besetzen Gebieten der Sowjetunion. Kriegführung und Radikalisierung im »Unternehmen Barbarossa«. Berlin 2005.

Bartov, Omer: Hitlers Wehrmacht. Soldaten, Fanatismus und die Brutalisierung des Krieges. Reinbek 1995.

Bavendamm, Dirk: Roosevelts Krieg 1937–1945 und das Rätsel um Pearl Harbor. München, Berlin 1993.

Beevor, Antony: Berlin 1945. Das Ende. München 2002.

Benz, Wolfgang et al. (Hrsg.): Nationalsozialistische Besatzungspolitik in Europa 1939–1945, 9 Bde. Berlin 1996–1999.

Birn, Ruth Bettina: Die Sicherheitspolizei in Estland 1941–1944. Eine Studie zur Kollaboration im Osten. Paderborn u. a. 2006.

Blair, Clay: Der U-Boot-Krieg, 2 Bde. München 1988f.

Boelcke, Willi A.: Die Kosten von Hitlers Krieg. Kriegsfinanzierung und finanzielles Kriegserbe in Deutschland 1933–1948. Paderborn 1985.

Böhler, Jochen: Auftakt zum Vernichtungskrieg. Die Wehrmacht in Polen 1939. Frankfurt 2005.

Boog, Horst: Die deutsche Luftwaffenführung 1935–1945. Führungsprobleme – Spitzengliederung – Generalstabsausbildung. Stuttgart 1982.

Browning, Christopher R.: Ganz normale Männer. Das Reserve-Bataillon 101 und die »Endlösung« in Polen. Reinbek bei Hamburg 1993.

Browning, Christopher R.: Die Entfesselung der ‚Endlösung'. Nationalsozialistische Judenpolitik 1939–1942. Berlin 2003.

Budraß, Ursula: »Gomorrha«. Hamburg im Bombenkrieg. Die Wirkung der Luftangriffe auf Bevölkerung und Wirtschaft. Hamburg 1993.

Chiari, Bernhard: Alltag hinter der Front. Besetzung, Kollaboration und Widerstand in Weißrußland 1941–1944. Düsseldorf 1998.

Curilla, Wolfgang: Die deutsche Ordnungspolizei und der Holocaust im Baltikum und in Weißrußland 1941–1944. Paderborn 2005.

Eichholtz, Dietrich (Hrsg.): Krieg und Wirtschaft. Studien zur deutschen Wirtschaftsgeschichte 1939–1945. Berlin 1999.

Eichholtz, Dietrich: Krieg um Öl. Ein Erdölimperium als deutsches Kriegsziel 1938–1943. Leipzig 2006.

Förster, Jürgen (Hrsg.): Stalingrad. Ereignis – Wirkung – Symbol, im Auftrag des Militärgeschichtlichen Forschungsamtes. Essen 1991.

Frei, Norbert (Hrsg.): Der Nationalsozialistische Krieg. Frankfurt a.M. 1990.

Friedrich, Jörg: Das Gesetz des Krieges. Das deutsche Heer in Rußland 1941 bis 1945: der Prozeß gegen das Oberkommando der Wehrmacht. München 1993.

Friedrich, Jörg: Der Brand. Deutschland im Bombenkrieg 1940–1945. München 2002.

Frieser, Karl-Heinz: Blitzkrieg-Legende. Der Westfeldzug 1940. München ²1996.

Ganzenmüller, Jörg: Das belagerte Leningrad 1941–1944. Die Stadt in den Strategien von Angreifern und Verteidigern. Paderborn 2005.

Garrett, Stephen A.: Ethics and Airpower in World War II. The British Bombing of German Cities. New York 1996.

Groehler, Olaf: Bombenkrieg gegen Deutschland. Berlin 1990.

Hartmann, Christian: Halder. Generalstabschef Hitlers 1938–1942. Paderborn u.a. 1991.

Heinemann, Isabel:»Rasse, Siedlung, deutsches Blut«. Das Rasse- u. Siedlungshauptamt der SS und die rassenpolitische Neuordnung Europas. Göttingen 2003.

Herbert, Ulrich: Fremdarbeit. Politik und Praxis des »Ausländer-Einsatzes« in der Kriegswirtschaft des Drittes Reiches. Bonn 1999.

Herbert, Ulrich; Schildt, Axel (Hrsg.): Kriegsende in Europa. Vom Begin des deutschen Machtzerfalls bis zur Stabilisierung der Nachkriegsordnung 1944–1948. Essen 1998.

Herbert, Ulrich et al. (Hrsg.): Die nationalsozialistischen Konzentrationslager – Entwicklung und Struktur, 2 Bde. Göttingen 1998.

Herbst, Ludolf: Der Totale Krieg und die Ordnung der Wirtschaft. Die Kriegswirtschaft im Spannungsfeld der Politik, Ideologie und Propaganda 1939–1945. Stuttgart 1982.

Herbst, Ludolf: Das nationalsozialistische Deutschland. 1933–1945. Die Entfesslung der Gewalt. Rassismus und Krieg. Frankfurt a.M. 1996.

Herde, Peter: Pearl Harbor, 7. Dezember 1941. Der Ausbruch des Krieges zwischen Japan und den Vereinigten Staaten und die Ausweitung des europäischen Kriegs zum Zweiten Weltkrieg. Darmstadt 1985.

Hesse, Erich: Der sowjetrussische Partisanenkrieg 1941 bis 1944 im Spiegel deutscher Kampfanweisungen und Befehle. Göttingen ²1993.

Hilger, Andreas: Deutsche Kriegsgefangene in der Sowjetunion 1941–1956. Kriegsgefangenenpolitik, Lageralltag und Erinnerung. Essen 2000.

Hillgruber, Andreas: Der Zweite Weltkrieg 1939–1945. Kriegsziele und Strategie der großen Mächte. Stuttgart ⁶1996.

Hillmann, Jörg; Zimmermann, John: Kriegsende 1945 in Deutschland, im Auftrag des Militärgeschichtlichen Forschungsamtes. München 2002.

Hirschfeld, Gerhard: Fremdherrschaft und Kollaboration. Die Niederlande unter deutscher Besatzung 1940–1945. Stuttgart 1984.

Hölsken, Heinz-Dieter: Die V-Waffen. Entstehung, Propaganda, Kriegseinsatz. Stuttgart 1984.

Hürter, Johannes: Hitlers Heerführer. Die deutschen Oberbefehlshaber im Krieg gegen die Sowjetunion 1941/42. München 2006.

Keegan, John: Der Zweite Weltkrieg. Berlin 2004.

Kehrig, Manfred: Stalingrad. Analyse und Dokumentation einer Schlacht. Stuttgart 1974.

Kettenacker, Lothar: Krieg zur Friedenssicherung. Die Deutschlandplanung der britischen Regierung während des Zweiten Weltkriegs. Stuttgart 1989.

Kettenacker, Lothar (Hrsg.): Ein Volk von Opfern? Die neue Debatte um den Bombenkrieg 1940–1945. Berlin 2003.

Kieser, Egbert: »Unternehmen Seelöwe«. Die geplante Invasion in England 1940. Esslingen 1987.

Krausnick, Helmut; Wilhelm, Hans-Heinrich: Die Truppe des Weltanschauungskrieges. Die Einsatzgruppen der Sicherheitspolizei und des SD 1938–1942. Stuttgart 1981.

Kunz, Andreas: Wehrmacht und Niederlage. Die bewaffnete Macht in der Endphase der nationalsozialistischen Herrschaft 1944 bis 1945. München 2007.

Kunz, Norbert: Die Krim unter deutscher Herrschaft (1941–1944): Germanisierungsutopie und Besatzungsrealität. Darmstadt 2005.

Leniger, Markus: Nationalsozialistische »Volkstumsarbeit« und Umsiedlungspolitik 1933–1945. Von der Minderheitenbetreuung zur Siedlerauslese. Berlin 2006.

Lieb, Peter: Konventioneller Krieg oder NS-Weltanschauungskrieg? Kriegführung und Partisanenbekämpfung in Frankreich 1943/44. München 2007.

Longerich, Peter: Der ungeschriebene Befehl. Hitler und der Weg zur »Endlösung«. München 2001.

Mallmann, Klaus-Michael; Musial, Bogdan (Hrsg.): Genesis des Genozids. Polen 1939–1941. Darmstadt 2004.

Mallmann, Klaus-Michael; Paul, Gerhard (Hrsg.): Karrieren der Gewalt. Nationalsozialistische Täterbiographien. Darmstadt 2004.

Mallmann, Klaus-Michael et al. (Hrsg.): Deutscher Osten 1939–1945. Der Weltanschauungskrieg in Photos und Texten. Darmstadt 2003.

Megargee, Geoffrey P.: Hitler und die Generäle. Das Ringen um die Führung der Wehrmacht 1933–1945. Paderborn u. a. 2006.

Meindl, Ralf: Ostpreußens Gauleiter Erich Koch – eine politische Biographie. Osnabrück 2007.

Merridale, Catherine: Iwans Krieg. Die Rote Armee 1939–1945. Frankfurt a. M. 2006.

Messerschmidt, Manfred: Die Wehrmachtjustiz 1933–1945. Paderborn 2005.

Militärgeschichtliches Forschungsamt (Hrsg.): Das Deutsche Reich und der Zweite Weltkrieg.

Bd. 1: Deist, Wilhelm et al. (Hrsg.): Ursachen und Voraussetzungen der Deutschen Kriegspolitik. Stuttgart 1979.

Bd. 2: Maier, Klaus A. et al. (Hrsg.): Deutsche Errichtung der Hegemonie auf dem europäischen Kontinent. Stuttgart 1979.

Bd. 3: Schreiber, Gerhard et al. (Hrsg.): Der Mittelmeerraum und Südosteuropa. Von der non belligeranza Italiens bis zum Kriegseintritt der USA. Stuttgart ²1987.

Bd. 4: Boog, Horst et al. (Hrsg.): Der Angriff auf die Sowjetunion. (Mit Beiheft). Stuttgart 21987.

Bd. 5: Kroener, Bernhard R. et al. (Hrsg.): Organisation und Mobilisierung des Deutschen Machtbereichs. (2 Halbbände). Stuttgart 1988 und 1999.

Bd. 6: Boog, Horst et al. (Hrsg.): Der Globale Krieg. Die Ausweitung zum Weltkrieg und der Wechsel der Initiative 1941 bis 1943. Stuttgart 1990.

Bd. 7: Boog, Horst et al. (Hrsg.): Das Deutsche Reich in der Defensive. Strategischer Luftkrieg in Europa, Krieg im Westen und in Ostasien 1943–1944/1945. Stuttgart 2001.

Bd. 8: Frieser, Karl-Heinz et al. (Hrsg.): Die Ostfront 1943/44. Der Krieg im Osten und an den Nebenfronten. München 2007.

Bd. 9: Echternkamp, Jörg (Hrsg.): Die Deutsche Kriegsgesellschaft 1939 bis 1945 (2 Halbbände). München 2004 und 2005.

Bd. 10. Müller, Rolf-Dieter (Hrsg.): Der Zusammenbruch des Deutschen Reiches 1945. (2 Halbbände). In Vorbereitung.

Milward, Alan S.: Der Zweite Weltkrieg. Krieg, Wirtschaft und Gesellschaft 1939–1945. München 1977.

Müller, Rolf-Dieter: Hitlers Ostkrieg und die deutsche Siedlungspolitik. Die Zusammenarbeit von Wehrmacht, Wirtschaft und SS. Frankfurt a.M. 1991.

Müller, Rolf-Dieter: Der Bombenkrieg 1939–1945. Berlin 2004.

Müller, Rolf-Dieter: Der letzte deutsche Krieg 1939–1945. Stuttgart 2005.

Müller, Rolf-Dieter: An der Seite der Wehrmacht. Hitlers ausländische Helfer beim »Kreuzzug gegen den Bolschewismus« 1941–1945. Berlin 2007.

Müller, Rolf-Dieter; Volkmann, Hans-Erich (Hrsg.): Die Wehrmacht. Mythos und Realität, im Auftrag des Militärgeschichtlichen Forschungsamtes. München 1999.

Musial, Bogdan: »Konterrevolutionäre Elemente sind zu erschießen«. Die Brutalisierung des deutsch-sowjetischen Krieges im Sommer 1941. Berlin u.a. 2000.

Neitzel, Sönke: Der Einsatz der deutschen Luftwaffe über dem Atlantik und der Nordsee 1939–1945. Bonn 1995.

Neitzel, Sönke: Abgehört. Deutsche Generäle in britischer Kriegsgefangenschaft 1942–1945. Berlin, München 2005.

Neillands, Robin: Der Krieg der Bomber. Arthur Harris und die Bomberoffensive der Alliierten 1939–1945. Berlin 2002.

Oldenburg, Manfred: Ideologie und militärisches Kalkül. Die Besatzungspolitik der Wehrmacht in der Sowjetunion 1942. Köln 2004.

Orth, Karin: Das System der nationalsozialistischen Konzentrationslager. Eine politische Ordnungsgeschichte. Hamburg 1999.

Ottmer, Hans-Martin: »Weserübung«. Der deutsche Angriff auf Dänemark und Norwegen im April 1940. München 1994.

Overy, Richard: Die Wurzeln des Sieges. Warum die Alliierten den Zweiten Weltkrieg gewannen. Stuttgart 2000.

Overy, Richard: Rußlands Krieg. 1941–1945. Reinbek 2003.

Paul, Gerhard; Mallmann, Klaus-Michael (Hrsg.): Die Gestapo im Zweiten Weltkrieg. »Heimatfront« und besetztes Europa. Darmstadt 2000.

Pietrow-Ennker, Bianka (Hrsg.): Präventivkrieg? Der deutsche Angriff auf die Sowjetunion. Frankfurt a.M. 2000.

Pohl, Dieter: Die Herrschaft der Wehrmacht. Deutsche Militärbesatzung und einheimische Bevölkerung in der Sowjetunion 1941–1944. München 2007.

Rass, Christoph: »Menschenmaterial«. Deutsche Soldaten an der Ostfront. Innenansichten einer Infanteriedivision 1939–1945. Paderborn 2003.

Recker, Marie-Luise: Nationalsozialistische Sozialpolitik im Zweiten Weltkrieg, München 1985.

Rusinek, Bernd A. (Hrsg.): Kriegsende 1945. Verbrechen, Katastrophen, Befreiungen in nationaler und internationaler Perspektive. Göttingen 2004.

Salewski, Michael: Deutschland und der Zweite Weltkrieg. Paderborn 2005.

Schmidt, Rainer F.: Rudolf Heß. »Botengang eines Toren«?. Der Flug nach Großbritannien vom 10. Mai 1941. München 2000.

Schmidt, Rainer F.: Die Außenpolitik des Dritten Reiches. Stuttgart 2002.

Schmidt, Rainer F.: »Appeasement oder Angriff«? – Eine kritische Bestandsaufnahme der sog. ›Präventivkriegsdebatte‹ über den 22. Juni 1941, in: Historische Debatten und Kontroversen im 20. Jahrhundert, hrsg. v. Jürgen Elvert und Michael Salewski. Stuttgart 2003, S. 220–233.

Seidel, Robert: Deutsche Besatzungspolitik in Polen. Der Distrikt Radom 1939–1945. Paderborn u. a. 2006.

Schreiber, Gerhard: Der Zweite Weltkrieg. München 2002.

Segbers, Klaus: Die Sowjetunion im Zweiten Weltkrieg. Die Mobilisierung von Verwaltung, Wirtschaft und Gesellschaft im »Großen Vaterländischen Krieg« 1941–1943. München 1987.

Spoerer, Mark: Zwangsarbeit unterm Hakenkreuz. Ausländische Zivilarbeiter, Kriegsgefangene und Häftlinge im Deutschen Reich und im besetzten Europa 1939–1945. Stuttgart 2001.

Steinert, Marlis G.: Hitlers Krieg und die Deutschen. Stimmung und Haltung der deutschen Bevölkerung im Zweiten Weltkrieg. Düsseldorf 1970.

Stinnett, Robert B.: Pearl Harbor. Wie die amerikanische Regierung den Angriff provozierte und 2476 ihrer Bürger sterben ließ. Frankfurt a. M. 2003.

Streit, Christian: Keine Kameraden. Die Wehrmacht und die sowjetischen Kriegsgefangenen 1941–1945. Bonn 1997.

Süß, Dietmar (Hrsg.): Deutschland im Luftkrieg. Geschichte und Erinnerung. München 2007.

Thoß, Bruno; Volkmann, Hans-Erich (Hrsg.): Erster Weltkrieg – Zweiter Weltkrieg. Ein Vergleich. Krieg, Kriegserlebnis, Kriegserfahrung in Deutschland. Paderborn 2002.

Tyrell, Albrecht: Großbritannien und die Deutschlandplanung der Alliierten 1941–1945. Frankfurt a. M. 1987.

Ueberschär, Gerd R.; Müller, Rolf-Dieter: 1945 – das Ende des Krieges. Darmstadt 2005.

Ueberschär, Gerd R.; Wette, Wolfram (Hrsg.): »Unternehmen Barbarossa«. Der deutsche Überfall auf die Sowjetunion 1941. Berichte, Analysen, Dokumente. Paderborn 1984.

Vogel, Thomas (Hrsg.): Aufstand des Gewissens. Militärischer Widerstand gegen Hitler und das Nationalsozialismus-Regime 1933 bis 1945. Hamburg ⁶2001.
Vossler, Frank: Propaganda in die eigene Truppe. Die Truppenbetreuung in der Wehrmacht 1939–1945. Paderborn 2005.

Wette, Wolfram: Die Wehrmacht, Feindbilder, Vernichtungskrieg, Legenden. Frankfurt a. M. 2002.
Wildt, Michael (Hrsg.): Nachrichtendienst, politische Elite und Mordeinheit. Der Sicherheitsdienst des Reichsführers-SS. Hamburg 2003.
Wildt, Michael: Generation des Unbedingten. Das Führungskorps des Reichssicherheitshauptamtes. Hamburg 2003.
Wilhelm, Hans-Heinrich: Die Einsatzgruppe A der Sicherheitspolizei und des SD 1941/42. Frankfurt a. M. u. a. 1996.

Zellhuber, Andreas: »Unsere Verwaltung treibt einer Katastrophe zu ...«. Das Reichsministerium für die besetzten Ostgebiete und die deutsche Besatzungsherrschaft in der Sowjetunion 1941–1945. München 2006.
Ziegler, Dieter: Zwangsarbeit im Nationalsozialismus in den besetzten Gebieten. Berlin 2004.

Register

Der Autor

Rainer F. Schmidt, geboren 1955, ist Professor für Neueste Geschichte und Didaktik der Geschichte an der Universität Würzburg. Zahlreiche Publikationen, u. a. zu Reichskanzler Otto von Bismarck, zum Schottland-Flug von Rudolf Heß und zur Außenpolitik des Dritten Reiches 1933–1939.